古代歷史文化研究輯刊

四編

王明蓀 主編

第5冊

西周土地所有權研究

何樹環 著

國家圖書館出版品預行編目資料

西周土地所有權研究／何樹環 著 — 初版 — 台北縣永和市：
花木蘭文化出版社，2010〔民99〕
目 2+166 面；19×26 公分
（古代歷史文化研究輯刊 四編；第 5 冊）
ISBN：978-986-254-225-5（精裝）
1. 土地所有權　2. 西周史
554.4092　　　　　　　　　　　　　　　　　99012820

ISBN - 978-986-254-225-5

9 789862 542255

古代歷史文化研究輯刊
四 編 第 五 冊　　　　　　　ISBN：978-986-254-225-5

西周土地所有權研究

作　　　者　何樹環
主　　　編　王明蓀
總 編 輯　杜潔祥
印　　　刷　普羅文化出版廣告事業
出　　　版　花木蘭文化出版社
發 行 所　花木蘭文化出版社
發 行 人　高小娟
聯 絡 地 址　台北縣永和市中正路五九五號七樓之三
　　　　　　電話：02-2923-1455／傳真：02-2923-1452
電 子 信 箱　sut81518@ms59.hinet.net
初　　　版　2010 年 9 月
定　　　價　四編 35 冊（精裝）新台幣 55,000 元

作者簡介

何樹環，1968 年生，國立政治大學中國文學系博士（2000 年），任國立中山大學中國文學系助理教授、副教授。曾教授中國文字學、古文字學、商周青銅器銘文、訓詁學等課程。著有《西周錫命銘文新研》（2007 年）及西周史、文字學、古文字考釋、銅器銘文釋讀之學術論文二十餘篇。

提　　要

　　本文廣泛的討論了西周時期土地的各種現象，初步將當時的土地情形分為取得和轉讓兩個主要部分。在取得方面，指出「王土」的觀念雖然確實存在，但其實際內含是名義遠超過實質。在轉讓方面，除了確定諸侯貴族對土地已掌握所有權，並提出掌握土地所有權的可能途徑即來自於職官組織的強化和累世不變的主從關係的確立。在諸侯貴族已確實掌握土地所有權並以兼併行為擴張土地的情況下，西周末葉的混亂與春秋時諸侯霸權的興起即本於此。

目
次

第一章 緒 論

第一節 研究動機

　　中國上古史的研究，由於近一世紀以來考古工作的發展與成就，使我們得以在古籍文獻之外，更多了來自地下出土，直接反映當時實際情形的第一手材料可資運用。特別是有記載文字者，近一世紀的學者，往往即是以此為根據，解決了許多歷來文獻上莫衷一是的各家異說，同時也開啓了許多前所未知的領域和問題。要能夠以這些新出的材料發現新的問題，或解決過去懸而未決的問題的主要關鍵，即在於對當時所使用的文字的掌握。也就是說，古文字學的研究在古史研究的領域裏，不僅具有開啓古史新領域的功能，同時也是引導我們使研究的內容更廣泛、更深入的主要依據。但古文字學的研究並非僅依附於古史研究的範圍內，由原始素材必須經由古文字解讀的事實來看，古文字學不但不是餖飣之學，反而是輔助與深化古史研究的學科。

　　對於西周史的研究，過去礙於文獻記載的不足與簡略，往往存在許多異說。而記載西周第一手資料的青銅器銘文，為我們提供了許多重要的訊息，譬如土地問題。在以土地做為主要生存資產的上古時代中，土地所有權的掌握無疑是權力與勢力的象徵，春秋這個以諸侯貴族為主角的時代，即是最好的證明。已往學者對諸侯貴族土地所有權的研究，其時間的上限即是定在春秋。春秋以前，統以「王有」、「王土」來概括，但由於 1975 年陝西岐山縣董家村裘衛諸器的出土，使研究的範圍不得不向上推尋，對西周時期的土地問題進行重新的檢討。事實上，如果以周代八百年的歷史為一階段，以西周為

土地王有時期，春秋以降，土地所有權即落入貴族階層的截然二分，即已存在了如何過渡的疑問，而有銘銅器的出土，正爲解決問題提供了重要的憑藉。

自裘衛諸器的出土迄今已三十餘年，對於銘文的解讀已凝聚了相當的共識，而在土地所有權的問題上，也作了部份的修正，前輩學者研究的結論，概括來說，即認爲諸侯貴族土地所有權的擴張，是與王朝的威望成彼此消長的關係，但並無詳細的比對與說明可支持此一結論。筆者有心於西周史的研究，本文的目的即在嘗試以出土的材料爲骨幹，其中又以西周的青銅器銘文爲主，配合散見於古籍中對西周土地制度的記載，釐清當時土地所有權的歸屬，並對目前以消長關係來理解當時歷史的看法提出一點意見，若能有些微的貢獻，即是站在前輩學者研究成果的基礎上，作進一步的探求與討論，亦將以此做爲西周史研究的起點。

第二節　研究方法

本文的寫作是以西周時期的原始器物爲主要素材，並兼採春秋戰國以降之竹簡、漢之地券。青銅器銘文方面，採用目前收集最稱完備的《殷周金文集成》，如拓本有模糊難識者，其它圖錄所收者亦作爲參考。竹簡則以相關材料整理小組所公佈之素材爲依據。這些記載當時實際狀況的第一手資料，可說是研究時的第一級材料。至於傳世古物的相關研究和出土文物考古報告，以及古籍中所載之相關材料，是爲第二級資料，以此作爲第一級材料之輔助。

在原始材料的使用上，除對於關鍵性文字加以討論外，其文字考釋若有紛訟未決者，則錄以原字。認爲某家說法爲確者，則爰用並註明出處。若學界已公認者，則直接隸定。至於斷代的問題，以《殷周金文集成》早、中、晚三期爲綱目，配合馬承源《商周青銅器銘文選》的王世歸屬，若《銘文選》與《集成》有不符者，則以《集成》爲主，文中不多作討論。上古音音值的擬定，則依《漢字古今音表》爲準。在斷代和音讀上直接引用，乃是權宜之法，以避免陷入冗長無結果的討論。

第三節　已往研究回顧

對於西周時期土地的問題，過去學者多著力於井田制度，以及由井田制度所引發出的相關問題，如定期授田歸田，農田中耕作者的身份，乃至三年一換

土易居等。有些問題已經得到部份的解決，譬如定期授田歸田的問題，李朝遠氏根據鳳翔南指揮西村、長安普渡村 18 號墓、武功、張家坡等地出土西周墓葬的男子平均壽命在 39 歲左右，否定了文獻所載「三十者受田百畝，二十者受田五十畝，六十還田」(《國語》韋昭注) 的說法。〔註1〕其論證雖可否定「定期授田歸田」，但西周時期對平民是否存在授田的問題，仍然並未解決。

又譬如農田中耕作者的身份，大多數的學者皆引《詩經・周頌・噫嘻》和〈大雅・韓奕〉、〈大雅・嵩高〉、〈小雅・大田〉、〈小雅・甫田〉等詩中關於「僕庸」的記載，概括以奴隸、或被奴役者來稱呼。晚近裘錫圭氏據金文中的僕庸與文獻中的僕庸作比較，始將農田耕作者的身份區分開來，「僕庸土田」實指耕作於土田中的僕與庸兩種人：

> 庸好像大都是被征服的當地農夫。不過，按照統治階級的需要把被征服者遷到別的地方去當庸的情況，推想過去也一定是存在的。〈詢簋〉所說的由夷人充當的庸，就有可能是經過遷徙的，《左傳・宣公十二年》記楚國攻破鄭國後，鄭伯肉袒謝罪，在楚君面前說出了楚國可能採取的幾種處理鄭國的方法。其中一種是「俘諸江南，以實海濱。」這也許是指把鄭國人民遷到江南去當庸。……庸所負擔的主要任務，是從事農業、工程等勞役，並繳納生產品。此外，在發生戰爭的時候，他們雖然沒有資格充當戰士，但是大概也常常要跟著軍隊去服勞役。〈詢簋〉說「先虎臣後庸」，後庸即是追隨於正規軍隊之後。如果只從所承擔的任務的種類來看，庸跟那些統治階級同族的庶人似乎並無多大不同。不過由於庸的政治地位低，他們受剝削、壓迫的程度一定會超過一般庶人。〔註2〕

> 「僕庸土田」的僕顯然就是指戎臣而言的。〈詢簋〉以虎臣和庸並提。齊侯對叔弓既賞給他庸所居住的萊都縣鄙里的二百個小邑，又賞給他「以戎戎作」的二百五十家萊僕。這些都說明「僕庸」必須理解為僕和庸，僕是戎臣，庸是被奴役的農夫。……過去，不少學者認為僕是基本上不從事生產的家內奴隸。這種說法是有問題。戎臣的數量很大，如叔弓一次就受到萊僕二百五十家的賞賜，詢林父一次

〔註1〕李朝遠：〈西周土地定期授田歸田說質疑〉，《農業考古》，1992 年第 3 期。
〔註2〕裘錫圭：〈說僕庸〉，《古代文史研究新探》，頁 372～373，江蘇古籍出版社，1992 年。

就受到狄臣千室的賞賜。要養活這樣多的人，是不容易的。統治階級大概會養活一部份他們比較信賴的作為依靠力量的戎臣，但是大部份戎臣無疑是要靠自己或自己的家庭養活的。不過，即使是不脫離生產的戎臣，跟庸也還是有區別的。庸吃了自己的飯，去給統治階級服各種勞役，並向他們提供生產品，不脫離生產的戎臣吃了自己的飯，去給統治階級打仗、當衛隊、趕車，還可能要服一些別的雜役。雖然同樣是受剝削，具體形式畢竟是不一樣的。當社會的發展使統治階級不再需要大量戎臣的時候，不脫離生產的戎臣大概會很自然地轉變為庸或一般農民。〔註3〕

井田制度的爭辯也引起了土地所有權的討論。已往的研究可大致分為兩個階段，其中又以 1975 年陝西岐山董家村窖藏青銅器的出土作為分野。在此之前的討論，其主要觀點乃是基於對西周初期以來的封建制度的理解，配合《詩經‧小雅‧北山》：「普天之下，莫非王土；率土之濱，莫非王臣」的記載，並以〈大雅‧韓奕〉、〈大雅‧崧高〉等宣王時分封申、韓的例證，以及《禮記‧王制》：「田里不鬻」，將所謂的王土延伸至整個西周時期，並認為終西周之世始終保持「王土」的事實；諸侯貴族雖亦有土地，但基本上只有「佔有權」和「使用權」，並沒有「所有權」，諸侯貴族透過支配土地表現出「所有權」必逮於春秋。持此一觀點最具代性和影響力的即為郭沫若，他說：

> 其次他們認為土地已經分割，即是土地已經私有，也就是莊園地主已經存在。土地已經分割是事實，但只是土地的享有而非土地的私有。內服的百僚「田里不鬻」，外服的諸侯只是殖民地代辦，有罪則「有削地」（〈王制〉：「諸侯，其有削地者歸之閒田」），有廢國如（「降霍叔于庶人」）。〔註4〕

其後在《奴隸制時代》一書中復申其說：

> 殷、周代是沒有私有財產的。「普天之下，莫非王土；率土之濱，莫非王臣。」一切財產都是國有的、王有的。臣下受著土地和奴隸的賞賜或分封，只有享有權而沒有私有權。春秋中葉以後，私有財產才被

〔註3〕裴錫圭：〈說僕庸〉，《古代文史研究新探》，頁 382～383，江蘇古籍出版社，1992 年。

〔註4〕郭沫若：〈古代研究的自我批判〉，《十批判書》，上海群益出版社，1947 年。今據《十批判書》，頁 33，東方出版社，1996 年。

正式公認，於是保護私有財產的觀念便成爲新時代的特徵。〔註5〕
彼時學者多有與此一脈絡立論相近者，如：

> 土地完全集中在名義地主，即各級領主的手中，這種土地所有的形
> 態，自紀元前一千二百年代末開始發展，至紀元前八百年代的上半
> 世紀而入於所謂「春秋」時代，便完全取得支配形態了。在這種形
> 態下，土地所有者完全離開生產勞動的名義地主，而生產的直接擔
> 當者，卻完全是被束縛於土地之上的沒有土地的所有權的農民。這
> 種土地佔有權的發生，主要由於佔有土地的各級領主對其親屬和左
> 右之相次的分賜，而構成各級領邑之相次的隸屬性。自西周最高領
> 主衰落後，不但各級領主繼續著以其領地分賜其親屬與左右，在戰
> 爭下所行使的封建兼併的進行，地方的強大領主又不斷以其併自他
> 人的土地贈賜其左右或從屬……從而一方面引起弱小領主的沒落；
> 一方面便形成強大領主，以及其屬下的中小領主領地之擴大。……
> 在這種土地佔有的形態下，雖然自春秋時代便開始發現新興地主的
> 土地佔有形態，然至紀元前三世紀上半世紀止，都是領主的土地佔
> 有獲得支配形態。自紀元前三百年代上半世紀以後，才爲新興地主
> 的土地佔有形態所代替。不過兩者雖然在形式上有其多少的分別，
> 然在本質的土地佔有意義上卻是同一的。〔註6〕

反對此一說法的亦不乏其人，如瞿同祖即主張土地私有的情況已經發生：

> 大的封邑主能以他的田邑分賜給他的親屬和手下的官吏，成爲許多
> 小封邑主。這種複封制是組成封建制度中分封網層的要素，同時也
> 可見封邑對他的封地有絕對的私有權，封給了他，便由他自由處置，
> 天子是不再過問了。〔註7〕

瞿氏之說皆以春秋之事爲證，故所從者寡。郭氏之說於 1956 年開始列入歷史
教科書，再加上郭氏在學術界的地位和威望，使得殷周土地不存在私有制的
說法幾成定論。

　　記載當時實際情形的裘衛銘文的出土，爲此一問題帶來新的材料，也使

〔註5〕 郭沫若：《奴隸制時代》，今據《中國現代學術經典·郭沫若卷》，頁 622，河
北教育出版社，1996 年。

〔註6〕 呂振羽：《中國社會史綱》，耕耘出版社，1934 年。今據上海書局，1992 年。

〔註7〕 瞿同祖：《中國封建社會》，頁 135，上海商務印書館，1937 年。今據里仁書
局，民國 73 年。

我們距離歷史的真相越來越近。在此之前是以郭氏之說為主，甚至在裘衛銘文的出土後，仍可看見這種影響力。有仍然抱持舊說的，如黃盛璋：

> 已發表的文章解讀有二：一是讀「租」，「貯田」就是「租田」；二是讀「賈」，即價格的「價」。如此「賈田」性質就屬於賣田了，這是土地私有制未出現前的西周奴隸社會所不能容許的。如讀為「賈」和「賈田」，而解釋仍為租田或等價交換，仍值得商榷。租田首先就有出租和承租者的關係，不管承租者對出租者承擔什麼樣的租佃義務，歸根結底只能是剝削關係。彷彿封建社會的二地主，奴隸主之間還存在這樣關係，實不可思議。其次，土地本屬王有即國有，如發生租田，出租者和承租者對王家又是什麼樣的關係？土地佔有權究竟屬於誰？關係如何變化？也都難以想像。〔註8〕

有的學者雖不得不承認裘衛諸器所載確實為土地的買賣，但也僅是對「王土」之說略作修正，如：

> 西周的各級奴隸主貴族對於分封的土地只有占有權，而沒有所有權。但既然奴隸制國家通過分封制賦予他們的土地以合法的形式，隨著這些奴隸主貴族勢力的增長和周天子權力的衰落，土地成為他們手中的私有財產也就只是一個時間問題了。〔註9〕

> 封建貴族的土地發生糾紛，最後訴之於天子，不僅因為天子掌握最高司法權，也因為貴族領地之最高和最後權屬是「王有」之故。然而所謂最高權屬實際上是有限度的，「王有」之下，還容許相當程度的「私有」。〔註10〕

或者再稍微改變方向和引導的指標，以王朝王官的參與作為西周中期以來王權繼續發揮作用，「王土」的事實繼續維持的參考值：

> 到了西周中期就有土地交換轉讓的現象發生，只不過開始的時候，這種土地的轉讓交換必須得到執政大臣們的認定而已，但是到了後來連這種認可的手續也都不必了。〔註11〕

〔註 8〕 黃盛璋：〈衛盉、鼎中「貯」與「貯田」及其牽涉的西周田制問題〉，《文物》，1981 年第 9 期。
〔註 9〕 林甘泉：〈對西周土地關係的幾點新認識——讀岐山董家村出土銅器銘文〉，《文物》，1976 年第 5 期。
〔註10〕 杜正勝：《編戶齊民》，頁 154，聯經出版社，1990 年。
〔註11〕 葉達雄：〈西周土地制度探研〉，國立台灣大學《歷史系學報》第 14 期，1989 年。

　　另一方面，透過對銘文的正確理解，土地所有權的問題正逐漸擺脫舊有以「王土」的觀念來概括西周時期的說法，首先是李學勤氏。他認為西周的土地問題未可以單純的「王土」來看待，金文已經證明了土地交換買賣的事實：

> 僅從土地轉讓關係不能概括西周時期土地制度的全貌，但這一類金文告訴我們，西周的土地關係是比較複雜的。農田仍以「田」為單位，應為井田制的體現。但土地是能夠交換買賣的，而且有依貨幣計算的價格。土地的轉讓，已有一定的程序加以保證。不少學者常引用《禮記・王制》：「田里不鬻」一語，用來說明西周土地不能買賣。不過，〈王制〉是漢文帝十六年（公元前 164 年）命博士諸生作的，有很多理想成分。西周中晚期有土地轉讓交易的事實，已由金文證明了。〔註12〕

其後是張持平氏所提出的西周中期土地財富觀念的變化：

> 儘管當時的土地交易還不可能有普遍的價格，但至少可以說，在裘衛的心目中，土地已存在一定的價值性。而土地被當作支付手段，並得到官方確認，這本身表明，受封者已有權支配周王所分封的「王土」。從土地佔有意識的角度來看，從前的「王土」觀念已不復存在，一方以土地作為交易的支付手段，另一方面則以價值的眼光衡量土地，私有意識已經萌芽。〔註13〕

其後，更有透過對銘文中「宀」（貫）字的確立，對舊說提出嚴厲的批判：

> 這裏有一點我想說一下。學者考釋此二器，謂「貫田」不是買賣土地而是錫田或租田或是交換土地，除了對「貫」字沒有認真地考證，而只沿襲錯誤的舊說以外，還有一條理由，即西周是奴隸社會，土地為周王所有，土地私有制還沒有出現，不可能有土地買賣。這個理由正不正確？能不能用作論據？這是不正確的，不能作為論證。我們考釋銅器銘辭，首要的是把銘辭考釋清楚，正確地認識文字，通讀辭句，正確地考明辭義，其所記述的內容是什麼，是由銘辭本身來說明。我們研究時，不應存有任何先入之見。說西周是奴隸社會，土地為周王所有，還沒有土地私有制，

〔註12〕李學勤：〈西周金文中的土地轉讓〉，光明日報，1983 年 11 月 30 日。
〔註13〕張持平：〈西周中期土地財富觀念的變化〉，《人文雜誌》，1984 年第 3 期。

土地不能買賣。這就有了個前提，我們研究就必須在這個前提下進行，解釋就必須要符合這個前提。這無異先有個框框，不能越出這個框框。這樣就束縛了我們的思考。同時，作爲一個前提，必須是正確的理論或確鑿的事實。西周社會是什麼性質，是不是奴隸社會，奴隸社會是不是還沒有土地私有制，土地是不是就不能買賣。這些都是還有待解決，沒有定論的問題。用這樣一種不能確定的說法作爲根據來論證西周土地不能買賣，怎麼能立得住腳呢？由於這種論證方法不正確，硬要使解釋符合西周土地不能買賣，於是便不可避免地產生曲解，曲解自然不符合眞實，就自然得不到正確的認識。〔註14〕

而最近的研究則是在確立土地可以私有買賣的前提下，進一步探究如何私有的原因：

諸侯領地作爲天子土地所有權實現的途徑之一，又成爲所有權主體的自然延伸；另一方面，領有權又有別於使用權和管理權，它包含著支配權等所有權的成份，這就使諸侯作了了土地所有權的亞主體。所有權主體不明確的狀況，使天子直接管領的王室土地與天子間接所有的諸侯土地產生了交換和轉移的可能性。在等級土地所有制的運行中，天子的最高土地所有權的高度抽象，只能靠它將所有權的內容轉移給王室土地領有者和諸侯土地領有者這一形式回歸到具體。這一點刺激了諸侯對土地所有權的垂涎，並提供這種期望得以實現的餘地。如此，等級土地所有制內容中已經預留了土地在一定條件下流動的空間。〔註15〕

本文的寫作即在前人研究的基礎上，繼續推尋，針對西周土地所有權的問題，首先透過對封建、冊命、軍功等土地取得因素和周初的歷史背景的討論，明確所謂的「王土」和其內容。其次是以轉讓的角度來考察當時交換買賣過程中，所有權是如何轉移？王朝職官參與的確實意義爲何？並提出諸侯貴族如何逐漸掌握土地權力的途徑，配合對中晚期歷史社會的討論，從而勾勒出周代的土地所有權是如何由西周初期的王朝所有過渡到東周的諸侯貴族身上。

〔註14〕胡殿咸：〈賣田應是賣田〉，《安徽師大學報》，1986年第3期。
〔註15〕李朝遠：〈西周金文中所見土地交換關係的再探討〉，《上海博物館集刊》，1991年第6輯。

第四節　所有權的界定

　　土地的所有權當如何界定？這類關於不動產的權屬認定，最直接的辦法就是看其是否具有合法的所有權文書，以現代的語彙來說，就是土地所有權狀。以這種土地具有所有名的現象來判斷古代的土地所有權屬是否恰當呢？至少上溯至漢代，這仍不失爲一種好方法。茲舉漢代地券一條以爲說明：

> 建寧四年九月戊午朔，二十八日乙酉，左駿廏官大奴孫成從雒陽男子張伯始賣（買）所有名廣德亭部羅陌田一町，價錢萬五千，錢即日畢。田東比張長卿，南比許仲異，西盡大道，北比張伯始。根生土著毛物，皆屬孫成，田中若有尸死，男即當爲奴，女即當爲婢，皆當爲孫成趨走給使。田東南西北以大石爲界。時旁人樊永、張義、孫龍、異姓樊元祖，皆知張約。沽酒各半。（〈建寧四年孫成買地鉛券〉）

券中既已載明孫成所買得之土地原屬張伯始名下所有，則知已具有類似今日土地所有權狀之合法認証文書存在。而當時的所有者，據地券所載，有時並非只有一人，如東漢王當墓出土之地券殘文，即是由王當、當之弟及其父，由「河南男子左仲敬子孫等」買來的。這種買賣關係的建立，可以說是以所有權關係確定爲前提的情況下發生的。

　　但問題是，這樣的權衡標準是不是也適用於西周時期？要確立這一點，我們必須在西周時期的金文或記載西周時期的相關文獻中找到証據，顯示當時土地具有所有名的情形是確實存在的。漢代所稱的券書，在周時稱爲質劑、傅別，《周禮・天官・小宰》：

> 四曰聽稱責以傅別……七曰聽賣買以質劑。

鄭玄注：

> 傅別以大手，書于一札，中字別之……質劑謂兩書一札，同而別之，長曰質，短曰劑。傅別、質劑，皆今之券書也。事異，異其名耳。

質劑的性質是作爲買賣契約，以確定其所有權屬，〈地官・

王當買地券摹本

司市〉：

> 以質劑結信而止訟。

賈公彥疏：

> 質劑謂券書，恐民失信有所違負，故爲券書結之，使有信也。民之
> 獄訟，本由無信，既結信，則無訟，故云止訟也。

但質劑的使用似乎與土地買賣無關，〈地官·質人〉：

> 質人掌成市之貨賄，人民、牛馬、兵器、珍異，凡賣儥者質劑焉。
> 大市以質，小市以劑。

鄭玄注：

> 質劑者，爲之券藏之也。大市，人民、牛馬之屬，用長券；小市，
> 兵器、珍異之物，用短券。

則質劑的使用是作爲市場交易之憑証，除認定買賣的權屬關係外，或許與商人繳納稅金有關。

與質劑性質類似而與土地有關者當爲約劑。《周禮秋官·司約》：

> 司約掌國及萬民之約劑，治神之約爲上，治民之約次之，治地之約
> 次之……凡大約劑書於宗彝，小約劑書於丹圖。

鄭玄注：

> 地約謂經界所至，田萊之比。

孫詒讓正義：

> 大約劑事重文繁，故銘勒彝器，藏於宗廟，若鐘鼎盤盂諸重器，通
> 謂之宗彝……小約劑，萬民約者也，對邦國爲小也……小約劑事輕
> 文約，則書於竹帛，取足檢考而已。

〈秋官·司盟〉：

> 凡民之有約劑者，其貳在司盟，有獄訟則使之盟詛。

約劑的性質除了要交與官方收藏以作爲憑証外，若有爭訟時，西周銘文中使立約雙方對當初所立的盟約發誓詛咒，更說明了約劑具有正式與合法的效力。萬民皆可有約劑，人民約劑之副本爲官方所收藏，而買賣關係以具備所有權爲前提，那麼約劑的出現便可將之視爲土地已具所有名，是具有私有權力的有力証據。

至於封建諸侯的土地，《周禮·地官·司徒》：

> 大司徒之職，掌建邦之土地之圖，與其人民之數，以佐王安擾邦國。

鄭玄注：

>　　土地之圖，若今司空郡國輿地圖。

〈地官‧小司徒〉：

>　　地訟以圖正之。

鄭玄注：

>　　地訟，爭邊界者，圖爲邦國本圖。

邦國諸侯之土地有圖可供查考，以作爲疆界不明或兩國爭地時之原始憑証，則封國之初，各國封地之大小與疆界，亦當有地圖一一標示。

　　由《周禮》所記可知，有土地買賣或訴訟的關係始以約劑作爲憑証，若有疆界糾紛，則以圖正之。既有約劑，則土地權屬即可確定。而《周禮》一書爲戰國間儒者所撰，其中雖保存有西周時官制之原始面貌，然亦不乏理想之成份，如果我們在金文中找到可供佐証的銘文，則《周禮》中關於土地職官的記載，就可作爲界定土地所有權的重要憑據。西周金文中關於土地糾紛、訴訟的記載，早有學者將之稱爲約劑，如郭沫若：「散氏盤乃書於宗彝之約劑。」〔註16〕陳公柔〈西周金文中所載「約劑」的研究〉亦主此說，並有進一步討論。〔註17〕我們從訴訟的過程和著錄的關係來看，都可信此說爲確。那麼剩下的問題就是如何確認關於邦國的地圖。在〈宜侯夨簋〉中記載「王省珷（武）王、成王伐商圖，延省東或（國）圖。」〈散氏盤〉：「厥爲圖，王于豆新宮東廷。」前者是說康王省視了武王、成王東征後的版圖，又看了東方各國的疆域圖後，將夨封在宜這個地方；後者是夨國將割給散國的土地經過勘履之後，並繪製成圖，一併交給散國，或者尚有副本上交王官，以示土地之所有權業已變更。由此可知，邦國的地圖不但是存在於王官之手，封建諸侯的官員亦掌有疆界之圖。若以諸侯行使權利的角度來看，諸侯明確自己權限之範圍實屬必要，那麼諸侯官員擁有疆界地圖亦屬合理。

　　既然我們証實了《周禮》中關於土地職官記載的可能性，那麼就同時是對於以土地具所有名作爲衡量西周土地所有權的標準保持肯定的態度。但西周時期之銘文並不一定有其土地確實爲某人所有的字樣，這似乎又意味此一

〔註16〕郭沫若：《金文叢考‧金文餘釋‧釋綏》，據《郭沫若全集‧考古編》，北京科學出版社，2002年。

〔註17〕陳公柔：〈西周金文中所載「約劑」的研究〉，《第二屆國際中國古文字學會研討論文集續編》，香港中文大學1993年。

衡量標準並不完全恰當，但如果我們不反對買賣關係的建立必以具備所有權
爲前提此一基本認識，則雖不具書所有名，買賣關係中的所有者已是昭然若
揭，所有權的關係亦可確立。所以，只要將所有名的概念略作修正：具有可
以行使土地買賣、贈與、交換，或以其他方式支配處置土地的權利，即可視
爲對土地具有所有權的表徵。如此即可彌補不具書所有名的缺陷。

　　本文中所討論之西周時期土地所有權，即以此爲標準界定之。

第二章　西周時期土地的取得

　　《詩經‧小雅‧北山》:「溥天之下,莫非王土;率土之濱,莫非王臣。」學者多據此以爲西周時期土地爲「國有」,而以周天子之名爲所有權之代表,故又名「王有」。〈詩序〉云:「北山,大夫刺幽王也。役使不均,勞於從事,而不得養其父母焉。」〈詩序〉刺幽王之言雖未可盡信,[註1] 然《左傳》、《戰國策》皆引此詩,且《左傳‧昭公七年》云:「天子經略,諸侯正封,古之制也。封略之內,何非君土,食土之毛,誰非君臣。」知西周時確實存在過「王土」的觀念。但問題是,這樣的「王土」——周天子擁有絕對的土地所有權,是不是一直都維持得很好,絲毫不受諸侯長期占有土地而可能取得所有權的影響?

　　分封制度的實施無疑是西周鞏固政權的重要方法,透過分封時授民授疆土的措施,使其控制的方式不經由全面的軍事掃蕩以建立威權,而以宗親貴族之封地與未臣服者間呈犬牙交錯的形態,對外進行德威兼施的策略,對內則形成保衛王室的一道屏障。這樣的情形,除了文獻有明確的記載外,金文中也忠實的反映了分封時授民授疆土的詳細情形。與分封性質相類似的是金

[註1]　《詩經‧小雅‧北山》,〈詩序〉以爲大夫所作,朱熹《詩集傳》亦從此說:「大夫行役而作此詩。」然綜合下文「大夫不均,我從事獨賢」來看,此章是怨嘆大夫分派工作勞逸不均,發出怨嘆的前提應該是認爲天下之人本該一樣,爲何自己特別勞苦。這種不平的情緒古今相同,猶如今之人怨嘆自己的際遇時會說:天底下的人這麼多,爲何自己的命運特別坎坷。所以作詩者的身份層級或許不會太高,清儒姚際恆以爲作者爲士,《詩經通論》云:「此爲士者所作,以怨大夫也,故曰:『偕偕士子』,曰『大夫不均』,有明文矣。」可能是對的。朱熹:《詩集傳》,頁 150,學海出版社,民國 81 年。姚際恆:《詩經通論》,廣文書局,民國 68 年。

文中的冊命制度，由冊命中亦可獲得人民與土地的授予。而透過對金文的分析，更能明確的為春秋以降因戰事有功而受封土地的現象找到源頭。另外，在土地的授予關係中，典籍與金文中有相出入的記載，這也是一項值得注意的問題。本章中乃就分封與冊命、軍功受賞，以及文獻和銅器銘文的比較三個方面，分別進行討論。

第一節　分封與冊命

周武王伐紂克殷，取代商人而為天下共主，為了防範殷商遺民的作亂以鞏固政權於天下初定之時，乃進行封建子弟的措施，其後管叔、蔡叔偕同武庚作亂，周公東征，成康之世二次分封，周以封建形式所建立的政權從此奠立。可以說，周的分封是經過前後兩次乃告完成，第一次主要是為確保政權的建立，第二次則是將封建的形式普遍地實行於全國。這些史實在許多古籍中都有明確的記載，如《史記・周本紀》云：

> 封商紂子祿父殷之餘民。武王為殷初定未集，乃使其弟管叔鮮、蔡叔度相祿父治殷，……封諸侯，班賜宗彝，作分殷之器物。武王追思先聖王，乃褒封神農之後於焦，黃帝之後於祝，帝堯之後於薊，帝舜之後於陳，大禹之後於杞，於是封功臣謀士，而師尚父為首封。封尚父於營丘曰齊，封弟周公旦於曲阜曰魯，封召公奭於燕，封弟叔鮮於管，弟叔度於蔡，餘各以次受封。……周公奉成王命，伐誅武庚、管叔，放蔡叔，以微子開代殷後，國於宋。頗收殷餘民，以封武王少弟封為衛康叔。

《呂氏春秋・觀世》云：

> 周封國四百餘，服國八百餘。

《史記》中的魯、燕、齊為武王時所封，應該分別在今河南魯山、郾城、河陽一帶，〔註2〕並在殷人分天下為「四土」的觀念上，分別於東土、北土、南土（周人位於西土）建立重要封建諸侯，以作為防治殷民，保衛周室的措施。有學者以為，第一次分封純然是為了政治上監管武庚及殷商殘存之東方勢力，不同於其後封建時帶有的宗法「親親」之義，〔註3〕但恐怕並不盡然。武

〔註2〕 參傅斯年：〈大東小東說〉，《中研院史語所集刊》二本一分。
〔註3〕 徐復觀：《兩漢思想史》，頁27，學生書局，1985年3月七版。（原名《周秦

王時的分封，其具體情況似乎並非僅有單一因素。

　　金文中有〈康侯丰鼎〉（成王時器），爲武王時第一次分封的情況，提供了重要的線索。其銘曰：「康侯丰（封）乍寶尊。」（圖一）康侯封爲文王之子、武王之弟，《史記・管蔡世家》：

　　　　武王同母兄弟十人……其長子曰伯邑考，次曰武王發，次曰管叔鮮，

　　　　次曰蔡叔度，……次曰康叔封。

據前舉〈周本紀〉「以封武王少弟封爲衛康叔」，則康侯之封於衛，當在成王之世，此與〈康侯簋〉（成王時器，又名〈湲嗣徒逘簋〉）之記載相合，其銘曰：「王來伐商邑，征令康侯啚于衛，湲嗣土（徒）逘罙啚，作厥考尊彝。」（圖二）銘文所言「王來伐商邑」，學者皆謂即成王伐武庚之事。然衛恐怕並非康叔始封之地，此點可由文例來比對。〈周本紀〉言封管、蔡之事作「封弟叔鮮於管，弟叔度於蔡。」而〈管蔡世家〉作管叔鮮、蔡侯度。其句型爲封某於某，其中的於某就是某之封地，並以封地作國名，則康叔封之始封地在康，其名爲封，故曰康叔封，即應在〈周本紀〉「餘各以次受封」之列。《史記》誤以（武王時）「康侯封、冉季載皆少，未得封」（〈管蔡世家〉），遂錯將成王時封康叔於衛爲始封之地，將之稱爲衛康叔（〈衛康叔世家〉）。過去即有以典籍來分析，論述此點者，如司馬貞《索隱》即引孔安國云：「康，畿內國名。地闕。」（〈管蔡世家〉）《索隱》於〈衛康叔世家〉又引宋忠之言曰：「康叔從康徙封衛，衛即殷墟定昌之地。」今天我們以金文與文獻爲材料作比對，其結果是完全一致的。康既爲畿內之國，故知，武王時之分封即具封建諸侯之意，非純然爲殷遺民之故。〔註4〕

　　　　漢政治社會結構之研究》，三版改名《兩漢思想史》）

〔註4〕容庚認爲〈康侯簋〉中之康侯啚即康侯封，葉達雄氏則認爲康侯啚是康伯，爲康侯封之子。按，今已知〈康侯簋〉、〈康侯丰鼎〉皆成王時器，若以康侯啚爲人名，則不免就會有康侯啚與康侯封爲同一人或同時代之人的想法。但這其實是不對的。據《史記・衛康叔世家》：「（衛）康叔卒，子康伯代立。康伯卒，子考伯立。考伯卒，子嗣伯立。」知自康伯以下其侯國之名皆當稱衛，實未有稱康者，則康侯之徙封於衛，當在康叔封之世。亦即康叔封在武王之時封於康，成王東征後徙封於衛。〈康侯丰鼎〉所見之「康侯丰」，當爲未徙封前之稱名。至若「康侯啚」，啚當如彭裕商的看法，「啚」並非康侯之名。容庚：《商周彝器通考》。葉達雄：〈論徙封於衛者非康叔封〉，《大陸雜誌》43卷第4期，1971年、〈論康侯啚即是康伯〉，《西周政治史研究》附錄，明文書局，1982年。彭裕商：〈湲司徒逘簋考釋及相關問題〉，《于省吾教授百年誕辰紀念文集》，吉林大學出版社，1996年。

　　周初分封的對象固然包括了先聖王的後代和開國功臣，但還是以姬姓子弟居多，《荀子・儒效篇》：

　　　　周公兼制天下，立七十一國，姬姓獨居五十三人焉。

《左傳・昭公二十八年》：

　　　　武王克商，光有天下，其兄弟之國者十有五人，姬姓之國者四十人。
　　　　皆舉親也。

特別是成康之世的分封，幾乎全都是姬姓子弟，此於文獻中多有明載。〔註5〕至於封建之作用與意義，可舉《左傳》以為說明，〈僖公二十四年〉：

　　　　昔周公弔二叔之不咸，故封建親戚，以藩屏周。……其懷柔天下也，
　　　　猶懼有外侮，捍禦侮者，莫如親親，故以親屏周。

《左傳・昭公二十六年》：

　　　　昔武王克殷，成王靖四方，康王息民，并建母弟，以蕃屏周。

《左傳・定公四年》：

　　　　昔武王克商，成王定之，選建明德，以蕃屏周。

這幾條記錄不但說明了成康之世分封的主要對象為親親、母弟，更重要的線索是，此包括了東周時候的人對西周封建的最初意義所下的評語──「以蕃屏周」。所謂「以蕃屏周」的具體事實，可從政治和軍事兩方面來看。就政治方面而言，《史記・魯周公世家》：

　　　　魯公伯禽初受封之魯，三年而後報政周公。周公曰：「何遲也？」伯
　　　　禽曰：「變其俗、革其禮、喪三年然後除之，故遲。」太公亦封於齊，
　　　　五月而報政周公，周公曰：「何疾也？」曰：「吾簡其君臣禮，從其
　　　　俗為也。」

周公為執政，伯禽與太公分別就所封之地，而必須將安定當地後的情形向中央報告，這就說明了「以蕃屏周」的政治意義除了三監的管制殷商殘餘勢力之外，更重要的應該是如學者所指出的，在於化大為小，分散治理。〔註6〕在

〔註5〕葉達雄嘗逐一考定。參氏著：《西周政治史研究》，頁36～38，明文書局，1982年。

〔註6〕朱鳳瀚：《商周家族形態研究》，頁258，天津古籍出版社，1990年。另，認為封建制具有政治權力層級分化意義的看法，早在唐時，柳宗元〈封建論〉就曾提出類似的看法：「故近者聚而為群，群之分，其爭必大，大而後而有兵。有德又有大者，眾群之長又就而聽命焉，以安其屬，於是有諸侯之列，則其爭又有大者矣。聽又大者，諸侯之列又就而聽命焉，以安其封。於是有方伯連帥之類，又就而聽命焉，以安其人，然後天下會於一。」（《全唐文》卷五

軍事上，我們知道西周國土的周圍尚存在許多蠻夷戎狄，而周王在王畿和夷狄之間封有諸侯，很明顯就是為了防止外族的直接入侵，危及周王室，例如〈虢季子伯盤〉、〈不娶簋〉（均為宣王時器），就是記載諸侯國對入侵的玁狁所發生的戰爭，而西周的滅亡，最直接的原因即源於幽王燃烽火而諸侯不救所致。所以「以蕃屏周」在軍事上的意義，就是以為周之屏蔽。

那麼如何落實「以蕃屏周」的目的呢？我們從分封時周王的賞賜可推而得之。《左傳・定公四年》：

> 故周公相王室，以尹天下，於周為睦，分魯公以大路、大旂、夏后氏之璜、封父之繁弱，殷民六族：條氏、徐氏、蕭氏、索氏、長勺氏、尾勺氏，使帥其宗氏，輯其分族，將其醜類，以法則周公，用即命于周，是以使之職事于魯，以昭周公之明德。分之土田陪敦，祝、宗、卜、史，備物、典策、官司、彝器，因商奄之民，命以伯禽而封於少皞之虛。分康叔以大路、少帛、綪茷、旃旌、大呂，殷商七族：陶氏、施氏、繁氏、錡氏、樊氏、饑氏、終葵氏。封畛土略，自武父以南及圃田之北竟。取於有閻之土以供王職，取於相土之東都，以會王之東蒐。

分封時既要給予代表性的大路、大旂，還要給予土地人民，這種封建的形式和內容在金文中也表現得非常清楚：

（1）〈大盂鼎〉（康王時器）

> 雩我其遹省先王受民受疆土，錫汝鬯一卣、冂衣、巿、舃、車、馬。錫乃祖南公旂，用嘼（狩）。錫女（汝）邦嗣四伯，人鬲自馭至于庶人，六百又五十又九夫。錫尸（夷）嗣王臣十又三伯，人鬲千又五十夫，彶□遷自厥土。（圖三）

銘文中說將盂之祖南公當初受封時的旂又賜還給盂，即帶有一些冊命的性質，其祖南公受封時有旂，正與《左傳》之記載相合。而分封時必授民授疆土，於記載康王封矢於宜的〈宜侯矢簋〉中亦充分表現出來：

（2）〈宜侯矢簋〉（康王時器）

> 錫土：厥川（甽）三百□，厥□百又廿，厥宅邑卅又五，厥□百又卅。錫在宜王人十又七里，錫奠七伯。厥虜□又五十夫，錫宜庶人

六百又□六夫。（圖四）

徐復觀氏曾指出，分封時由周王鄭重賜予三樣東西，一是土田、二是人民、三是適合受封者身分（名位）的車服器物，[註7]這是相當正確的。但我們從金文來考察尚可以發現，所賜予的人民之中，除了一般的庶人之外，還包括了執事的有司（《大盂鼎》「邦嗣四伯」）。也就是說，封建時不但要給予土地、人民，連同治事的官員也會一併賜予，這點則是文獻中所沒有明確記載的。

分封既是以授民授疆土爲主要的內容，其中尚有官員連帶在其中，而分封又是「以蕃屏周」爲主要目的，那麼就不難想像，既授予疆土以做爲統治管理之區域，則必須附帶有人民與統治人民的官吏，其作用除了作爲政治上的統治之外，尚有提供保衛封建諸侯安全和對外作戰以及耕作的基本兵力、勞力的意義。例如《左傳》記秦穆公送公子重耳歸晉，尚附以三千紀綱之僕，其間即具有類似的意義（〈僖公二十四年〉）。而上舉《左傳》文中的「分之土田陪敦」，學者謂即是《詩經‧魯頌‧閟宮》中「錫之山川、土田附庸」的「土田附庸」，也即是銅器〈五年琱生簋〉銘文中的「土田僕庸」，指附於土地上的耕作者，[註8]其後伊藤道治亦從此說，[註9]這都是很正確的。按，《周禮‧夏官‧司勳》：「民功曰庸」。《爾雅‧釋詁》：「庸、勞也。」〈釋訓〉：「庸庸、慅慅，勞也。」注曰：「皆劬勞也。」「劬勞」一辭尚見於《詩經‧小雅‧蓼莪》：「哀哀父母，生我劬勞。」知訓爲「勞」之「庸」，即是勞苦、勞動力的意思，「土田附庸」即附於土地的辛勤耕作者。由以上可知，在封建過程中，既授土，附屬於這塊土地的人民當是一併授予，而另外尚授予官吏和作爲基本戰鬥力的民。分封諸侯既有土地、人民、戰鬥兵力，即是具備了經濟力和軍事力，在政治上又是統屬於周，乃形成了封建諸侯蕃屏周室的局勢。

封建固然是諸侯獲得土地的重要方法之一，但經由天子冊命，諸侯亦可獲得土地。這種冊命的關係至春秋時尚有保留，如《左傳‧僖公十一年》：「天

[註7] 徐復觀：《兩漢思想史》，頁29，學生書局，1985年3月七版。（原名《周秦漢政治社會結構之研究》，三版改名《兩漢思想史》。）

[註8] 參王國維：〈毛公鼎銘考釋〉，收於《古史新證──王國維最後的講義》，頁117～148，北京清華大學出版社，1994年。楊寬：《古史新探》，頁81～82，北京中華書局，1965年。

[註9] 伊藤道治：《中國古代王朝的形成》，頁232，創文社，1975年。

王使召武、內史過賜晉侯命，受玉惰。」而西周時經由冊命而取得土地的現象，在金文中可找到較清楚、更多樣的記載。爲說明此現象，試先把封建與冊命的關係作一釐清。封建是透過授民授疆土的措施，使封建諸侯在政治上分地而治，在軍事上保衛王室和國土，以達成「以蕃屏周」的目的。而冊命有與之類似亦有不同之處。廣義來說，冊命就是將天子之命著錄於冊，從這個角度來看，封建諸侯當然是出於天子之命，故封建亦可算是冊命的一部份，但我們從金文中大量的冊命金文來看，則有所受命於天子都可稱爲冊命，其對象和時機並未限於始封時之諸侯，尚包括有諸侯之後代，以及其他職官有司，其作用可以是對天子諸侯關係的再認定，亦可以是任命某人擔任職官。其意義和目的並不是爲了「以蕃屏周」，而是對天子諸侯或職官有司間的主從關係及其合法地位作一確認與證明。這種與封建迥然不同的意義，前輩學者頗有論述。〔註10〕所以我們可以說封建是冊命關係中的一部份，通常只代表了諸侯始受封時的情形，或分封的狀態。而冊命則是始終被保持與使用的一種形式，兩者之間雖然存在著使用對象與時機的差異，但在西周時期，其命令皆由天子所出，並可藉此獲得土地卻是一致的。

〔註10〕 許倬雲謂：「禮儀中最重要的自然是冊命禮，經由這個典禮，周王對其臣屬，賞賜種種恩命，一次又一次的肯定了主從的關係。」杜正勝云：「周初建國時他們或『受民受疆土』，或擔任要職，子孫繼承餘蔭，世世周替，所以金文常見『井乃祖』、『更乃祖考』之類的語句，除效法祖先之德以對周室盡忠之外，還指繼承祖先的官職。……職守身分的傳遞，禮法上由『再封』的禮儀予以承認。原來貴族的職官是周王授予的，授受雙方有一方改變時，又須舉行一次授職典禮。」齊思和云：「封建既爲個人間之契約的關係，故此種關係之有效期間，自至雙方死亡時而止。依理論言之，封臣若死，封主自可收回其采邑，改封他人。當封建初起時，固有因封臣死而封君將采邑收回者。但其後封主與封臣雙方漸由個人關係而變爲世襲。待新封主即位，封臣須重新由新封君授命，表示對新君盡忠，同時封臣若死，其子嗣亦須由封主重新任命。」此亦說明冊命金文有表示恩寵與宣誓忠誠的意味。另，伊藤道治亦嘗云：「從って、いずれの場合にも、恩賞を與えること、職官に任命することを通じて上位者は重ねて恩寵を示し、それに對して下位者は忠誠を誓うことによって、兩者の君臣關係が重ねて示されたのてあり、このことによって西周王朝の支配關係が維持されたのである。」參許倬雲：《西周史》，頁165，聯經出版社，1993年修訂四刷。杜正勝：〈封建與宗法〉，《史語所集刊》，1979年第50本第3份。齊思和：〈周代錫命禮考〉，《燕京學報》，1947年第三十二期。今據氏著《中國史探研》，頁101，河北教育出版社，2002年。伊藤道治：《中國古代國家の支配構造》，頁73，中央公論社，1987年。

　　金文中由封建或冊命之因素而獲得賞賜土地和人民的記載，除了前舉的〈宜侯矢簋〉和〈大盂鼎〉外，還有：

（3）〈作冊旂觥〉

　　唯五月，王在庠。戊子，令乍（作）冊析兄（既）望土于相侯，錫金、錫臣，揚王休。唯王十又九祀，用乍（作）父乙尊，其永寶。（圖五）

（4）〈大克鼎〉

　　錫汝田于埜，錫汝田于渒，錫汝井寓芻田于峻，以厥臣妾，錫汝田于康，錫汝田于匽，錫汝田于陣原，錫汝田于寒山。錫汝史、小臣、霝（靈）龠（龢）鼓鐘，錫女（汝）井逆（微）芻人，𣪘錫女（汝）井人奔于量。敬夙夜用事，勿灋（廢）朕命。克拜稽首，敢對揚天子丕顯魯休，用作朕文祖師華父寶䵼彝，克其萬年無疆，子子孫孫永寶用。（圖六）

（5）〈克盨〉

　　唯十又八年十又二月初吉庚寅，王在周康穆宮。王令尹氏友史趠典善（膳）夫克田人。克拜稽首，敢對天子不（丕）顯魯休揚，用乍（作）旅盨。〔註11〕（圖七）

〔註11〕　〈克盨〉中的典字，舊或釋作「腆」，《說文》：「腆，設膳腆，腆，多也。」馬承源據此以為，銘文之意乃增賜善夫克田和人，故性質並非冊命，金文中錫命均言冊而不言典。馬承源：《商周青銅器銘文》Ⅲ，頁221，文物出版社，1988年。按，此說未為確，典，楊樹達：「典，常也。典常有今言確定之意。……或曰，典字從冊，有冊書之義，說亦通。」「典」字在金文中確實有冊書的意思，〈琱生簋〉：「余既一名典獻。」但典字不必僵化的看作是冊書，古時文字動名互用的情形是很普遍的，典亦可視為冊命。故吳闓生云：「典猶冊也，冊田人事即克鼎之所詳敘。」蔡哲茂師譯注白川靜《金文的世界》，曾對吳闓生之說加以補充說明：按，吳說當為可信，以二器銘文比較如下：
克盨「尹氏友史趠典善夫克田人」
大克鼎「王乎氏冊令善夫克」
克盨「王在周康穆宮」
大克鼎「王在周旦王各穆廟」
且克盨有年、月、月相、干支，大克鼎則省略不著錄，又克盨不言賞賜之緣由，大克鼎則記明因「今余隹䜌（申）（恪）乃命」，又克賞賜田人，在大克鼎後半有詳細列舉，且大克鼎銘文前半段字體與後半段不同，前半段並施加格線，後半則無，可知後半段乃本非預定刻入之銘文，因此可知大克鼎乃作於克盨之後，而對克盨有所補充說明之意。楊樹達：〈格伯簋跋〉，《積微居金文說》，頁27，台灣大通書局，1974年再版。吳闓生：《吉金文錄》卷三

前面所列是同時記載授土授民者，銘文中有些僅單獨記載授土：

(6)〈大保簋〉

王伐彔子耴，戲厥反。王降征令于大保，大保克敬亡遣。王侃大保，錫休余土。用茲彝對令。（圖八）

(7)〈趞尊〉

唯十又三月辛卯，王在序，錫趞采曰趞，錫貝五朋。趞對王休，用乍（作）姞寶彝。（尚有〈趞卣〉與之同銘）（圖九）

(8)〈召卣二〉（又名召圜器）

唯十又二月，初吉丁卯，召肇進事，旋（奔）走事皇辟君，休王自毅，事（使）賞畢土方五十里。（圖十）

(9)〈永盂〉

唯十又二年初吉丁卯，益公内（入）即命于天子，公迺出厥命，錫畀師永厥田陰陽洛，疆眔師俗父田。厥眔公出厥命：井伯、榮伯、尹氏、師俗父、遣仲，公迺命酉嗣徒鼏父、周人嗣工（空）眉、駉史、師氏、邑人奎父、畢人師同，付永厥田。厥率履厥疆，宋句。永拜稽首，對揚天子休命，永用乍（作）朕文考乙伯尊盂。永其萬年，孫孫子子永其率寶用。（圖十一）

(10)〈卯簋蓋〉

榮伯乎令卯曰：飢乃先祖考死嗣榮公室，昔乃祖亦既令乃父死嗣莽人，不盠，孚我家，窠用喪。今余非敢夢先公又□遂，余懋再先公官。今余唯令女死莽官、莽人，女母敢不善。錫女瓚四、璋嗀、宗彝一𩰈，寶。錫女馬十四、牛十。錫于乍一田，錫于宷一田，錫于隊一田，錫于截一田。卯拜手稽手，敢對揚榮伯休。（器早佚，僅傳銘文）（圖十二）

(11)〈十二年大簋蓋〉

唯十又二年三月既生霸丁亥，王在鹽㑌宮。王乎吳師召大，錫趞𤔲里。王令善夫象曰趞𤔲曰：余既錫大乃里。𤔲賓象璋、帛束。𤔲令象曰天子：余弗敢蓍。象以𤔲履大錫里。大賓象䛐璋、馬兩，賓𤔲

訊璋、帛束。大拜稽首，敢對揚天子不顯休。用乍朕皇考剌伯尊簋，其子子孫孫永寶用。（圖十三）

（12）〈段簋〉

唯王十又四祀十又一月丁卯，王在畢烝。戊辰，曾（贈），王穢（蔑）段曆，念畢仲孫子，令蒉訊饋大則于段。（圖十四）

（13）〈中鼎〉

王令大（太）史兄（貺）福土。王曰：中，茲福人入史（事），錫于武王乍（作）臣，今兄（貺）畀女（汝）福土，作乃采。中對王休令（命），鸞父乙尊，唯臣尚（常）中臣。（楊樹達《積微居金文說》作〈中鼏〉）（圖十五）

（14）〈旗鼎〉

唯八月初吉，王姜錫旗田三于待𣄿。（圖十六）

（15）〈康侯簋〉（成王時器）

王來伐商邑，祉令康侯啚于衛，沽嗣土（徒）送眔啚，作厥考尊彝。（圖二）

（16）〈吳虎鼎〉

隹十又八年十又三月，既生霸丙戌，王才周康宮遲宮。道入右吳虎。王令善（膳）夫豐生、嗣工（空）□毅釐剌王令取吳盪舊彊付吳虎。眔北彊窯人眔彊，眔東彊官人眔彊，眔南彊畢人眔彊，眔西彊莽姜眔彊。眔具履封：豐生、雍毅白道、內嗣土（徒）寺㝈。吳虎拜稽首天子休。賓善（膳）夫豐生章（璋）、馬匹；賓嗣工（空）雍毅章（璋）、馬匹；賓內嗣土（徒）寺㝈璧。爰書：尹友守、史由。賓史㝈韋兩。虎拜稽首，敢對揚天子丕顯魯休。用乍朕皇且考庚孟尊鼎，其子子孫孫永寶。〔註12〕

另外還有一些僅記載授民而未及於授疆土者，在此一併列出，以便於討論：

（17）〈復尊〉

匽（燕）侯賞復冂衣、臣妾、貝。用乍父乙寶尊彝。（圖十七）

（18）〈邢侯簋〉

唯三月，王令榮眔內史曰：善夫井侯服，錫臣三品：州人、重人、墉人。拜稽首，魯天子造厥瀕福，克奔走上下，帝無冬令于有周。（圖十八）

（19）〈麥方尊〉

雩王在廄，已夕，侯錫者訊臣二百家，劑用王乘車馬、金勒、冂衣、市、舄。唯歸，揚天子休，告亡尤，用龏義寧侯，顯孝于井侯。（圖十九）

（20）〈令簋〉

唯王于伐楚伯在炎。唯九月既死霸丁丑，作冊矢令尊宜于王姜，姜賞令貝十朋、臣十家、鬲百人。（圖二十）

（21）〈令鼎〉

王歸自諆田，王馭溓（祭）仲僕，令眔奮先馬走。王曰：令眔奮，乃克至，余其舍（捨）女（汝）臣十家。王至于溓（祭）宮，啟，令拜稽首，曰：小子迺學（效），令對揚王休。（圖二十一）

（22）〈耳尊〉

唯六月初吉，辰在辛卯，侯各于耳，□侯休于耳，錫臣十家，□師耳對禚（揚）侯休，肇乍（作）京公寶尊彝。（圖二十二）

（23）〈蠡鼎〉

隹三月初吉，蠡來遘（覯）于妊＝氏＝，（妊氏）令蠡：「史（使）㝃（保）乎（厥）家。」因付乎（厥）且（祖）僕二家，蠡拜頴首。（圖二十三）

（24）〈師詢簋〉

今余唯䦰㝒乃命，命汝虫雍我邦小大猷，邦弘溓騂，敬明乃心，率以乃友干禦王身，欲汝弗以乃辟圅（陷）于艱。錫女鬯卣一卣、圭瓚、尸（夷）訊三百人。（圖二十四）

（25）〈𩵋簋〉

唯王正月辰在甲午。王曰：𩵋，命女嗣成周里人，眔者侯、大亞，訊訟罰，取徵五寽。錫女尸臣十家，用事。（圖二十五）

（26）〈易旟簋〉

易旟曰：趞叔休于小臣貝三朋、臣三家。對厥休，用乍父丁彝。（圖

二十六）

（27）〈叔德簋〉

王錫叔德臣嬂十人、貝十朋、羊百。用乍寶尊彝。（圖二十七）

以上各器之年代如下表：（斷代參照《商周青銅器銘文選》）

早		期	中		期	
成王	康王	昭王	恭王	懿王	孝王	夷王
復尊	宜侯矢簋	趞尊	永盂	卯簋	大克鼎	大簋
大保簋	大盂鼎	作冊旂觥		師詢簋	克盨	
叔德簋	刑侯簋	召卣二		孟簋		
康侯簋	麥方簋	令鼎		段簋		
		令簋				
		中鼎				
		旂鼎				
耳尊　　蠤鼎			𩵦簋　易兂簋　吳虎鼎（中晚期）			

首先探究以上各器所述之原因：（1）銘曰「易乃且（祖）南公旂」，則應該是具有冊命後代繼任祖職的意思，這類子繼父職的例子，在金文中還有很多，如〈曶鼎〉：「〔王〕若曰：曶，令（命）女（汝）更乃祖考嗣卜事。」（2）銘曰「侯于宜」，此與《詩經・魯頌・閟宮》：「乃命魯公，俾侯于東」的語法是非常相近的，「易在宜王人十又七里」，〔註13〕則與前引《左傳・定公四年》述分封之情形幾乎完全一致，雖然「宜」不見於文獻所載，〔註14〕學界據銘

〔註13〕 銘文中「七」的後一字舊多釋爲「生」，讀爲「姓」，不確，當釋讀爲「里」。參李學勤：〈宜侯矢簋與吳國〉，《文物》，1985 年 7 期。裘錫圭：〈關于商代的宗族組識與貴族和平民兩個階級的初步研究〉，《古代文史研究新探》，頁 329～330，江蘇古籍出版社，1992 年。原載《文史》17 輯，1983 年。

〔註14〕 「宜」未見於典籍，故學界對其地之所在頗多爭議，或以爲「宜在鳳翔一帶」（張亞初）「（河南）宜陽爲封矢于宜的宜」（黃盛璋）。又或以《春秋》、《左傳》比附，認爲宜即是《左傳・僖公二十四年》所述「周公之胤」中的「胙」國，在今河南延津縣北三十五里（岑仲勉）。或即《春秋・襄公十年》「會吳于柤」的柤，在今山東微山湖東（譚戒甫）。按，這些説法於字形，讀音或有所據，但銘曰「省武王、成王伐商圖，遂省東國圖」，清楚説明宜侯之分封，是看了東方諸國的形勢圖，然後封矢於宜，則宜當在東方之區域。郭沫若云：「（宜）地望或即在今丹徒附近」，李學勤亦主此説。可能是對的。按，在江蘇丹徒及附近的丹陽、儀征等地亦有西周時期之青銅

文「省武王、成王伐商圖，遂省東國圖」，將其視康王時器，當可信從。（3）
銘曰「令乍冊旂覭望土於相侯，易金易臣，揚王休。」王命令乍冊旂為賜相
侯望土的執行者，「相侯」為近於楚的侯伯。﹝註15﹞昭王時期與南淮夷作戰，
最後還「南征而不復」（《左傳‧僖公四年》），（3）既為昭王時器，昭王卻又
以土地賞賜近南方之諸侯，則很可能是具有攏絡或偕同作戰的意味。在《左
傳》中也有以土地為賂的記載，如〈宣公元年〉：「齊人取濟西之田，為立公
故，以賂齊也。」〈成公十六年〉：「楚子自武城使公子成以汝陰之田求成于鄭。
鄭叛晉，子駟從楚子盟于武城。」濟西本為曹之地，僖公三十一年，晉文公
取以分魯，魯宣公初立，以之求成於齊。春秋中期以來晉楚南北爭霸，雙方
除軍事上的對壘以決勝負外，亦爭取中間鄭、宋、衛、曹等國的同盟以取得
政治上的優勢。楚王贈鄭國以地，使之叛晉即是其例。昭王賜相侯望土，很

器出土（〈江蘇丹陽出土的西周銅器〉，《文物》，1980 年第 8 期、〈介紹江蘇
儀征過去發現的幾件西周青銅器〉，《文物參考資料》，1956 年第 12 期）。就
潘英所著《中國上古史新探》之附錄〈春秋、左傳、國語所見國名、地名、
官名、人名錄〉，地望在江蘇之諸侯，可考者僅邳與蕭。邳，據《左傳‧定
公元年》：「薛之皇祖奚仲居薛，以為夏車正，奚仲遷于邳，仲虺居薛，以
為湯左相。」則邳為古國，非周王所封。蕭，據〈莊公十二年〉，蕭叔大心
所始封，時在春秋，亦非西周時所封。相較之下，這些青銅器屬宜國之器
的可能性很大。又唐蘭以為此器即泰伯仲雍受封吳國的記載，可備一說。
上舉諸說分見於張亞初：〈解放後出土的若干西周銅器銘文補釋〉，《出土文
獻研究》，文化部文物局古文獻研究室編，文物出版社，1985 年。黃盛璋：
〈銅器銘文宜、虞、矢的地望及其與吳國的關係〉，《考古學報》，1993 年第
3 期。岑仲勉：〈宜侯矢簋銘試釋〉，《西周社會制度問題》，新知識出版社，
1956 年。今據氏著《兩周文史論叢》（外一種），中華書局，2004 年。譚戒
甫：〈周初矢器銘文綜合研究〉，《武漢大學人文科學學報》，1956 年 1 期。
郭沫若：〈宜侯矢簋考釋〉，《兩周金文辭大系考釋》（《周代金文圖錄及釋文》）
台灣大通書局，1971 年。李學勤：〈從新出青銅器看長江下游文化的發展〉，
《文物》，1980 年第 8 期。潘英：《中國上古史新探》，明文書局，1985 年。
唐蘭：〈宜侯矢簋考釋〉，《考古學報》，1956 年第 2 期。

﹝註15﹞《商周青銅器銘文選》Ⅲ於此器之「相」云：「秦之相有數地：一、《史記‧
殷本紀》：『河亶甲居相』，張守節《正義》引《括地志》云：『故殷城在相州
內黃縣東南十三里，即河亶甲所築都之，故名殷也。』二、春秋宋邑，《水經
注‧睢水》：『又東逕相縣故城南，宋共公之所都也。』故城在今安徽宿縣西
北，因境內有相山得名。此銘昭王十九年伐楚，此或是安徽之相。昭王賜相
侯以望土，或是為了攏絡與楚相近的侯伯。」《商周青銅器銘文選》Ⅲ，頁 63
～64。另，以此器之「相」位於今安徽者，尚見於陳夢家：《殷虛卜辭綜述》，
頁 251，中華書局，1992 年 7 月 1 版 2 刷。丁山：《商周史料考證》，頁 30，
中華書局，1988 年。

可能就具有類似的用意。（4）、（5）兩器具有聯帶的關係，（4）可視爲（5）之補述（詳註11）。（4）銘曰「昔余既令汝出納朕令」很清楚是冊命官職的意思。

次就（6）至（16）銘僅記授土者進行觀察。（6）銘之「王降征令于大保，大保克敬亡遣。王侃大保，錫休余土」，乃是命大保爲出征將領，應該是因其有功而賜予「余土」。（7）銘云「錫趞采曰趑」，古時稱采者，有廣狹兩種含意，《周禮・地官・載師》：「以家邑之田任稍地，以小都之田任縣地，以大都之田任畺地。」鄭玄注：「家邑，大夫之采地；小都，卿之采地；大都，公之采地。」賈公彥疏：「天子大夫各授采地二十五里……天子之卿各授采地五十里。」公侯大夫具采地食邑性質的土地皆可稱爲「采」，此當是就廣義而言。若由《禮記・禮運》來看，「采」似又可爲大夫所屬土地之專名：「故天子有田以處其子孫，諸侯有國以處其子孫，大夫有采以處其子孫，是謂制度。」故此銘很可能是王任命趞爲卿或大夫，賜予采地，則其性質亦屬冊命之辭。（13）銘曰：「乍乃采」，則性質當亦相近。（8）銘云：「召肇進事，旋（奔）走事皇辟君」，（10）銘云：「覭乃先祖考死嗣榮公室，昔乃祖亦既令乃父死嗣荼人，不盡，守我家，窶用喪。今余非敢夢先公又□遂，余懋再先公官。今余唯令女死荼官、荼人，女毋敢不善。」兩器很顯然都是屬冊命封賞職官的性質。（12）銘謂「念畢仲孫子」，所以賜段以「大則」，很可能是對過去冊命關係的再認定。（9）銘所記是將陰陽洛這個地方和師俗父所轄的田賜給師永。（11）銘則是將趞矍的土地改賜給大，（16）銘是將吳蠚的舊疆給予吳虎，三者都是變更封地的例子。與前面討論過的〈康侯簋〉具同樣的性質。

再就僅記載授民者來看。（18）「蕁井侯服」，即賜井侯以車服。（19）云「侯錫者娍臣二百家」，「用受德，妥（綏）多友，享奔走令」，（23）銘云「使保厥家」，（24）之「率以乃友干吾（扞敵）王身」，（25）銘「命汝司成周里人眔諸侯」，以上五器皆因王有所命，或任官職、或有職司，冊命的意義是非常明顯的。（20）、（21）兩器是說「令」作了什麼事而得到賞賜，但究其原始，其所作之事仍出於王命，故亦屬冊命之類。（17）、（22）、（26）、（27）四器，僅有關於賞賜物的記載，原因難以考究。（14）之情況與此相同。

綜合以上原因先排比成下表，以供進一步分析討論。

	分　封	改　封	冊　命	賞　賜
授土授民	宜侯夨簋		大盂鼎、作冊旂觥、大克鼎、克盨	
授　土		永盂、大簋、康侯簋、吳虎鼎	中鼎、大保簋、趞尊、召卣二、卯簋、段簋	旟鼎
授　民			邢侯簋、麥方尊、叀鼎、師詢簋、嚮簋令簋、令鼎	復尊、耳尊、易夨簋、叔德簋

　　經由上表，我們對透過封建與冊命的方式所取得的土地，其性質與意義間的差異可以有更清楚的了解：雖然兩者都俱有封賞的本質，但冊命顯然是存在著更多的類型和原因，且隨著類型和原因的不同，授民與授疆土的意義和作用亦隨之改變。

　　接著我們就來看授民授疆土在分封與冊命中所表現出的不同意義。曾有學者指出，《禮記・禮運》所云：「大夫有采，以處其子孫。」這些子孫就不含于授民之說，所以周代的采地是授土而不授民的封建職田。〔註16〕這只有一部份是對的，因為所謂的授民具有兩個不同的層次，即包括了分封時帶去新領地的貴族、庶人，以及原本居住於該地的原住民。以分封的性質而言，不論是從文獻或金文中都可以清楚地看到，兩者是依傍而生，這顯然是與新封諸侯到一塊新的土地，必需擁有生產力和戰鬥力有關：土地是作為發展的根據，人民則是賴以富強壯大的根本。我們可以想像得到，在西周當時廣袤的土地上，要以周族為數並不多的人口，管理統治由殷商得來的廣大東方土地和眾多人民，藉由分封時帶去的人民所能提供的生產力實在是很有限，其主要作用應是保衛諸侯氏族。耕作勞動力的主要來源還是當地的土著居民。但並不表示這些非勞動性質的民就不具特別的意義，曾有學者指出：

> 西周分封並不只是周人殖民隊伍分別佔有一片東方的故地，分封制度是人口的再編組，每一個封君受封的不僅是土地，更重要的是分領了不同的人群。〔註17〕

> 西周的分封制在族群衍裂以組成新族群的意義，大於裂土分茅，別分疆土的意義。〔註18〕

〔註16〕徐中舒、唐嘉弘：〈論殷周的外服制——關于中奴隸制和封建制分期的問題〉，《先秦史論文集》，《人文雜誌》增刊1982年。
〔註17〕許倬雲：《西周史》，頁147，聯經出版社，1993年修訂四刷。
〔註18〕楊希枚：〈先秦賜姓制度理論的商榷〉，《史語所集刊》第26本。

而這些新封的封國，因其與原居民的揉合，成爲地緣性的政治單位，遂逐漸演變爲春秋的列國制度。〔註 19〕這些都是非常精闢正確的見解。所以由封建關係所得的民可以分作兩個層次來看：一是土著居民，其作用主要在提供生產勞動力；另一則是銘文中所載的侯伯職司和庶人，其作用是作爲統治和軍事、安全。這點由文獻和金文來分析，是完全一致的。

另外，對於授民的關係和意義，我們由金文的記載可以看到更豐富的面貌。封建的性質是授民與授疆土同時發生，如果僅記載土地的賞賜，認爲附屬於這塊土地的居民也應是一併授予，這種推測不論是就文獻或金文來看，都是可以被承認的。但如果反過來看，僅載授民的記錄是不是也可以推測土地亦在賞賜之列？關於這點，文獻中並沒有明確的記錄，但經由對金文的分析卻可以得到較爲明悉的答案。由僅記載授民的十一件器銘來看，其賞賜的人數由數人至數百人不等，〔註 20〕或稱「臣」、「臣妾」，或稱「鬲」，亦有稱「人」者，其規模與既授土又授民，動輒幾個氏族乃至千餘人的情形是差別很大的。這些受賞貴族在本就有其封地、封民及其宗室子孫的基礎上，再獲得臣若干的賞賜，除了作爲家臣之外，提供勞動力的意義應是很明顯的。而這點在意義上與隨土授予的民則是相同的。在西周這個地廣人稀的時代裏，增加勞動人口無疑是增進國力的重要因素，所以對這些諸侯貴族而言，在既有封土的情況下，賞賜臣民可能就比賞賜土地的意義更爲重大。儘管授予勞動人口是如此重要，且金文是以作器者的角度來記載對自己有利的事情，或不免有自我吹噓的可能，但記載中的事確實曾發生過，則是不容置疑的。若諸侯貴族對賞賜主的賞賜，僅記載其所認爲重要的而略去其它，是很難令人相信的。所以我們有理由認爲僅記載授民時，土地的賜予並不在其中。

再結合僅記載授民的十一件器的時代與賞賜主來觀察，則授民授疆土與王室、諸侯間的權利關係將更爲明確。（23）、（24）、（25）屬中期器，其餘八器皆屬早期；賞賜主中具侯伯身份者有（16）、（18）、（21）、（22）、（25）等

〔註 19〕 Richard Walker：The Multi-state System of Ancient China （Hamden: The Shoe String Press1953）。

〔註 20〕 朱鳳瀚據《管子・乘馬》：「四聚爲一離，五離爲一制，五制爲一田，二田爲一夫，三夫爲一家。」推測古代稱「家」時的人數，若以此而言，則諸銘所記賞賜之民約在十人（〈叔德簋〉）至六百人（〈麥方尊〉）左右。此數據亦僅供參考用。朱鳳瀚：《商周家族形態研究》，天津古籍出版社，1990年。

五器，佔半數左右。也就是說賞賜主爲侯伯，且屬中期器者僅（25）一件，其餘若不是王所封即爲早期器。這就說明了很可能諸侯在早期時並沒有可以將土地進行再分封的權利，故只能封賞一些增加勞動力的臣民，主要目的應該是給予已有食邑的卿、大夫更優渥的生產條件。若此一觀察無誤，則無疑是爲文獻所稱之「王土」，提供了一個由銅器銘文方面所得到的印證。不過應特別注意的是，這樣的印證，到目前爲止，僅可用於西周早期（中期以後的情況另詳三、四章）。

　　若將觀察的重點聚集在有授土的金文，將可使西周初期「王土」的形象更爲明確。（1）、（2）、（3）、（6）、（7）、（8）、（12）屬早期器，其餘是中期器。封賞者的身份只有（10）是由榮伯所封，其餘皆由王直接封賞，或命「多尹」執行。其中有兩個地方是特別值得注意的。第一、屬於中期的五件器中，除了（10）以外，都有明顯的改封或以他人之土田做爲賞賜之資的意思在內，這種改封的現象，似乎是在說明周天子對已經分封出去的土地仍然保有相當控制的能力。而事實上，這種能力除了具有實質的意義外，它應該也是王權的一種表徵，因爲在王權已經衰弱的春秋時期，還可以看到這種權力被周王使用著。如《左傳·僖公二十五年》周王取陽樊之地與晉：「晉侯朝王……與之陽樊、溫、原、欑茅之田，晉於是始啓南陽。陽樊不服，圍之。蒼葛呼曰：『德以柔中國，刑以威四夷，宜吾不敢服也。此，誰非王之親姻。其俘之也？』乃出其民。」〔註21〕雖然同樣是以他人之田爲賞，但因西周與春秋時周王地位的天壤之別，遂有「敢對揚天子丕顯魯休」（〈大克鼎〉）與憤憤不服的差異。但這也顯示出周天子在王權威儀尚存的時候，確實是具有這種能力和權利。另一方面，在這地廣人稀的時代裏，西周中期以後，便不見有大規模的封賞，而僅是以冊命的方式賞賜少量的土地與人民，可能也表示周天子當初對天下具有的控制能力和範圍已有逐漸縮減的趨勢。

　　第二、雖然在王權的威儀上，西周是遠勝於春秋戰國，但並不表示終西周

〔註21〕此事於《國語·周語》與〈晉語〉中俱有所載。〈晉語〉云：「賜公南陽、陽樊、溫、原、州、陘、絺、鉏之田。」所言較《左傳》爲詳，或另有所本，或所言者爲本國之事，故較爲詳盡。〈周語〉云：「晉侯聞之曰：『是君子之言也。』乃出陽民。」則出陽民者爲晉侯而非陽樊。蓋古時以氏族爲團體，若非戰亂、政變之緣故，記某侯伯之遷移，其宗族子孫亦當隨之。此周王改封而遷移，事非突起，而特記出民之事，或者晉侯本欲留滯陽樊之氏族子弟，終因其言合於理法，故不得不放之。

之世王權始終保持在一定的水平，諸侯就沒有獲得宰制土地的權利。在（10）器中，諸侯完全是以同於王室冊命的形式，將土地賜予臣下卯，「榮伯乎令卯曰：飲乃先祖考死嗣榮公室，昔乃祖亦既令乃父死嗣荃人，不盠，夺我家，竆用喪。今余非敢夢先公又□遂，余戀爯先公官。今余唯令女死荃官、荃人，女毋敢不善。」這種「命」由諸侯出的情形，在春秋時是屢見不鮮，甚至可以對其下屬卿大夫的田地任意收回或改封，如《左傳・成公八年》：「晉討趙同、趙括，以其田與祁奚。韓厥言於晉侯曰：『成季之勳，宣孟之忠，而無後，爲善者其懼矣。三代之令王皆數百年保天之祿，夫豈無辟王？賴前哲以免也。《周書》曰『不敢侮鰥寡』所以明德也。』乃立武，而反其田焉。」這種「命」由諸侯出的情形，無疑是王權衰微的表徵。雖然中期諸王穆、恭、懿、孝、夷仍具有一定程度的威儀，這點由西周中期銘文仍以冊命之辭佔大多數即可以證明，但無可否認的，此時諸侯權利已經擴展到一定的程度，且對土地所具有的控制權利已經開始由王下移至諸侯。既然冊命的主要意義是對於主從關係的確認，那麼諸侯以冊命的方式賞賜土地給下屬，無疑就是以「主」自居。而出現在榮伯的這種情況，有沒有可能與「古者諸侯稱王」有關呢？榮伯尚見於〈衛盉〉、〈永盉〉，與井伯、伯邑父、定伯等同爲周王卿士。《尚書序》：「王俾榮伯作賄肅慎之命。」孔傳：「榮，國名。同姓諸侯，爲卿大夫。」孔安國未見〈卯簋〉銘文，其說或另有所本，然與金文所述相當，應可信從。榮伯既爲同姓諸侯，則榮伯以主自居，就與「古諸侯稱王說」渺不相涉，〔註22〕而當視爲諸侯權力擴張的表現。由此

〔註22〕 王國維有「古諸侯稱王說」的意見，分別見於《觀堂集林・別集・卷一》和《觀堂古今文考釋五種・散氏盤考釋》。〈別集〉云：「世疑文王受命稱王，不知古諸侯於境內稱王與稱君稱公無異，詩與周語、楚辭稱契爲玄王，其六世孫亦稱王亥，此猶可曰後世追王也……蓋古時天澤之分未嚴，諸侯在其國自有稱王之俗，即徐楚吳楚之稱王者，亦沿周初舊習，不得盡以僭竊目之，苟知此，則無怪乎文王受命稱王而仍服事殷矣。」〈散氏盤考釋〉云：「夨僭王號亦見他器，嘗見鼎銘曰：『夨王作寶尊鼎』，又見尊銘曰：『夨王作寶尊』，并此器而三，當宗周中葉，邊裔大國往往稱王，《史記・秦本紀》有豐王，彝器有邵王鼎、有呂王鬲、呂王壺。而彔伯貳簋云：『作朕皇考釐王寶尊簋』，乖伯簋云：『用作朕皇考武乖幾王尊簋』，二器皆紀王命，並稱其祖考有勞于周邦，則非不臣之國，又非周之子弟封於外者，而並稱其考爲王，可見當時諸侯並有稱王之俗。」其後張政烺氏基本上肯定〈散氏盤考釋〉的說法，而對〈別集〉之說有所修正批評：「王氏用史學破經學，主意是好的，可惜證據不多，下結論太容易，其實，周的稱王者皆異姓之國，處邊遠之地，其與周之關係若即若離時親時叛，而非周室封建之諸侯。文王受命稱王，其子孫分封天下，絕無稱王之事，周之同姓而稱王者只一吳王，吳之開國史很不清

即可想見當時諸侯雖仍臣服於周，但已較周初時擁有更多的權利或權力，對土地已具備相當程度的所有權，可以自行封賞的權利即為其表現的方式之一。

經由以上的討論可以知道：第一、已往就典籍的封建關係認為西周土地屬「王有」制的觀點，至少有一部份仍然是正確的。透過對金文的分析，不論是從授民或是授疆土的角度來看，都可以找到鮮明的證據。第二、透過對金文的分析尚可更清楚的了解，這種「王有」制並不是終西周之世都如此。從冊命封賞性質的金文中可以看到，至遲在懿王時已經產生明顯的變化，土地私有化的腳步已經邁入歷史的進程，諸侯貴族透過冊命封賞的形式，明確的表現出對土地已具有控制、支配的能力。第三、雖然封建的過程中，授土之時，則附屬於此土地之民亦隨之賜予，但從僅授民而未授土的銘文記載可以知道，這種關係是不能逆轉來看的，歷史上也沒有單以某一地人民作為封賞的事例。但這些冊命金文中所授的民，作為勞動人口的意義，是不遜於由封建而來的「土田附庸」。第四、所謂的授民，應將其實質視為具兩個不同的層次：一是「土田附庸」，另一則是周族的官員和庶人等。在封建的形式中，不論是典籍或金文，兩者都是存在於授民的範圍之內。但在冊命的形式裏，可以僅就其一，或授予勞動力，或作為家臣。前者與「土田附庸」的意義相當，而後者則有類於官吏，祗是管理的權限較為縮小。第五、在改封的情況下，授土與授民的情形應該是與分封時相類似。但由金文中所見僅授土（土著居民包括在其中）卻沒有授予職官的銘文來看，這很可能是由於當時的職

楚，泰伯、仲雍避位何必遠走天涯。由岐山下到太湖濱，未免謙遜過頭了，各書記載皆強調二人『文身斷髮』，則是已經澈底『蠻化』了，處蠻夷之間，位不尊則權威輕，不能鎮伏百越，甚至不能自保，稱王由於客觀需要，而不關『天澤』或『僭竊』問題，也並非『沿周初舊習。』古代同姓不婚，而吳則否，……可見吳與魯蔡通婚，韓愈《原道》：『孔子之作《春秋》也，諸侯用夷則夷之』吳正是這樣一個標本，也就不必以常理論了。」西周時期這種邊境小國君長稱王的現象，應該是由商代遺留下來的。蔡哲茂師即指出「商代的『某王』，大概是殷王朝邊境上的異姓小國之君長，性質上和金文中所見到的某王相類似，但仍服屬於商朝。」「商、周國家的性質，可以解釋作以一姓獨興的宗族國家，透過封建的體系形成王朝，《詩經》上說：『普天之下，莫非王土，率土之濱，莫非王臣。』固然過於誇大，但是在商代，以中央王室建立的王朝，不管異姓或同姓，只要是臣屬於商，是不可能稱王的。」張政烺：〈矢王簋蓋跋──評王國維『古諸侯稱王說』〉，《古文字研究》第 13 輯，1986 年。蔡哲茂師：〈商代稱王問題的檢討──甲骨文某王與王某身分的分析〉，《國立歷史博物館館刊》，1993 年第 3 卷第 2 期。

官皆由貴族子弟擔任，當舊的貴族遷出時，帶走了氏族子孫，而新的貴族遷入，帶來了新的職官和氏族，所以不需要有職官的授予。

對西周土地的研究，由於史籍的亡佚，使我們從文獻資料中僅能得到土地王有的大致性概念。但透過對金文材料的掌握與理解，不但由推測的層次落實到可以證實，同時也補充了許多典籍所未見者，使我們對此一問題的討論更有根據，在西周不同時期具體情況的掌握上，能有相較於文獻更為明晰的樣貌。

第二節　因軍功取得土地

在西周時期，諸侯取得土地的方法除了前述的由分封與冊命而來者外，有軍功而得封賞也是一種途徑。所謂的軍功是立有戰功，其基本性質雖與分封、冊命相去不遠，都是由賞賜關係而來，但其表現出的原因與意義還是有其區別的。軍功是因戰陣有功，帶領軍隊得到勝利的將領獲得王或諸侯的賞賜，其意義可用《左傳‧成公二年》晉侯獻齊捷于周，周王弗見的一段記載來說明：

> 晉侯使鞏朔獻齊捷于周。王弗見，使單襄公辭焉，曰：「蠻夷戎狄，不式二命，淫湎毀常，王命伐之，則有獻捷。王親受而勞之。所以懲不敬，勸有功也。兄弟甥舅，侵敗王略，王命伐之，告事而已，不獻其功，所以敬親暱，禁淫慝也。」

此段記載雖是以獻捷為論述主旨，但獻捷即表示作戰勝利，故亦可以軍功的角度來解釋。當時在征伐不聽王命的蠻夷戎狄勝利後，王有所慰勞，主要是懲戒不恭敬王室，獎勵作戰有功。「懲不敬」是對外而言，「勸有功」則是對臣服於周的諸侯和王臣而言。這與冊命主要以確認主從關係的意義是很不相同的。對未臣服的蠻夷戎狄，周人用含蓄的口吻來說是「不式二命」，杜注：「式，用也。」也就是〈子犯編鐘〉的「者（諸）楚荊不聖（聽）命于王所」，而面對蠻夷戎狄的入侵，周人起兵抗拒，正是發揮封建諸侯「以藩屏周」的作用。如此來看，軍功與分封的關係是較冊命來得親近，但軍功還是未能與封建相提並論，歸為一類。因為，第一：封建除了軍事上的藩屏周室外，在政治上還有化大為小，分別治理的意義，這在軍功因素中是看不到的；第二：由西周時因軍功受賞的銘文中可以看出賞賜主為王者，其賞之物多為車服器

物；而涉及因軍功授土或授民的三件器物中（即下舉（1）～（3）），由王賞賜者僅記載授土，且不具分封的意義來看，這又與封建時以授民授疆土爲主的情形有很大的差異。故軍功雖與分封、冊命相同，是取得土地的方法之一，但實爲另一類型，應獨立討論。

茲先列舉因軍功而授土授民之銘文：

（1）〈多友鼎〉

唯十月，用嚴（獫）允（狁）放興，廣伐京師。告追于王，命武公遣乃元士，羞追于京師。武公命多友率公車，羞追于京師。癸未，戎伐筍（郇），衣（卒）俘。多友西追，甲申之脣（辰），搏于郼，多友又（有）折首執訊，凡以公車折首二百又□又五人，執訊廿又三人，俘戎車百乘一十又七乘，衣（卒）復筍（郇）人俘。或（又）搏于龔，折首卅又六人，執訊二人，俘車十乘。從至，追搏于世，多友或（又）右（有）折首執訊，轍追至于楊冢，公車折首百又十又五人，執訊三人，唯俘車不克以，衣（卒）焚，唯馬毆（驅）盡，復奪京師之俘。多友迺獻俘馘訊于公，武公迺獻于王，迺曰武公曰：女（汝）既靜（靖）京師，資（賚）女（汝）。錫女（汝）土田。丁酉，武公在獻宮，公窺（親）曰多友曰：余肇事（使）女（汝），休不逆，又（有）成事，多禽（擒）。女（汝）靜（靖）京師，錫女（汝）圭瓚一、湯（錫）鐘一𦯵、鐈攸百勻（鈞）。多友敢對揚公休，用乍（作）尊鼎，用倗用友，其子子孫永寶用。（圖二十八）

（2）〈敔簋〉

唯王十月，王在成周。南淮尸遟叏內伐溟、昴、參泉、裕敏、陰陽洛。王令敔追，𢾭（襲）于上洛、㷴谷，至于伊、班。長榜載（？）首百，執訊卌，奪俘人四百。嚞于榮伯之所，于㷴衣，諫復付厥君。唯王十又一月，王各于成周大廟。武公入右敔，告禽：馘百、訊卌。王蔑敔曆，使尹氏授釐敔：圭瓚、□貝五十朋。錫田：于敔五十田。敔敢對揚天子休。用乍尊簋。敔其萬年，子子孫孫永寶用。〔註23〕

〔註23〕「𢾭」舊多釋爲御，不確。馬承源據〈晉侯𮥊盨〉之「原𨟠」指出，「𨟠」即「𤉡」字，裘錫圭進一步將用於軍事行動中的「𢾭」當讀爲「襲」。參馬承源：〈晉侯𮥊盨〉，《第二屆國際中國古文字學研討會論文集》，1993年。裘錫圭：〈關于晉侯銅器銘文的幾個問題〉，《傳統文化與現代化》，1994年2期。

（圖二十九）

（3）〈不娶簋〉

唯九月初吉戊申。伯氏曰：不娶，馭方。玁狁廣伐西俞，王令我羞
追于西，余來歸獻禽。余命汝御追于嵜，汝以我車宕伐玁狁于高陶，
汝多折首執訊。戎大同，從追汝。汝彶戎大臺搏，汝休，弗以我車
崮于艱。汝多禽，折首執訊。伯氏曰：不娶，汝小子，汝肇誨（敏）
于戎工。錫汝弓一、矢束、臣五家、田十田，用從乃事。不娶拜稽
手休。用作朕皇祖公伯、孟姬尊簋。用匄多福，眉壽無疆，永純，
霝冬。子子孫孫其永寶用享。（圖三十）

　　首先了解受賞者的身份。(1) 銘中受土田之賜者爲武公，武公亦見於 (2)
及〈禹鼎〉、〈南公柳鼎〉（同爲屬王時器）。〈禹鼎〉是記王命西六師、殷八師
征伐鄂侯，後武公命禹率戎車百乘從征，最後打了大勝仗，擒獲鄂侯馭方。
銘曰：「肆（肆）武公迺遣禹率公戎車百乘、斯（廝）馭二百、徒千」（圖三
十一）。武公可出百乘與千餘的兵力，其爲高級貴族是無庸置質的。再就〈南
公柳鼎〉所曰：「唯王五月初吉甲寅，王在康廟。武公有（佑）南宮柳，即立
中廷，北鄉（嚮）。王乎乍（作）冊尹命柳：嗣六師牧、陽（場）大友，嗣羲
夷陽（場）佃史（事）。」（圖三十二）武公任冊命儀式中的「右」者，「右」
者即爲禮書中所謂的「儐」者，其任務是作爲受命者的導引。在西周擔任「右」
者之職的，皆爲王室執政大臣，或爲大師，或爲司徒、司馬、司空，又或爲
公族、宰，〔註24〕而從其受命者之官職系統看，似由其系統之首席執政擔任
「右」者，〔註25〕那麼南宮柳受命爲六師之長，則任「右」者的武公很可能
就在周王身邊任司馬或更高的官職。當然，也很可能武公本身即爲諸侯而任
職於王室，就如同周公、召公，〔註26〕但就現今的材料很難斷定武公爲那一
個諸侯國的國君。〔註27〕

〔註24〕詳汪中文：〈試論冊命金文中之「右」者及其與「受命」者之關係〉，《大陸雜
　　　　誌》第 77 期第 5 卷，1988 年。

〔註25〕參白川靜：《西周史略》，袁林譯，三秦出版社，1992 年 5 月第 1 版。

〔註26〕徐中舒：〈禹鼎的年代及其相關問題〉，《考古學報》，1959 年第 3 期。

〔註27〕陳進宜以〈禹鼎〉之武公爲衛武公。徐中舒氏駁之曰：「《史記·衛康叔世家》
　　　　載：『（武公）四十二年犬戎殺周幽王，武公將兵往佐周，平戎，甚有功，周平
　　　　王命武公爲公，五十五年卒。』同書〈十二諸侯年表〉（衛）武公共和元年爲
　　　　宣王十六年（公元前812），四十二年爲幽王十一年，即犬戎殺幽王之年，五十
　　　　五年爲平王十三年（公元前758）即武公卒年；〈衛世家〉與〈十二諸侯年表〉

（2）銘中之受田者爲敔，由武公同樣爲「右」者來看，似乎應該將（2）歸爲冊命一類，但銘文中既不見冊命之官職，且其受賞賜的直接原因是敔擊退入侵的南淮夷，故仍列入軍功因素討論爲宜。敔是直接受命于王「王令敔追，鄭（襲）于上洛、㥁谷，至于伊、班」，則敔亦當爲周王身邊之卿大夫，地位在武公之下。而此次抵禦南淮夷的戰役，是由敔擔任主帥，斬首敵軍百人「長榜載（？）首百」，生擒四十人「執訊冊」，並奪回被南淮夷入寇所俘的四百人「奪俘人四百」，則南淮夷的部隊應在四百人以上，而周人的部隊亦當不止於此數。《周禮・夏官・司馬》：「大國三軍，次國二軍，小國一軍，軍將皆命卿，二千有五百人爲師，師師皆中大夫，五百人爲旅，旅帥皆下大夫。」《周禮》雖不免參雜戰國之制度與想像，但據《左傳・閔公元年》所述「晉侯作二軍，公將上軍，大子申生將下軍……士蒍曰：『大子不得立矣。分之都城，而位以卿，先爲之極，又焉得立？』」杜注：「位以卿謂將下軍」，則《周禮》所謂軍之主帥爲卿是大致可信的。那麼雖不必以《周禮》所記之人爲定數，敔率四、五百人以上的軍隊，其身份則大致應在下大夫以上。

（3）銘記抵禦玁狁入侵之事，可與〈虢季子白盤〉相參照。銘中的「白氏曰」，今之學者一般皆認爲即虢季子白，是爲西虢之君，[註28] 而白氏賞賜不嬰時附加一句「用從乃事」，即是要不嬰執行所賦予的職務。「用事」可能

所載是一致的。我們如果承認《史記》所載衛武公年代是可靠的，則武公不是衛武公，已不待辨自明。」「此武公究爲何人？據現有資料言，我們還不能遽加論定。但可知者，此武公與榮公同時，榮公既爲厲王時代的榮夷公，則此武公也應是厲王時代的王官。」陳進宜：〈禹鼎考釋〉，光明日報，1951 年 7 月 7 日。徐中舒：〈禹鼎的年代及其相關問題〉，《考古學報》，1959 年第 3 期。

〔註28〕　〈虢季子白盤〉於清道光年間，出於陝西郿縣禮村的田間，郿縣知事徐燮鈞得之於寶雞虢川司。載歸常州。咸豐十年，常州陷於太平軍，同治三年，劉銘傳克復常州，獲此盤。1950 年劉氏子孫獻於中共。對於〈虢季子白盤〉中的白與〈不嬰簋〉中的伯氏是否爲同一人，近代學者中最早考釋此銘的陸懋德亦不敢妄下斷語：「〈不嬰簋〉銘文內之『白氏』或以爲即是虢季子白：此周人以字爲氏之例，如鄭大夫子孔之後爲孔氏是也。如此，則〈不嬰簋〉之『白氏』，可能與虢季白是一人。然『白氏』亦可作伯氏，周人於貴族大臣有稱伯之例，如晉世子稱狐突爲『白氏』。如此則〈不嬰簋〉之伯氏與子白又可能不是一人。」其後高鴻縉氏作〈虢季子白盤考釋〉，認爲〈不嬰簋〉之「白氏」爲爵，盤銘之「子白」爲名，二人決非同一人，又，高鴻縉認爲〈不嬰簋〉記西周時西虢之事，盤銘記東周小虢之事。其後有主二人非同一人者，大抵不出高氏之說。陸懋德：〈虢季子白盤研究〉，《燕京學報》39 期，1950年。高鴻縉：〈虢季子白盤考〉，《大陸雜誌》二卷二期，1951 年。

是當時的習慣用語，尚見於〈頌鼎〉（宣王時器），銘曰：「王曰：頌，令汝官
嗣成周賈廿家，監嗣新造賈，用宮御。錫汝玄衣黹屯、赤巿、朱黃（衡）、縊
（鑾）旂、攸勒，用事。」（圖三十三）「乃」，《廣雅・釋言》：「乃，汝也。」
「從」，《管子・正世》：「知得失之所在，然後從事。」注：「從，爲也。」故
「用從乃事」猶云「去執行交付的任務吧」。不毀「御追于畧」、「宕伐玁狁于
高陶」是受白氏之命，勝利歸來是受白氏的封賞，白氏並命不毀要盡忠職守，
則不毀爲虢季子白之臣屬應是沒有問題的。執行怎麼樣的職務呢？不毀與虢
季子白同樣都受封有弓、矢，此或可做爲考查時的切入點。〈虢季子白盤〉：「王
錫乘馬，是用左王；錫用弓，彤矢其央；錫用戉，用政蠻方。」（圖三十四）
《禮記・王制》有與此相似的記載：「諸侯，賜弓矢然後征；賜鈇鉞，然後殺。」
賜予弓矢是有賦予征伐權利的意義，這種賜予表徵性的物即賦予相應的權利
的現象，在《左傳・僖公四年》管仲述伐楚的理由時，尚可以清楚的看到：「賜
我先君履，東至于海，西至于河，南至于穆陵，北至于無棣。」而弓矢的賞
賜尚可見於〈小盂鼎〉、〈十五年趞曹鼎〉、〈師湯父鼎〉等器，後兩者雖與軍
功戰事無關，是輔助王行射禮所得的賞賜，其間還是有直接的聯屬；〈小盂鼎〉
則明白是因軍功而授。所以虢季子白賞不毀弓矢，要他克盡職責的職務，應
該就是指軍事武功這一方面的，故不毀很可能是司馬一類的諸侯大夫。

　　由軍功而受封土地的層級，如上述，是諸侯、大夫，或諸侯之大夫，那麼
西周金文雖沒有看到士兵因軍功而受賞的銘文，但這種可能性是否存在呢？試
由軍隊的組成分子加以觀察。西周時作戰的部隊可分爲三類，一爲西六師，二
爲殷八師，或稱成周八師，三則爲諸侯的氏族子弟，這在銘文中都有清楚的記
載（虎賁、虎臣主要爲王的禁衛軍，與此不同，可不論），〔註29〕如：

（4）〈南宮柳鼎〉

　　唯王五月初吉甲寅，王在康廟。武公有（右）南宮柳，即立中廷，
　　北鄉（嚮）。王乎乍（作）冊尹命柳：嗣六師牧、陽（場）大友，嗣

〔註29〕關於虎臣的性質參斯維至：〈兩周金文所見職官考〉，《中國文化研究彙刊》第
七卷，1947 年。王祥：〈說虎臣與庸〉，《考古》，1960 年 5 期。黃盛璋：〈關
于詢簋的制作年代與虎臣的身分問題〉，《考古》，1961 年 6 期，復收於《歷史
地理與考古論叢》齊魯書社，1982 年。張亞初、劉雨：《西周金文官制研究》，
頁 114～115，中華書局，1986 年 5 月。劉雨：〈西周金文中的軍禮〉，紀念容
庚先生百年誕辰暨中國古文字學學術研討會論文 1994 年，文載《容庚先生百
年誕辰紀念文集》，廣東人民出版社，1998 年 4 月。

義夷陽（場）佃史（事）。錫女（汝）赤市、幽黃（衡）、攸勒。柳
拜稽首，對揚天子休，用乍（作）朕剌（烈）考尊鼎，其萬年子子
孫孫永寶用。（圖三十二）

（5）〈盠方彝〉

唯八月初吉，王各于周廟。穆公又（右）盠，立中廷，北鄉（嚮），
王冊令（命）尹錫盠：赤市、幽黃（衡）、攸勒，曰：用嗣六師、王
行、參有嗣：嗣土（徒）、嗣馬、嗣工（空）。（圖三十五）

此二器所記便是冊命南宮柳和盠擔任與西六師有關的職務。六師之名在文獻
中猶有可考，《尚書・顧命》：「今王敬之哉。張皇六師，無壞我高祖寡命。」
《詩經・小雅・瞻彼洛矣》：「鞞琫有奭，以作六師。」〈大雅・棫樸〉：「周王
于邁，六師及之。」〈大雅・常武〉：「王命卿士，南仲大祖。整我六師，以脩
我戎。」〈顧命〉乃成王將崩，命群臣擁立康王，有托孤遺命之意。其言「無
壞我高祖寡命」，則六師雖不必盡解作天子六軍，但文王以來，甚至更早，即
有六師之名，其作用是隨天子出征，是大致不錯的。毛詩注：「于，往；邁，
行；及，與也。周王往行謂出兵征伐也。」可以說西六師是周王的直屬部隊。
而西六師常與殷八師併舉，有時西六師的將領還兼管八師，如：

（5）〈盠方彝〉

王冊令（命）尹錫盠：赤市、幽黃（衡）、攸勒，曰：用嗣六師、王
行、參有嗣：嗣土（徒）、嗣馬、嗣工（空）。王令（命）盠曰：𥅫嗣
六師眔八師埶（藝）。（圖三十五）

（6）〈禹鼎〉

王迺命西六師、殷八師曰：𢦏伐噩（鄂）侯馭方，勿遺壽幼。……
叀西六師、殷八師伐噩（鄂）侯馭方，勿遺壽幼。雩禹以武公徒、
馭至于噩（鄂），敦伐噩（鄂）。（圖三十一）

銘文中亦有單言殷八師者：

（7）〈小臣謎簋〉

叀，東夷大反，白（伯）懋父以殷八自（師）征東夷。（圖三十六）

（8）〈小克鼎〉

王命善（膳）夫克舍（捨）令于成周，適正八師之年。（圖三十七）

（9）〈曶壺〉

王乎尹氏冊命𣄰。曰：更乃祖考乍冢嗣土于成周八師。（圖三十八）

殷八師之名又或稱爲成周八師，〔註30〕是周人克殷後，將殷人投降的軍隊改編而成的？〔註31〕還是由東方各諸侯國所組成？〔註32〕目前尚不易判定，但可以確定，這支以成周爲主要駐在地的軍隊，並非以殷人爲主幹所組成的，也不是爲了監管成周的殷遺民所設置。〔註33〕

至於以諸侯氏族子弟作戰者如：

（10）〈魯侯尊〉

唯王令明公遣三族伐東國。（圖三十九）

（11）〈班簋〉

王命毛公以邦冢君、土（徒）馭、戜人伐東國瘄戎，咸。王命吳白（伯）曰：「以乃𠂤（師）左比毛父。」王命呂白（伯）曰：「以乃𠂤（師）右比毛父。」遣令曰：「以乃族從父征。」（圖四十）

（10）銘之「明公」可能是周公之子明保，明爲封國名，或以爲即《左傳・僖公二十四年》「周公之胤」中的茅。〔註34〕（11）銘之「遣令」就是派遣任務

〔註30〕參李學勤：〈郿縣李家村銅器考〉，《文物參考資料》，1957年第7期。

〔註31〕于省吾：〈略論西周金文中的『六師』和『八師』及其屯田制〉，《考古》，1964年第3期。

〔註32〕孫曉春：〈成周八師爲東方各國軍隊說〉，《史學集刊》，1986年第4期。

〔註33〕《史記・宋世家》：「微子故能仁賢，乃代武庚，故殷之余民甚戴愛之。」知殷商遺民有很大一部份是在宋，而另外尚有在衛、在魯者。《左傳・定公四年》分魯以殷民六族，分衛以殷民七族。而《尚書・多士》所言：「成周既成，遷殷頑民」，主要是把商的一部分舊貴族遷到成周，其目的在切斷耆貴族與殷民的聯繫。所以殷之民即分散在各國，雖有少部分貴族在成周，恐怕也沒有派駐八師的必要。又，李學勤認爲「八師」的軍隊主要用以對付東方的敵人，其組成分子乃周人。李學勤：〈論西周金文的六師、八師〉，《華夏考古》，1987年2期。

〔註34〕周公諸子所封之國（凡、蔣、邢、茅、胙、蔡），僅有邢見於金文，作井，其餘均未見。（按，1998年公布的〈柞伯簋〉和2005年公布的〈柞伯鼎〉，學者謂「柞伯」即文獻中周公之子所封的「胙」。又傳世西周器有〈𪏆子爵〉《集成》8826、8827、〈𪏆兌簋〉《集成》4168，吳其昌認爲「𪏆」即姬姓之蔣。參王龍正、姜濤、袁俊杰：〈新發現的柞伯簋及其銘文考釋〉，《文物》，1998年9月期。朱鳳瀚：〈柞伯鼎與周公南征〉，《文物》2006年5期。吳其昌：《金文世族譜》葉36，史語所1936年。）馬承源依《國語・齊語》：「首戴茅蒲」，韋昭注：「茅或作萌。」認爲明、萌皆明紐、陽韻，可通。茅、明在字義上也可通。《爾雅・釋言》：「茅、明也。」《左傳・宣公十二年》：「前茅慮無」，杜注：「茅、明也。」茅作爲國名在古代實爲明，故金文中無茅而有明。馬承源：《商周青銅器銘文選》Ⅲ，頁35，文物出版社，1988年。

的命令，所「遣」之命「以乃族從父征」，是王對作器者班的命令。王既令吳伯、呂伯率領軍隊從毛父出征，又對從師出征的班有所訓示，前言「乃師」，後言「乃族」，則族眾當亦爲「師」的主要構成份子。在西周這個以宗族關係爲主要紐帶的社會裏，這種現象是很容易理解的。我們若就周初分封時的歷史加以分析就可以發現，這種以周人的氏族子弟爲作戰主力是有其必然性和必要性。周族之人口數不易確知，姑且以伐商之兵力爲參考數值，《史記・周本紀》：「戎車三百乘，虎賁三千人，甲士四萬五千人，以東伐紂」，爲諸記載中所言之人數最多者。〔註35〕若以戎車一乘載甲兵三人計，武王之兵共計約五萬人。若依人口爲戰鬥兵力三倍的算法，〔註36〕周人約有十五萬。而周初「周公兼制天下，立七十一國，姬姓獨居五十三人焉。」（《荀子・儒效篇》），文中「三」爲「五」之誤。〔註37〕除去姬姓，尚有周之異姓諸侯，如姜姓等。而這十五萬人減去留在王畿的六師（《周禮・夏官・司馬》：「二千有五百人爲師」）和其家屬，僅得十二萬人左右，分配至各諸侯國，則各國之周人平均不超過兩千。這些周人與受封者的親屬關係或親或遠，親者擔任職事，疏者淪爲低階層的貴族——士，但相較於未受封時的情形，其身份地位是普遍的提升了。這些少數的周人來到東方新的土地上，面對新的環境和眾多的土著，當有戰事發生時，自然是以氏族子弟來作戰，一方面可以確保統治的地位，一方面也是軍事任務得以順利進展的保證。在當時，尚有一類稱爲「僕」的人也必需從軍出征，例如〈師旂鼎〉：「師旂眾僕不從王征于方。」（圖四十一）裘錫圭認爲，僕當即〈叔夷鐘〉：「余易女（汝）馬車戎兵，釐僕三百又五十家」的「僕」，是奴隸中等級較高者，即「戎臣」。〔註38〕這類人當然不是周人，是殷商遺民或土著居民。由銘文來看，他們有相當程度的自由意識可以決定要不要作戰，那麼兩軍對陣時就更難有必定效死命的決心。所以周人的人數雖不多，這些氏族子弟卻必須肩負起作戰的主要任務，擔任戰鬥時的兵員。

〔註35〕有關武王克殷之兵力，尚見於《尚書・牧誓》序：「武王戎車三百輛，虎賁三百人。」王引之《經義述聞》指出「『三百人』當爲『三千人』之訛。」虎賁三千人，又見於《呂氏春秋・簡選》、《孟子・盡心》。《逸周書・克殷》：「周車三百五十乘，陳于牧野……王既誓，以虎賁戎車馳商師。」參王引之：《經義述聞》卷三十一頁二十三，臺灣中華書局，民國76年台四版。

〔註36〕此爲李亞農之說。參李亞農：《殷代社會生活》，上海人出版社，1957年3月。

〔註37〕陳槃：《不見于春秋大事表之春秋方國稿》，頁5，《史語所專刊》之59，民國71年再版。

〔註38〕裘錫圭：〈說僕庸〉，《古代文史研究新探》，江蘇古籍出版社，1992年。

　　既然這些作戰的部隊是以周人子弟為主，那麼平時擔任較高職位的貴族，在戰時也就應該是職位較高的武官了。這點從金文的官職中可以得到充分的證明。﹝註39﹞但相對而言，較低層級的貴族，在戰時擔任層級較低武職的情形是應該存在的，如「邑人」、「奠（甸）人」

　　〈師酉簋〉：王乎史牆冊命師酉：嗣（嗣）乃祖，啻官邑人、虎臣、西門尸、㝬尸、秦尸、京尸、弁身尸。（圖四十二）

　　〈詢簋〉：今余令女啻官嗣邑人，先虎臣後庸：西門尸、秦尸、京尸、㝬尸、師笒、側新、□華尸、弁戛尸、㔜人、成周走亞、戍、秦人、降人、服尸。（圖四十三）

　　〈師晨鼎〉：王乎乍（作）冊尹冊命師晨：疋（胥）師俗嗣邑人、唯小臣、善（膳）夫、守、﹝友﹞、官、犬，眔奠（甸）人、善（膳）夫、官、守、友。（圖四十四）

詢為師酉之父，﹝註40﹞師酉承襲「師氏」之職，師氏大抵是擔任武職，亦有任行政與教育事務者，﹝註41﹞與大多數的職官一樣是文武兼職的。師酉、師詢之下屬有「邑人」，「邑人」又與「虎臣」并列，此處的虎臣大約是禁衛軍

───────────

﹝註39﹞以三有嗣中的嗣徒、嗣空為例，嗣土（徒）除管理土地、農業生產外，亦帶兵出征，如〈嗣土斧〉：「廞，嗣（司）土（徒）北征薫□。」劉雨、張亞初云：「特別是帶兵出征的問題，甚至可以說是司徒份內的事。《周禮》就說：『大軍旅大田、役，以旗致萬民而治其徒庶之政令。』這說明司徒有組織農夫以征的職責。這與西周金文是可以互相參照的。」又，〈盠方彝〉：「用嗣（司）六師、王行、參有嗣（司）：嗣（司）土（徒）、嗣（司）馬、嗣（司）工（空）」命盠為六師的「王行」之官，糾察三有司，則司空亦須參予軍旅之事，或者即是與器械、屋宇的建造有關。劉雨、張亞初：《西周金文官制研究》，頁9，北京中華書局，1986年。

﹝註40﹞舊以師酉為父，不確。參夏含夷：〈父不父，子不子——試論西周中期詢簋和師酉簋的斷代〉，《古文字與古文獻》試刊號1999年10月。李學勤：〈西周青銅器研究的堅實基礎——讀《西周青銅器分期斷代研究》〉，《文物》2000年5期。

﹝註41﹞「師」任軍職者，率領軍隊、參加戰爭，如：〈遇甗〉：師雍父戍在古師（圖四十六）任行政者，為周王出入王命、巡視地方，如：〈克鼎〉：肆（肆）克□于皇天，□于上下，得純亡敃（愍），錫贊無疆，永念于厥孫辟天子，天子明哲，顯孝于神，巠（經）念厥聖保祖師華父，勣克王服，出內王命，多錫寶休。（圖六）任教育工作者，如：〈師嫠簋〉：王曰：師嫠，在昔先王小學，女敏可使。既令女更乃祖考嗣小輔，今余唯䌛橐乃令，令女嗣乃祖舊官小輔眔鼓鐘。」（圖四十七）（劉雨、張亞初以小輔即少傅，為師保類官。劉雨、張亞初：《西周金文官制研究》，頁2，北京中華書局，1986年。）

的隊長，那麼「邑人」應該是與之相當的武職。或疑稱「邑人」，當爲鄉邑的長官，猶如《周禮》稱「遂」的長官爲「遂人」。至於「邑人」與「奠人」，有學者認爲「邑人」之官下轄有小臣、膳夫等，奠（甸）人亦有善夫等，可知「邑人」是和「奠人」相類的官。〔註42〕則「奠人」或亦爲文武職兼備的低層貴族。陳夢家謂相當於《周禮》之「甸師」。〔註43〕

　　我們確定了西周時作爲戰鬥武力的身份階級，兵員主要是周人子弟、低層級的貴族──士，且帶領士兵作戰的各級軍官，是與封建貴族等級相呼應。那麼就可以根據當時的社會等級和權利義務知道，士要在「食田」以外另外獲得土地的機會是非常微小的。甚至可能還會因時日漸久，與上層貴族的血緣宗族關係日漸疏離，而淪爲與庶人無異。

　　如果配合時代的因素來考慮，終西周之世，記載因軍功而受賞賜的銘文是各個時期相延續，未嘗間斷（參本節附表）。但因軍功而封賞土地的現象卻完全是集中在晚期，這其中的原因就頗值得探討。封賞軍功的目的，如前述，主要是「懲不敬，勸有功」，如果賞賜主爲王，那麼兩個層面的意義是非常鮮明且平等的。但如果賞賜主不是王而是諸侯，則「勸有功」的意義就明顯大於「懲不敬」。既然如此，那麼賞賜之物以賞賜主所認爲可資獎勵者，就比受賞者所實際需要者來得重要，也就是說，此時的重心在「賞賜」本身，而不像分封或冊命時，可能視其所需，有選擇性的授予。以〈不娶簋〉來說，賞賜「弓一、矢束」，又要其「用從乃事」，其賞賜的意義無疑就超越了賞賜的實質。而「臣五家，田十田」亦在賞賜之中，推而得知，對虢季子白而言，土地與臣僕的賞賜其實不過是一種賞賜，其授土與授民的意義可能就不是那麼重要。而土地與臣僕可以單純的作爲賞賜物而不附帶其他意義，就說明此二者已經可以作爲有價值的物品來看待。事實上，西周中期的銘文〈舀鼎〉記載以匹馬束絲交換五名奴隸，〈衛盉〉中土地可用價值來衡量「矩伯庶人取董章（璋）于裘衛，才（裁）八十朋，厥賈其舍（捨）田十田。矩或取赤虎（琥）兩、麀韋兩、賁鞶一，才（裁）廿朋，其舍（捨）田三田。」（圖四十五）正提供了土地、民人漸趨成爲「有價商品」的明確訊息。所以，西周中期以來，土地所有權的情況，在逐漸由周王下移至諸侯，和土地可視爲「有價商品」的雙重影響下，造成了晚期諸侯可因戰陣有功而賞賜土地給下屬大

〔註42〕楊寬：〈論西周金文中六自八自和鄉遂制度的關係〉，《考古》，1964年第2期。
〔註43〕陳夢家：《殷墟卜辭綜述》，頁324，北京中華書局，1988年1月版。

夫，此當即爲原因之一。至於（1）、（2）記軍功而受賞土地，亦屬晚期（一般認爲皆爲屬王時器），該如何理解？是否與屬王有較直接之關係，則尚有待研究。

西周時期記載戰爭之銘文如下表：

早　期	克　商	利　簋			
	東　征	塱方鼎	禽　簋	剛劫尊	剛劫卣
	伐東夷	魯侯尊	小臣謎簋	䨻　鼎	寁鼎　旅　鼎
	伐鬼方	小盂鼎			
	北　征	呂　壺			
	南　征	過伯簋	鷺　簋	狀馭簋	中方鼎
中　期	征東國	班　簋			
	征淮夷	彔　簋	敔　簋	敔方鼎二	競　卣
晚　期	南　夷	默　鐘	鄂侯馭方鼎	敔簋	翏生盨
	東　夷	虢仲盨	駒父盨		
	玁　狁	多友鼎	兮甲盤	虢季子白盤	不毀簋

第三節　文獻與金文中土地授予關係的比較

先秦文獻中對於西周時期土地授予的問題仍有些懸而未決者，例如，一般的平民階級是否在授田的範圍內？是否已具備了所謂的定期授田歸田的制度？以平民授田來說，《周禮・地官・大司徒》：「凡造都鄙，制其地域而封溝之，以其室數制之。不易之地，家百晦；一易之地，家二百晦；再易之地，家三百晦。」所謂「都鄙」即是城郊，而野外空曠之地尚授有「草萊」，〈地官・遂人〉：「上地，夫一廛，田百晦，萊五十晦，餘夫亦如之；中地，夫一廛，田百晦，萊百晦，餘夫亦如之；下地，夫一廛，田百晦，萊二百晦，餘夫亦如之。」正夫、餘夫乃與戶政有密切關係，清儒孫詒讓《周禮正義》論之甚詳。〔註44〕漢儒何休、班固在《春秋公羊解詁》與《漢書・食貨志》中更將平民受田之說大加補

〔註44〕《周禮・地官・大司徒》鄭玄注：「一戶有數口者，餘夫亦受此田。」孫詒讓《周禮正義》：「大抵男子二十或已授室，則受餘夫之田……至三十而丁眾成家，別自爲戶，則爲正夫，受田百畝……若二十以上或未授室，則從父兄而耕，不得爲餘夫受田。其已授室受田之餘夫，雖年過三十或尚從父兄，不自爲戶，則仍爲餘夫，不得爲正夫。」故所謂正夫，猶如今之戶長，未自立爲戶，尚從父兄者，雖已嫁娶，仍爲餘夫。

充。〔註45〕而定期授田歸田之說，首見於《漢書・食貨志》：「民年二十田，六十歸田。」稍後的鄭玄、韋昭亦嘗言及。〔註46〕儘管單就文獻來看，可以對西周時期的受田情形做如此樂觀的想像，但實際的情形是否如此，則仍有待研究。因爲有學者從近年出土的青川秦墓木牘和臨沂銀雀山竹簡，已明確指出，《周官》所記的授田方法，最多只能是戰國群雄在富國強兵的基本國策下所實行的制度，未能上推至西周。〔註47〕而歸田之說更爲可疑，李朝遠氏曾就鳳翔南指揮西村、長安普渡村18號墓、武功、張家坡等地的西周墓葬出土報告推算西周時的男性平均壽命，得出「西周的受田歸田法不能不受到人口平均壽命值的限制。在39歲的平均壽命制約下，西周不可能存在60歲歸田的歸田法」的結論。〔註48〕西周男子的平均壽命和是否存在歸田的事實恐怕仍有待進一步研究。拋開這些懸而未決的問題，在此一時期中，金文與文獻關於土地的記載依然存在著許多可供比對研究的課題，以下就山林地、王朝卿士的土地，及諸侯家臣三個方面，將文獻與銅器銘文結合起來進行討論。

一、山林地

　　山林地的所有權屬問題，若依第一節所言周初確實曾存在「王土」的觀念來看，那麼山林地應當亦屬「國有地」的一都份，可惜並沒有直接的文字記載可以做爲證明，若由《周禮》一書中對職掌山林事務的記載來推測，其各種職官的分工過於細緻，人數過多，機構龐雜（詳本節附表（一）），很難令人完全相信是西周之舊制，但其中保存有若干古代官制的事實，卻也是不容輕易地全盤否定。

　　先將金文中記載職掌山林事務的相關銘文抄錄如下，再進行討論。這些銘文有：

〔註45〕何休《春秋公羊解詁・宣公十五年》：「司空謹別田之高下善惡，分爲三品。上田一歲一墾，中田二歲一墾，下田三歲一墾。肥饒不得獨樂，墝埆不得獨苦，故三年一換土易居。」《漢書・食貨志》：「民受田，上田夫百畝，中田夫二百畝，下田夫三百畝。歲耕種者，爲不易上田；休一歲者，爲一易中田；休二歲者，爲再易下田。三歲更耕之，自爰其處。」

〔註46〕鄭玄《禮記・內則》注：「三十受田，六十歸田。」韋昭《國語・魯語》注：「三十者受田百畝，二十者受田五十畝，六十還田。」

〔註47〕金春峯：《周官之成書及其反映的文化與時代新考》，頁21～27，東大圖書公司1993年。

〔註48〕李朝遠：〈西周土地定期授田歸田說質疑〉，《農業考古》，1992年第3期。

（1）〈同簋〉

　　唯十又二月初吉丁丑，王在宗周，各于大廟。榮伯右同，立中廷，
　　北鄉。王命同：左右吳大父嗣場、林、吳、牧，自淲東至于河，厥
　　逆至于玄水。世孫孫子子左右吳大父，母女又閑。對揚天子厥休。
　　用乍朕文考兂仲尊寶簋，其萬年子子孫孫永寶用。（圖四十八）

（2）〈免簋〉

　　唯十又二月初吉，王在周。昧爽，王各于大廟。井叔有（右）免，即
　　令。王授乍冊尹書，卑冊令免，曰：令女疋周師嗣敯（林）。錫女赤⊘
　　市，用事。免對揚王休，用乍尊簋。免其萬年永寶用。（圖四十九）

（3）〈免簠〉

　　唯三月既生霸乙卯，王在周。命免乍嗣土，嗣奠（鄭）還（縣）敯
　　眔吳眔牧。錫戠衣、䜌。對揚王休，用乍旅齋彝。免其萬年永寶用。
　　〔註49〕（圖五十）

據（1）、（3）銘文所見，司徒之官下轄有主管場、林、虞、牧的職官，此於《周
禮》中也有很明確的記載（參附表（一）〈地官·大司徒〉部分），這似乎說明
了《周禮》忠實地反映了西周時關於山林管制的職官層級。但事實未必盡然，
因為與（1）來作比較時就可以發現，西周金文中存在《周禮》所未見之「吳大
父」。吳字或釋作虞，虞大父之「父」，父既可作為男子之美稱，如《詩經·大
雅·韓奕》所見之「顯父」；父亦為職官之名稱，如《尚書·酒誥》稱司徒為農
父，虞大父之稱名，於「大父」前有職官名，虞大父在此應理解為後者之意，
虞大父就是主管山林事務的官員。《周禮》有山虞、林虞，皆為掌山林之官，而
無虞大父。且就金文所見，虞大父本身就職掌了場、林、虞、牧的事務，則虞
大父應該是在司徒之下，主管這類事務的主要官員，類似於後來的「侍郎」一

〔註49〕「還」當讀為「縣」，參李家浩：〈先秦文字中的「縣」〉，《文史》28 輯，1987
　　　　年。「奠」地之所在，學界有三類意見，裘錫圭以為在今河南中部，唐蘭認為
　　　　「當在今扶風、寶雞一帶」，尹盛平、盧連成、尚志儒謂「今鳳翔縣境內」。
　　　　裘錫圭：〈論或簋的兩個地名——棫林和胡〉，《考古與文物叢刊》第二號《古
　　　　文字論集》（一）1983 年。唐蘭：〈伯或三器銘文的釋文和考釋〉，《文物》，1976
　　　　年第 6 期。尹盛平：〈試論金文中的「周」〉，《考古與文物》叢刊第 3 號。盧
　　　　連成：〈周都淢鄭考〉，《考古與文物叢刊》第二號《古文字論集》（一），1983
　　　　年。尚志儒：〈鄭、棫林之故地及其源流探討〉，《古文字研究》第 13 輯，1986
　　　　年。又，即便如舊釋，將「還」讀為「圜」，則銘文於山林有「圜人」之官，
　　　　文獻無有，這點仍顯現二者之不同。

職，地位尚在專管場、林、虞、牧等單一事務的職官之上。在（1）中，同被任命為虞大父的助手，其地位在虞大父之下，單掌場、林、虞、牧的職官之上。由此來看，其司徒掌管山林事務的職官似乎存在著這樣的統屬關係：

司徒—虞大父—同（助手）
- 場
- 林
- 虞（銘文中林的下一字釋作吳或虞
- 牧　並不影響此一統屬層級）

　　至於（3）銘中命免為為嗣徒，掌管鄭縣之林、虞、牧，可能因屬「地方性」事務，故沒有虞大父這類中間層級的職官。司徒除職掌山林事務外，其所執掌的其他事務，亦存在有類似的統屬關係，例如軍事方面，〈曶壺〉：「更乃祖考乍冢嗣土（司徒）于成周八師」，就是令司徒為成周八師的主帥或帶兵出征，而《周禮・地官・師氏》：「凡祭祀、賓客、會同、喪紀、軍旅，王舉則從。」亦載明師氏有軍旅之責。至於師氏的地位，〈令鼎〉以有嗣、師氏、小子之順序排列：「王射，有嗣眔師氏、小子鄉（會）射」。〈毛公鼎〉之順序則為參有嗣、小子、師氏：「命汝𤔲嗣公族，雩參有嗣、小子、師氏、虎臣，雩朕褻事，以乃族干（扞）吾（敔）王身。」二銘中「小子」與「師氏」或前或後，學者已指出「師氏」與「小子」是兩個地位相仿而職務不同的王朝屬官，〔註50〕但師氏在三有嗣之下，則是肯定的。而王朝師氏的身份並不低，《周禮・地官・司徒》序其官職「中大夫一人」，由此看來，司徒掌軍職事務方面，有「師氏」為其輔翼，是大致不錯的。故《周禮》在山林事務的職官名稱上雖保留了若干西周時的舊制，但在統屬關係上卻是完全鬆散地歸於司徒之官，顯然由金文所見的統屬關係是較為簡明扼要，且更符合實情的。

　　既然山林地的職掌官員是有簡明的組織，且諸侯亦設有管制山林之官，如〈散氏盤〉中的虞丂、虞芳就應是夨國的虞官，可以想像當時的周王室與諸侯，對山林資源的開發與利用是相當注意的，這種情況由春秋時的記載仍可略見梗概。《左傳・隱公五年》：

　　　若夫山林川澤之實，器用之資，皁隸之事，官司之守。

〈昭公二十年〉：

　　　山林之木，衡鹿守之；澤之萑蒲，舟鮫守之；藪之薪蒸，虞候守之；

〔註50〕于省吾：〈關于「論西周金文中六𠂤八𠂤和鄉遂制度的關係」一文的意見〉，《考古》，1965 年第 3 期。

　　　　海之鹽蜃，祈望守之。

此二者都說明了山林之利是春秋時的各諸侯國所共同重視，並派有專門官吏管理的，這恐怕即與西周之遺制不無關係。而〈隱公五年〉所謂的「器用之資」，將之與《管子‧乘馬》與臨沂銀雀山竹簡《田法》比對，或可得知更明確的具體內容。

| 管子‧乘馬 | 蔓山，其木可以爲材，可以爲軸，斤斧得入焉，九而當一。汎山，其木可以爲棺，可以爲車，斤斧得入焉，十而當一。林，其木可以爲棺，可以爲車，斤斧得入焉，五而當一。 |
| 竹簡《田法》 | 大材之用焉，五而當一。山有林，無大材，然而斤斧得入焉，九而當一（953） |

　　據此可以明確的知道，山林木材之用爲器用者，除了宮室外，主要在於車與棺，且林地在當時的開發利用上，是可以與農業用地作折算比對的。前者或亦可適用於西周，後者是否於西周時有所顯現，可再持續觀察。

　　既然王朝、諸侯對山林地的開發利用都十分注意，並派有職司，甚至與農地制定出相對換的比例，那麼其權屬到底如何呢？《晏子春秋》記晏子勸齊景公「山林陂澤，不專其利……陂澤不禁」（〈內篇問上第三、景公問欲和臣親下第二十六〉），先秦時山林之利不可專於王朝諸侯的觀念，亦見於《史記》、《國語‧周語》。《史記‧周本紀》：「厲王即位三十年，好利，近榮夷公，大夫芮良夫諫厲王曰：『王室其將卑乎！夫榮公好專利，而不知大難，夫利，百物之所生也，天地之所載也，而有專之，其害多矣。天地百物皆將取焉，何可專也？所怒甚多，而不備大難，以是教王，王其能久乎？』」推測厲王專利之事，很可能是將原屬于畿內諸侯世族所分享的山林器用之利，以及百穀所生之物，統歸于王室（百物之所生也，天地之所載也），然此舉的結果是「諸侯不享，王流于彘」（《國語‧周語》），「不享」，韋昭注：「享，獻也。」由厲王專利以致「諸侯不享」，與晏子勸齊景公「不專其利」，可以看出，自西周中後期以降，山林地的權屬很可能已經並非王朝所獨有，諸侯貴族可能已擁有部分權限。這可能是與中

臨沂銀雀山竹簡《田法》

期以後諸侯氏族勢力的逐漸發展有關。事實上由前舉（1）銘（恭王或懿王時器）即可看出端倪：「自淲東至于河、厥朔至于玄水」，[註51]已經劃出了周王室能實際掌控的區域（或吳大父可以管理的區域），這正好可與《左傳·僖公四年》管仲的話作對比：「昔召康公命我先君大公曰：『五侯九伯，汝實征之，以夾輔周室。』賜我先君履東至于海，西至于河，南至于穆陵，北至于無棣。」二者都對權利範圍有所界定，「西至于河」之語尤其值得留意，很可能黃河以東是靠諸侯大國來維繫，黃河以西則是周人的發源之地，故僅能「西至于河」。那麼結合前述諸侯應擁有山林地權限的情況來看，恐怕黃河以西之地（或可包括雒邑周邊），才是周王室能真正控制，並享有山林之利的區域。但即便是如此，在厲王之前的〈九年衛鼎〉（恭王時器）即已有買賣陝西境內山林地的情形發生。而這也可做為厲王專利（或與諸侯爭利），諸侯所以有激烈反彈的背景因素。

由此我們可以知道，儘管中後期時的周王任命了司徒、虞、林等較《周禮》更為簡明的職官系統來執掌山林事務，但其實際的範圍恐怕並非「普天之下」，甚至可能並未超越黃河以東（成周雒邑周邊當屬周王所能掌握），而黃河以西的範圍內更由於諸侯氏族勢力的成長，使這些保有「王有」名義的山林地，日漸為諸侯氏族所私有，而在長期佔有的情形下，不但是山林地可以買賣，當王室欲收回其專屬之權時，甚至爆發王室與諸侯氏族間的激烈衝突，導至厲王出奔。要之，在山林職官方面，金文與文獻雖小有出入，名稱則大致不誤，在山林地的權屬問題上，配合文獻與金文的記載，則可以勾劃出可能存在的權利範圍，及由王室轉移至諸侯的大致輪廓。

二、王朝卿士的土地

所謂王朝卿士即是在王室之中擔任官職者，這些人與周王或有血緣宗族

[註51] 楊樹達：「厥逆至于玄水者，厥為語詞，言自淲東至于河，又溯河而上至于玄水也，淲字從虒聲，虒字從虍聲，淲、逆古音同，故銘文假逆為淲也。」以為逆字當讀為「淲」，即《一切經音義》所云：「逆流行水曰淲。」（楊樹達：《積微居金文說》，頁 233，台灣大通書局，1974 年再版。）按，此說恐誤。據〈五祀衛鼎〉：「厥逆（朔）疆界厲田，厥東疆界散田，厥南疆界散田、界政父田，厥西疆界厲田。」知逆（朔）當讀為朔，為方位名。《爾雅·釋訓》：「朔、北方也。」由銘文來看「自淲東至于河，厥逆（朔）至于玄水」，釋為自淲東至于河，北至于玄水，也是文從字順。

上的關係，如周公、召公；或是在京畿附近的異姓氏族，如〈史墻盤〉所記之微氏家族。其所擔任的職司或爲中央層級的執事者，如三有嗣，或爲「家臣」性質的王室御用人員，如膳夫。這些人的土地取得與經營情形，亦爲比對研究時值得注意的課題。

首先了解「卿士」的意義。「卿」字象兩人相向就食之形，在金文中，卿、鄉（向）、饗皆爲一字，饗當爲本義，饗食之時皆向食，故而引申爲向（鄉），參與饗禮者便稱爲卿，此當就廣義而言。文獻中「卿」與「大夫」或聯稱、或對文，《廣雅‧釋詁》：

> 大夫，君也。大夫即卿大夫之總號，對文則卿爲上大夫，大夫爲下
> 大夫，散則卿亦謂之大夫，故《春秋》之例皆稱大夫也。

《儀禮‧喪服》：

> 君，至尊也。

鄭玄注：

> 天子、諸侯及卿大夫有地者皆曰君。

故就狹義而言，「卿」所指者，乃是有土地之貴族，屬於身份等級之稱謂，即大夫中層級較高者。大夫一詞的出現約當在西周中晚期，〔註52〕但「卿」則是西周初年即存在的。《左傳‧定公四年》，子魚追述西周之事云：「其（蔡侯）子蔡仲，改行帥德，周公舉之，以爲己卿士。」杜注：「爲周公臣。」是卿本就有「臣」之意。在《尚書》中除專有職司，如師氏、虎臣、百尹等外，對各類官吏或統稱「御事」，而此類「御事」又與「邦君」、「多方」對舉，如〈大誥〉：「大誥爾多方，越爾御事。」、「爾庶邦君，越爾御事。」學者已指出，邦君應指服屬於周王朝之邦國之君，〔註53〕而與「友邦君」——具有和周室同一血緣的諸邦是不同的。〔註54〕則與邦君對舉的御事，其身分層級似乎不低，〈牧誓〉：「嗟！我

〔註52〕段志洪曾考察西周文字中「大夫」一詞的出現，《尚書》凡兩見：一在〈牧誓〉、一在〈金縢〉，認爲兩篇所記之事有其史料價值，但文字恐後人所補，可從。又舉八見於《詩經》中之「大夫」，剔除春秋時之作品〈載馳〉、〈碩人〉、〈閟宮〉，僅存〈雲漢〉（宣王）、〈雨無正〉、〈北山〉（平王），而西周金文中並不見「大夫」一詞，認爲「大夫」的出現大約在西周晚期。此說大致可信。但西周時的「大夫」是指身份等級，如「卿」，抑或指有所職事者，如「卿士」，則尚未可知。參段志洪：《周代卿大夫研究》，文津出版社，1994年。

〔註53〕蔡哲茂師：《論卜辭中所見商代宗法》，東京大學東洋史研究所博士論文。

〔註54〕友的本義是親友，在古代是指同族內的弟兄。蔡哲茂師指出〈毛公鼎〉：「以乃族扞吾王身。」〈大簋〉又有：「大以厥友扞吾王身。」同族之內的人又

友邦冢君、御事：司徒、司馬、司空、亞旅。」孔傳云：「治事三卿……亞，次；旅，眾也，眾大夫其位次卿。」則御事即所謂「治事三卿」。金文作「卿事寮」，〈令彝〉：「王令周公子明保尹三事四方，受卿事寮。」「寮」可與「僚」通假，《論語・憲問》之「公伯寮」，《史記・仲尼弟子列傳》作「公伯繚」，日人瀧川氏《考證》云：「僚作寮。」僚即為「官」之義。《詩經・大雅・板》：「我雖異事，及爾同寮。」毛傳：「寮，官也。」鄭箋：「我雖與爾職事異者，乃與汝同官，為卿士。」「卿事」又可作「卿士」，事、士古可通。《韓非子・八術》：「是無術之事也。」王先慎集解：「事，當作士。」《論語・述而》：「富而可求也，雖執鞭之士，吾亦為之。」《鹽鐵論・貧富》作「執鞭之事」，又《荀子・致士》：「後士其刑賞而還與之。」楊倞注：「士當為事，行也。」「卿士」一詞亦見於《詩經・大雅・假樂》：「百辟卿士」，毛傳：「卿士、卿之有事也。」總結來看，可參與饗禮者皆可稱卿，乃是身份等級的稱謂，而卿又有「臣」之意，周初的「卿」或以「御事」稱之，「御事」既與「邦君」對舉，又與「友邦君」對文，與王室之間似無一定的宗族血緣關係，而金文中之「卿事」即文獻之「卿士」、「御事」，即是卿之中任有職事者。

　　王朝卿士的土地取得情形，就周初而言，似乎包括了王室的授予和世族原本聚居兩種途徑。後者即「邦君」、「友邦君」等，前者如武王時的「亂臣十人」（《尚書・泰誓》），孔安國注：「十人：周公旦、太公望、畢公、榮公、太顛、閎夭、散宜生、南宮适、文母。」馬融注《論語》亦從此說。其中之南宮适，有學者以為即金文中之「南公」，因〈大盂鼎〉有：「易乃且（祖）南公旂」，並得到土地與人民的封賞，南公之南，很可能即「南宮」之簡。〔註55〕則盂可能

可稱友，友必然是具有血緣關係之稱謂。稍早朱鳳瀚氏亦指出：「朋友（友）雖可以明確是同族兄弟，那麼他們究竟是指同胞兄弟，還是也可能包括從父兄弟，從祖兄弟輩的族人呢？筆者以為，在有時，朋友（友），特別是『多友』，并不一定皆指前者，也可能包括後者。當時所稱兄弟不限于親兄弟，如扶風出土〈伯公父簋〉銘曰：『用召諸考，諸兄』，諸考是諸父輩，今所謂伯父、叔父之類，那麼與之并稱的『諸兄』，亦即未必是親兄，器主既稱『伯公父』，行輩為伯，已是長兄，再稱『諸兄』，亦可見所言『兄』應當是指從父或從祖之諸兄輩。由此亦可知，『友』、『多友』中亦可以有非同胞的族兄弟。」又，最早提出金文中作為人稱用的友，本義似指同族兄弟者，為錢宗范。參蔡哲茂師：《論卜辭中所見商代宗法》，東京大學東洋史研究所博士論文。朱鳳瀚：《商周家族形態研究》，頁 306～311，天津古籍出版社，1990 年。錢宗范：〈朋友考〉，《中華文史論叢》第 8 輯，1981 年。
〔註55〕李學勤：〈大盂鼎新論〉，《鄭州大學學報》，1985 年第 3 期。

即為南宮适之後代。南宮一族尚有南宮乎任司徒之官（〈南宮乎鐘〉：「嗣（司）土（徒）南宮乎……先且（祖）南公，亞且（祖）公中（仲），必父之家。」（圖五十一））並為膳夫山冊命之典時的儐右（〈膳夫山鼎〉：「南宮乎入右善（膳）夫山入門，立中廷。」）（圖五十二）又如榮公，「成王既伐東夷，息慎來賀。王賜（俾）榮伯，作賄息慎之命。」（《史記·周本紀》）榮公尚見於中期之〈衛盉〉、〈衛簋〉等器，擔任仲裁和冊命時儐右的角色：

> 〈衛盉〉：「裘衛迺彘告于伯邑父、榮伯、定伯、㝬伯、單伯。」（圖四十五）

> 〈衛簋〉：「榮伯右衛（內入）即立（位）。」（圖五十三）

其為王朝卿士是可以肯定的。這些王朝卿士的土地是由何時授予？始受封者為誰？大多數已不易確知，但這些土地具有世襲的特性，亦即所謂的「世卿世祿」制，是大致不錯的。

「世卿世祿」制又或稱「世官世祿」制。〔註56〕但「世官世祿」的說法恐怕並不恰當。「世卿」，舊說多以為即世襲享有卿的政治地位並執掌政權，〔註57〕不過，這是把「世官」和「世卿」相混淆了。由前述可知，世卿當即世代享有「卿」位的貴族。世祿，由《左傳·襄公二十四年》穆叔所言可知，世祿即是世世代代保有土地、人民和宗廟

> 二十四年春，穆叔如晉，范宣子逆之，問焉，曰：「古人有言曰：『死而不朽』」，穆叔未對。宣子曰：「昔匄之祖，自虞以上為陶唐氏，在夏為御龍氏，在商為豕韋氏，在周為唐杜氏，晉主夏盟為范氏，其是謂乎。」穆叔曰：「以豹所聞，此之謂世祿，非不朽也。魯有先大夫曰臧文仲，既沒，其言立，其是之謂乎！豹聞之：「大上有立德，其次有立功，其次有立言。」雖久不廢，此之謂三不朽。若夫保姓受氏，以守宗枋，世不絕祀，無國無之。祿之大者，不可謂不朽。

故不論就文獻或金文來看，「世卿」在西周確實是存在，並延續至春秋時期。例如周公一族，在《左傳》中屢見，桓公五年有周公黑肩，莊公十六年有周公忌父，文公十四年有周公閱，成公十一年有周公楚。又如西周中期後日漸

〔註56〕錢宗范：〈西周春秋時代的世祿世官制度及其破壞〉，《中國史研究》，1989年第3期。

〔註57〕趙光賢：《周代社會辨析》，人民出版社，1980年。余天熾〈重提世卿世祿制〉，《華南師院學報》，1982年第3期。

權重的毛氏，除見於〈班簋〉、〈毛公方鼎〉、〈毛公鼎〉、〈毛伯𩁹父簋〉等器外，春秋時亦有毛伯衛（文公元年），毛伯過（昭公十八年），毛伯得（昭公二十六年）等（關於文獻所見「世卿」之情況及說明，參本節附表（二））。但值得注意的是這些世代享有祿位的公卿貴族並不一定都享有「世官」，由金文來看，有些確實是符合了「父子相繼曰世」的原則（《史記·周本紀》集解引唐固語），但有些則否，例如：〈詢簋〉：

> 今余令女嗇官𤔲邑人，先虎臣後庸：西門尸、秦尸、京尸、𧻚尸、師笭、側新、□𦱤尸、弁𧼈尸、𢉍人、成周走亞、戍、秦人、降人、服尸。（圖四十三）

其子師酉雖亦擔任此一職務，而職權即稍有不同。〈師酉簋〉：

> 𤔲（嗣）乃祖，嗇官邑人、虎臣、西門尸、𧻚尸、秦尸、京尸、弁身尸。（圖四十二）

則詢、西二代皆為「師氏」之官，性質相近，然所職司已稍有不同。另一方面，屬王時的南宮柳司六師所轄農牧之事，〈南宮柳鼎〉：「𤔲六師牧、陽（場）大友，𤔲羲夷陽（場）佃史（事）。」（圖三十二）宣王時，同為南宮一族的南宮乎已任較高職位的司徒之官，則又似乎不存在有「世官」的痕跡。更明顯的例證是中期穆王、懿王時活躍的井伯家族，在懿王之後便不見于金文，代之而起的是井氏的小宗—井叔。其不「世官」的原因，有學者認為，除了可能與當時選官須任賢的原則有關外，世族傾軋，失去周王的賞識蔭護可能也是原因之一。〔註58〕但所謂的「世祿不世官」的普遍性似乎並未包括掌握專業知識的「史」和「卜」，李學勤氏曾綜合〈曶鼎〉和〈牆盤〉，並配合雲夢秦簡，認為「卜、史一類官職常是世位的，例如1976年陝西扶風莊白一號窖藏所出史牆一家的器物，表明他們世代都是史官。這種情形的原因，是卜、史從小要受特種教育，從而容易取得上代的故位。卜、史職業上的封閉性一直沿襲到秦、漢，雲夢睡虎地竹簡秦律〈內史雜〉有不是史的兒子不准在學室學習的規定，是此種封閉性的法律保證。」〔註59〕此說可從。可知卿的貴族地位雖是代代承繼，但卿士的官位和職掌卻未必如此，也就是

〔註58〕王培真：〈金文中所見西周世族的產生和世襲〉，《人文雜誌叢刊》第2輯，1984年。

〔註59〕李學勤：〈論曶鼎及其反映的西周制度〉，《中國史研究》，1985年第1期。又，《秦律·內史雜》之文為：「令數史從事官府。非史子殹，毋敢學學室，犯令者有罪。下吏能書者，毋敢從史之事。」

說，世祿中的宗廟雖代代享祀，但其所擁有的土地和人民，卻可能因官位的有無和高低而有所改變。此一情況可舉西周井氏家族爲例加以說明。

　　學界對金文中「井氏」與「丼氏」是否爲同一家族，看法尚未一致，或以爲後者又可稱奠井家族，屬姜姓，〔註60〕至於「丼氏」，係周公之後，文獻作「邢」，即《左傳・僖公二十四年》「周公之胤」中的邢。徐中舒、李先登認爲，邢侯大宗就封于邢，其次子留居王朝，食采于畿內丼邑。〈禹鼎〉銘中所言「皇祖穆公」應即是畿內丼氏宗祖。〔註61〕其地可能在陝西鳳翔一帶，與散、夨接壤。〔註62〕丼氏中的大宗——丼伯，屢見於西周中期器，如〈長甶盉〉（穆王）記穆王與

〔註60〕金文中井氏之「井」或作「丼」，吳其昌分井在姬姓，即文獻之邢，分「奠井」在姜姓。尚志儒承此說，云：「邢國之邢，金文亦作井形，但與奠井之井有所不同，後者井內往往多一圓點，作丼形，這大概是爲了有別於姬姓之井而特意標出的。」「奠井當是井方的後裔，商代甲骨文和西周早期金文有井方、井伯。後因其都於奠地故以奠井相稱。正因爲如此，奠井就可以分稱，也可以合稱，合稱爲奠井，分之則爲奠、爲井……，上述〈長甶盉〉雖未明言奠，但減地實即奠地，是『井白的所在之地』（引按，此乃引陳夢家《西周銅器斷代》之說，陳氏原文作「隨穆王至於王之行屋，行饗射之禮，並至於井伯之所，是下減當是井伯所在之地。」）。」按，減即〈彧簋〉之棫林，〈彧簋〉記淮戎入侵，彧率虎臣等在棫林與之作戰，棫林或以爲在今涇水以西，扶風、寶雞一帶，爲西鄭之地（唐蘭），又或以爲在今河南中部，即《左傳・襄公十六年》：「夏六月，次于棫林。庚寅伐許，次于函氏。」杜注：「棫林、函氏，皆許地。」之棫林（裘錫圭）。而「井」與「丼」是否爲兩個氏族，亦尚有疑問，金文中〈長甶盉〉之井作「丼」，而同爲姬姓的嗣（司）馬井伯（〈師奎父鼎〉）則作「井」，又〈五祀衛鼎〉中井伯凡兩見，或作「井」，或作「丼」。或者本當作「丼」，作器時範塊掉落而爲「井」亦難以知曉。據 1984 年挖掘的長安張家坡西周井叔墓，爲井、奠井的問題提供了解答的契機，考古報告云：「井氏之冠奠者只有井叔一支，而井叔也有冠奠與不冠奠的區別。這次發現的井叔鐘，以及智鼎、免簋、免尊、免卣諸銘中的井叔均直稱井叔，而奠井叔康盨、奠井叔鬲，則均冠以奠字，可見井叔、奠井叔、豐井叔自有區別。如以食邑而別，奠井叔、豐井叔理應在井叔之後。張家坡位於豐邑故址，豐井叔或即 M157 井叔之後也未可知。」吳其昌：《金文世族譜》，1936 年。尚志儒：〈鄭、棫林之故地及其源流探討〉，《古文字研究》第 13 輯，1986 年。唐蘭：〈伯彧三器銘文的釋文和考釋〉，《文物》，1976 年第 6 期。裘錫圭：〈論彧簋的兩個地名——棫林和胡〉，《考古與文物叢刊》第二號《古文字論集》（一），1983 年。中國社會科學院灃西發掘隊：〈長安張家坡西周井叔墓發掘簡報〉，《考古》，1986 年第 1 期。

〔註61〕徐中舒：〈禹鼎的年代及其相關問題〉，《考古學報》，1959 年第 3 期。李先登：〈禹鼎集釋〉，《中國歷史博物館館刊》，1984 年第 6 期。

〔註62〕盧連成、尹盛平：〈古夨國遺址墓地調查記〉，《文物》，1982 年第 2 期。

井伯、大祝行射禮。〈七年趞曹鼎〉（恭王）、〈師虎簋〉、〈豆閉簋〉、〈利鼎〉（皆懿王器）中井伯皆為周王冊命時的儐右、而〈五祀衛鼎〉（恭王）中井伯為仲裁大臣之首，〈永盂〉（恭王）中，益公受命于周王，賜師永田，在場的執政大臣亦以井伯為首，可知井伯一族在王畿內的發展，由一個井邑，經過了幾個世代的經營，至穆王時已參與中央事務，恭王、懿王時更是執政大臣中的首領人物（穆王、恭王、懿王長達近百年，故任執政之井伯應非一人，而是二或三代世襲為井氏大宗者）。孝王以後不見井伯之名，代之而起的是井氏的小宗—井叔。井叔在〈免簋〉、〈免尊〉、〈弭叔尊〉（皆孝王時器）中為冊命時之儐右，其職位亦不低。井叔何時自大宗分出未可確知，〈季嬴彝〉（恭王）有「文考井叔」（圖五十四）。井季為井氏的另一小宗，稱井叔為文考，當由井叔氏分出，井叔之名既已見於恭王時器，則井伯、井叔之分似不晚於恭王。其後〈曶壺〉（夷王）有「井公」，為王朝大臣，可能為井叔之後。

　　井伯一族的政治地位約自懿王末年開始衰敗，那麼其所轄土地之情形又如何呢？孝王時的〈大克鼎〉：「錫汝田于埜，錫汝田于渒，錫汝井寓芻田于峻，以厥臣妾，錫汝田于康，錫汝田于匽，錫汝田于專原，錫汝田于寒山。錫汝史、小臣、霝（靈）龠（龢）鼓鐘，錫女（汝）井遊（微）芻人，𤔲錫女（汝）井人奔于量。」即是將原本隸屬井氏的芻人之田轉賜給克，在田地中工作的芻人亦轉由克來管理。〔註63〕被轉賜的土地很可能是屬於「祿田」。井伯一族在孝王

〔註63〕〈大克鼎〉中「錫女（汝）井遊（微）芻人，𤔲錫女（汝）井人奔于量。」此句頗為費解，試先由「𤔲」字說起。金文「𤔲」字凡二十見，釋者頗多，然於字形字音多干格抵牾，若於字義偶合者，又無法通解，今據蔡哲茂師之說，釋為「攝」，則疑雲盡掃。其說云：「金文的『𤔲』字，甲骨文未見，先秦古籍及後代字書亦未見，是一個死了的古文字。本文透過字形之比對分析得出它是從𠬞（意符）、彗聲的一個形聲字，相當於後代的『攝』字。其理由是根據《說文》彗之或體作篲，古文作𦰩，甲骨文習從𦏧（彗）聲，甲文『𤔲』又可作『𩡄』，從馬𦏧（彗）聲，習卜可作𦏧（彗）卜，習從彗得聲是絕無疑議。以諧聲字的例子來說，習聲如果不是和彗聲同音，必然音近，而從文獻異文的證據攝可通慴，所以𤔲可讀成攝。即使不從聲音的關係，單從金文與文獻文例的比對，也可知道等於攝，理由是：（一）由金文文例比對，可以得知𤔲嗣是同義連詞，它的意義和官嗣、死嗣意義相近。（二）『𤔲』意義相當於『嗣』，可由郘簋『命汝作邑，𤔲五邑祝』及殷簋『命汝更乃祖考友嗣東鄙五邑』比對，『𤔲』和『嗣』意義相同。（A＝B）（三）由《左傳》成公十六年『使某攝飲』和金文善夫山鼎『命汝官嗣飲』比較，『攝』和『嗣』意義相當。（B＝C）（四）由《左傳》成公二年『攝官承乏』，《逸周書·大武篇》『明藝攝官』和金文伊簋『𤔲官嗣』比較，『攝』即是『𤔲』。（A＝C）」「至於〈大克鼎〉把『𤔲』擺在『錫汝井微芻

時退出政治舞台，隨即有土地人民被轉賜的事情發生，這種時間上的吻合恐怕不能視爲巧合，因爲在稍後的〈散氏盤〉中，矢賠償給散的土地亦包括了井氏的舊邑：「履井邑田，自根木道左至于井邑封道以東一封。」（圖五十五）原本勢力強大的井伯一族，在喪失官職後，完全無力再保有王室所賞賜的土地與人民，不但被王轉賜給克，很可能也被畿內的其他氏族所掠奪。但是其作爲卿的貴族地位並沒有完全喪失，只是層級降低，而所能掌握的土地人民很可能也只剩下最初受封時的井邑。〈禹鼎〉：「韓武公亦弗叚忘朕聖祖考幽大叔、懿叔，命禹繼朕祖考，政于井邦。」（圖三十一）出於井伯一族的禹，雖已淪爲武公家臣，但武公仍命禹承繼祖業治理井邦政事，在〈叔向父禹簋〉中有「奠保我邦我家」（圖五十六），禹亦稱井邦爲「我邦」，則知武公命禹所治理的井邦並非隸屬武公，而是命禹繼承其祖考的職事，繼續治理井邑。禹所能治理者僅存井邑，似乎正爲上述的假設提供了證明。（按，學界對邢、井是否爲同一氏族雖尚有不同意見，但據〈禹鼎〉、〈大克鼎〉和〈散氏盤〉所見，此一家族的沒落，土地被其他氏族掠奪的情況，仍然是很清楚的。）

「卿」是貴族的一種稱號，表示的是身分，而「卿士」則是貴族中有所執事者的統稱，在西周時卿的地位是世襲不變的，其宗廟、土地和人民也世代保有，但這些貴族並不一定都代代爲官，世代的職位也會有起伏高低，並非世世代代都職掌相同的職務，職位高時，所享有的土地當亦隨之增加，這當然與所謂的「祿田」是有密切關係的，而當職位降低，甚至已經不是王朝

人』之後，做管轄司理的意義，也可能此字當放在『汝』與『井』之間，本應作『錫汝▨井徵蜀人』，漏了補於句末。」按，也可能如郭沫若所說，是「〈大克鼎〉一例亦言其攝司之官，即攝字由動詞化爲名詞。」則銘文中「錫女（汝）井逆（徵）人蜀▨」就是把井族所徵發的蜀人賞給克管轄之意，或者命克爲井族所徵發的蜀人的管理官員。王賞賜給克原屬井族所徵發的蜀人，是可以肯定的。裘錫圭在釋逆（徵）時亦云：「金文『逆』字的確往往用作族名。但是從克鼎銘下文緊接著就說『易汝井人奔于量』來看，前面『錫汝井逆蜀人▨』這句話裏的『井逆蜀人』，似乎不太可能是指井人、逆人、蜀人這三種人而言的。這裏的『逆』字更可能跟『井宇蜀田』的『宇』字一樣，是用爲動詞的。《周禮·地官·縣正》『各掌其縣之政令徵比』，鄭玄注：『徵，徵召也。』克鼎『逆』字似應讀爲徵召之『徵』，『井徵蜀人』就是井族所徵發的蜀人。從鼎銘看，井人本身也被周王賜給克服『奔于量』的勞役，原來爲井族所役使的蜀人被轉賜給克爲克服役，是很自然的事。」參蔡哲茂師：〈釋▨〉，《故宮學術季刊》，1994年第 11 卷第 3 期（與吳匡合撰）。郭沫若：〈盉器銘考釋〉，《考古學報》，1957年 2 期。裘錫圭：〈古文字釋讀三則〉，《徐中舒先生九十壽辰紀念文集》，1985年。今據《古文字論集》，中華書局，1992 年。

職官時，其「祿田」有被轉賜，或者被其他的氏族所掠奪的情形，那麼很顯然的，「祿田」並不包括在「世祿」的範圍之中，但那些逐漸勢微的貴族，很可能至少還保有了「世祿」中代代相承的土地。我們透過對金文中氏族關係的了解，對文獻中付之闕如的王朝卿士的官職與土地間的關係作了些許的補充，也使我們了解到在土地授予的關係上，除了周王單方面的意願外，可能亦與氏族的官位勢力有關。

三、諸侯家臣

　　西周時期土地授予關係的另一個層面，乃是諸侯與其家臣間的土地授予。所謂的家臣即是貴族世家之中擔任非奴隸性質的家族官吏。家臣制是如何形成的，目前並不很清楚，可能與當初周人擁有廣大的土地後，採用當地土著的士紳階級協助管理有關。在各地諸侯長久的經營下，當初協助管理的士紳很可能就逐漸形成類似於官吏的另一個階級，並在貴族世家之中取得重要的地位，甚至發展出和王室與貴族間類似的臣屬、世襲、賞賜等的關係。如〈卯簋〉：

> 唯王十又一月既生霸丁亥，榮季入右卯，立中廷。榮伯乎令卯曰：
> 龥乃先祖考死嗣榮公室，昔乃祖亦既令乃父死嗣莽人，不盩，乎我
> 家，寏用喪。今余非敢夢先公又□遂，余懋再先公官。今余唯令女
> 死莽官、莽人，女毋敢不善。錫女瓚四、璋穀、宗彝一📷，寶。錫
> 女馬十四、牛十。錫于乍一田，錫于🅦一田，錫于隊一田，錫于裁
> 一田。卯拜手稽首，敢對揚榮伯休。用作寶尊簋。卯其萬年，子子
> 孫孫永寶用。（圖十二）

卯為榮氏家臣，銘文所記冊命與賞賜的過程，其程序與王室冊命幾乎無異。卯的先祖即為榮氏家臣，且世代如此，或者家臣與諸侯間亦存在有如卿一般世襲的關係。榮公為中後期以來的世家大族，中期時為執政大臣，可見於〈衛盉〉、〈衛簋〉等器，晚期時屬王所專寵的榮夷公亦出此一氏族。銘文中先言「乃祖考尸嗣（司）榮公室」，又言「昔乃祖亦既令乃父尸嗣（司）莽人」，則榮公一族其居地或當即在莽，莽地之所在，學者或以為很可能乃「（文王）而作豐邑」（《史記・周本紀》）的豐附近所擴大新建的京邑。〔註64〕榮氏既是

〔註64〕金文中之「莽」，考其地望者甚多，如清代學者吳大澂認為是鎬京，其後陳夢家
　　　　《西周銅器斷代》亦主此說。王國維以為在蒲板。郭沫若以為在豐京。按，由
　　　　金文中所見，莽與鎬相距僅一日之遙，有王室宗廟，又常作為周王的離宮和饗

勢力強大的貴族，而卯氏又世代為榮氏家臣，掌管了榮氏主要的根源之地，且又獲得宗廟祭祀器物的賞賜，顯然其在榮氏家族中是很重要的。雖然無法從〈卯簋〉中得知是否有官職名稱的賦予，但諸侯家臣有類似王室的職官名稱是可以肯定的，如〈師毀簋〉：

> 唯王元年正月初吉丁亥，伯龢父若曰：師毀，乃祖考有寵于我家，汝有佳小子，余令汝死我家，𤔲嗣我西偏、東偏、僕馭、百工、牧、臣妾，董裁內外，毋敢否善。錫女戈琱戲、〔厚〕必、彤緌、毋五、錫鐘一𢆶、五金，敬乃夙夜，用事。毀拜稽首，敢對揚皇君休。用乍朕文考乙仲齍簋。毀其萬年，子子孫孫永寶用享。（圖五十七）

師毀為伯龢父的家臣，而有同於王臣「師」之官名，據此以推，諸侯百官之來歷可能本就與家臣有密切關係。也可能春秋以後各諸侯國的大夫，有一部份即是由此演變而來。而我們就銘文所見，諸侯亦可賜土地予家臣，或者所賜之田即屬「祿田」的性質。

這些諸侯家臣逐漸的發展，在與諸侯的關係上逐漸類同於王室與諸侯間的關係，這應當是與諸侯勢力的成長有著正比的相關性，可惜文獻在關於諸侯家臣的問題上付之闕如。這些從金文中可以知道逐漸成為統治階層中的一份子的

宴娛樂以及貴族子弟的教育場所，其地位幾乎是僅次於鎬京。「豐」雖與之可能讀音近似，但金文中有「豐」又有「葊」，如〈癲鼎〉：「惟三年四月庚午，王在豐。」〈六年琱生簋〉：「佳六年四月甲子，王在葊。」黃盛璋氏據此情形推測：「案，隋唐長安城所以選址另建，主要是因舊都狹隘，宮室破舊，與水源問題（地下水鹽鹵）。周滅殷後遷都於鎬必有原因，最主要的當和宮室城邑狹小，而地勢、水源又都有問題，遷都於鎬。豐就作為故都保存，由於這裏宗廟宮室、辟雍、靈圃、靈沼，早已開闢，風景優勝，加以貴族舊居多在於此，所以遷都以後仍然為王之行宮別與百官、貴族家屬居住之地……豐為文王舊宮，在滅殷前即使有城堡，必然很小，葊京為滅殷以後之擴展另建，豐邑不可能容納下周王那些離宮別館，只好因豐附近已有園圃、辟雍、靈沼大池開闢的基礎……而文王所創闢之辟雍、靈沼等當皆在豐邑外面，而後為葊京擴建時利用之基礎。從辟雍、大池、學宮金文皆在葊京中出現，也說明葊京與文王之豐應該相連為一個地區……根據金文所見，葊京離宗周鎬京如此之近，又有大河、大池、宗廟、辟雍、宮寢，除豐水流域外確是無處可求。據目前所能掌握，只有按上述推論，才能解決葊京與豐並存的矛盾。兩者必在同一地區之內，但有新、舊之別，並非一處，所以名稱不同。」吳大澂：《說文古籀補》附錄頁十一，中華書局，1988 年。陳夢家：《西周銅器斷代》將「葊」直接寫作「鎬」。王國維：《觀堂集林·周葊京考》。郭沫若：《兩周金文辭大系考釋》頁 32，北京科學出版社，1958 年。《周代金文圖錄及釋文》，台灣大通書局，1971 年。黃盛璋：〈關於金文中的『葊京、蒿、豐、邦』問題辨正〉，《中華文史論叢》，1981 年。

諸侯家臣，是否可以和「卿」等同來看待？或者西周後期所出現的「大夫」就是指這些由諸侯家臣所演變而來的統治階級？《廣雅・釋詁》中對「卿」與「大夫」作出上下之別，是否即是揭櫫兩者間背景的高低？而王與這些諸侯家臣又是否有直接關係呢？〔註65〕這些都是關於諸侯家臣中有待繼續研究的課題。

附表（一）

以下據熊大桐：〈《周禮》所記林業史料研究〉一文所整理出來與林業有關的職官、人數統計表。《農業考古》1994 年第 3 期。

（一）見於〈地官・大司徒〉者

職　官	人　　　　　　　　　　數
山　虞	大山：中士 4 人，下士 8 人，府 2 人，史 4 人，胥 8 人，徒 80 人
	中山：下士 6 人，史 2 人，胥 6 人，徒 60 人
	小山：下士 2 人，史 1 人，徒 20 人
林　衡	大林麓：下士 12 人，史 4 人，胥 12 人，徒 120 人
	中林麓：下士 6 人，史 2 人，胥 6 人，徒 60 人
	小林麓：下士 2 人，史 1 人，徒 20 人
廿　人	中士 4 人，下士 8 人，史 2 人，徒 40 人
角　人	下士 2 人，府 1 人，徒 8 人
羽　人	下士 2 人，府 1 人，徒 8 人

〔註65〕《禮記・王制》：「大國三卿，皆命於天子……次國三卿，二卿命於天子，一卿命於其……小國二卿，皆命於其君。」說者多以《左傳・僖公十二年》：「王以上卿之禮饗管仲。管仲辭曰：『臣，賤有司也。有天子之二守國、高在』」爲證，齊爲次國，而管仲的出身本爲齊公子糾的家臣，受封於君，正與《禮記》之說合。遂認爲當時確有周王任命諸侯國卿士的事實。按，此說恐未可盡信。「有天子之二守國、高」，國、高二氏世爲齊之上卿，此或者與西周爲求政治勢力的快速延伸，和對東方廣大地區的有效控制，而在東方異姓諸侯國中所派的「監」有關，不盡然即周王任命諸侯之卿士。且所謂「大國三卿」，是三卿皆具「監」的性質，抑或是周王有任命諸侯家臣中之賢能者爲卿，則未可盡知。又，關於「監」，李學勤云：「虆簋銘『諸侯、諸監』，『監』顯與諸侯有別。具體說這種區別，如各家所分析，諸侯是朝廷所封，『監』則爲朝廷臨時派遣。周初的三監，正是受派遣的。其所以要派遣，是由于所治理的地區有特殊情況，例如殷商故地民心未定，而要派管叔、蔡叔等特別加以管制。」是以不排除齊之國、高二氏，實屬周初「監」之遺存的可能性。李學勤：〈應監甗新說〉，《李學勤集》，黑龍江教育出版社，1989 年 5 月。

掌　炭	下士 2 人，史 2 人，徒 20 人
囿　人	中士 4 人，下士 8 人，府 2 人，胥 8 人，徒 80 人
場　人	下士 2 人，府 1 人，史 1 人，徒 20 人
封　人	中士 4 人，下士 8 人，府 2 人，史 4 人，胥 6 人，徒 60 人
載　師	上士 2 人，中士 2 人，府 2 人，史 4 人，胥 6 人，徒 60 人
閭　師	中士 2 人，史 2 人，徒 20 人
遂　人	中大夫 2 人
委　人	中士 2 人，下士 4 人，府 2 人，史 2 人，徒 40 人

（二）見於〈夏官・大司馬〉、〈秋官・大司寇〉者

職　官	人　　　　　　　　數
掌　固	上士 2 人，下士 8 人，府 2 人，史 4 人，胥 4 人，徒 40 人
司　險	中士 2 人，下士 4 人，史 2 人，徒 40 人
職方氏	中大夫 4 人，下大夫 8 人，中士 16 人，府 4 人，史 16 人，胥 16 人，徒 160 人
山　師	中士 2 人，下士 4 人，府 2 人，史 4 人，胥 4 人，徒 40 人
原　師	中士 4 人，下士 8 人，府 4 人，史 8 人，胥 8 人，徒 80 人
野廬氏	下士 6 人，胥 12 人，徒 120 人
冥　氏	下士 2 人，徒 8 人
穴　氏	下士 1 人，徒 4 人
柞　氏	下士 8 人，徒 20 人

附表（二）及說明

　　世卿的「卿」有「臣」之意，若理解爲表示身分的「卿」，則未爲穩當，故余天熾氏雖詳列西周諸王的卿士表，但也僅能說明「世卿不世官」的關係，未能據以證明「世卿不世祿」，其表如下：

周王名	公　卿　輔　佐	出　　　處
文　王	呂尚爲師。	《史記・齊太公世家》。
	郭叔爲卿士。	《世本八種》秦嘉謨輯補本
	周公、召公、畢公爲輔佐。	《周書・畢命》傳。
武　王	呂尚爲師，周公爲，召、畢爲左右。	《太平御覽》卷八十四引《史記・齊太公世家》。

	周公爲司徒，召公爲司空。蘇忿生司寇。	《藝文類聚》卷十二引。《世本八種》秦嘉謨輯補本
成　王	周公攝政當國。	《史記・周本記》。
	周公爲冢宰。	《藝文類聚》卷十二引。
	召公爲太保，周公爲太師。或：太公爲太師，周公爲太傅，召公爲太保。	《史記・周本記》《藝文類聚》卷四十六引。《職官分紀》卷二。
	畢公爲司馬，毛公爲司空，芮伯爲司徒，彤伯爲宗伯，衛侯爲司寇。	《欽定周官義疏》卷一。《藝文類聚》卷四十七引。《世本八種》秦嘉謨輯補本《史記・管蔡世家》
康　王	召公爲太師。	《周書・畢命》疏。
	召公、畢公高爲輔佐。	《史記・周本紀》《歷代史略》卷一。
	召公、畢公、芮伯、彤伯、衛侯爲卿。	《文獻通考》卷二百六十四。
	召公爲冢宰，芮伯爲司徒，彤伯爲宗伯，畢公爲司馬，衛侯爲司寇，毛公爲司空。	《職官分紀》卷二。《周書・顧命》疏。
昭　王		
穆　王	呂侯爲相。	《史記・周本紀》。《周書・呂刑》。《太平御覽》卷八十五引。
	伯冏爲太仆。	《史記・周本紀》《周書・顧命》。《藝文類聚》卷四十九引。
	君牙爲大司徒。	《世本八種》秦嘉謨輯補本。《周書・君牙》。
	祭公謀父爲卿士。	《史記・周本紀》集解。
恭王、懿王、孝王、夷王	榮夷公爲卿士。	《歷代史略》卷一。
厲　王	榮夷公爲卿士。	《史記・周本紀》。
	邵（召）穆公虎爲卿士。	《史記・周本紀》集解。
共　和	召公、周公二相爲政。	《史記・周本紀》。
宣　王	邵穆公爲相。	《太平御覽》卷八十五引。
	邵、周爲二相。	《史記・周本紀》。
	程伯休父爲大司馬。	《世本八種》秦嘉謨輯補本
	虢文公爲卿士。	《史記・周本紀》集解。《太平御覽》卷八十五引。

	賢良樊、仲山父、尹吉父、申伯、韓侯、顯父、南仲、方叔、仍叔、張仲均爲卿佐	《太平御覽》卷八十五引。
幽 王	鄭桓公友爲司徒。	《史記‧鄭世家》。
	虢石父爲卿。	《太平御覽》卷八十五引。《史記‧周本紀》。
平 王	鄭武公爲司空,與晉文侯輔佐平王。	《太平御覽》卷八十五引。《周書‧文侯之命》。
	鄭武公之子鄭莊公爲卿士。	帝王世紀輯存。《史記‧鄭世家》索隱。

　　從上表中,我們很難得出西周時實行過父死子繼,世及官職的世卿制的結論。固然司馬貞在索隱中說過:「周公元子就封魯,次子留相王室,代爲周公。」「(召公)亦以元子就封,而次子留周室代爲召公。」但是從上表中我們看到,周、召的後代並沒有個個爲公卿,更不是父死子繼,世及爲公卿。又西周金文中雖有父死子繼其官的「世官」現象,但並非完全如此,也會有變遷和高低起伏,詳見何樹環:《西周錫命銘文新研》p295～314,文津出版社 2007 年 9 月。

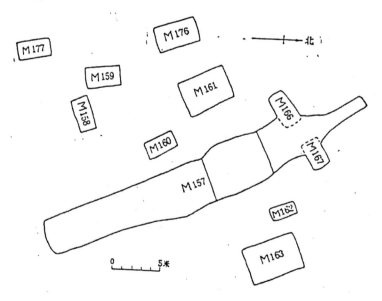

張家坡西周墓坑位圖

採自中國社會科學院灃西發掘隊:〈長安張家坡西周井叔墓發掘簡報〉

《考古》1986 年第 1 期

結　語

　　西周時期土地取得的情形，可以說除了舊氏族原本佔有之外，主要是來自於封賞，而封賞的類型又有分封、冊命以及因軍功而取得的差別（此皆以原始取得而言，買賣與交易、賠償不在此範圍）。若結合取得土地者的身份層級和其時間性來看，周王朝滅殷之後，舊有的氏族和臣服於周的各異姓邦國，或繼續保有其經營發展之土地，或有所遷移，而功臣、親族皆得封賞，分封可以說是周初取得土地的主要原因。而此一時期中所見諸侯僅有賞賜臣民而無土地的情形，亦可據以推測土地國有或王有的觀念和事實是存在的。中期以後，透過冊命的禮儀程序，或任命官職、或有所賞賜，王室與諸侯間的關係得以再次的確認。此時期中，亦有諸侯以冊命的形式對其所屬家臣進行封賞，而這些家臣未必皆爲姬姓的周人子弟，乃是由土著士紳而來，可以說周初以來土地國有或王有的事實已逐漸破壞，掌握土地權利的層級已逐漸鬆動、下移。若以異姓掌握土地的角度來說，這些新成爲統治階層的諸侯家臣擁有土地的情形，無疑是普及化了土地的所有權。在此一時期中另一個值得注意的現象是，王朝卿士的土地很可能與其職官的高低成正比的關係，雖然王室可收回衰敗貴族的土地轉賜他人，但此一氏族至少仍保有始封之地，故仍未可以國有或王有的名稱來概括。晚期繼續有因冊命而封賞，但軍功因素明顯增加，無因分封而賜土和封賞大片土地的情形仍基本維持，此時期中，土地可單純地視爲賞賜物，脫離早期化大爲小，分別治理的政治因素，這就突顯出中後期以來授土意義的改變，和對土地予以價值化的意義的出現，而事實上，王朝卿士因官職的降低而逐漸失去土地，其所被周王轉賜者，很可能就是「祿田」，此亦顯示出土地正逐漸有被價值化的趨勢。至於山林地的權屬，在當初周王分封天下時，各諸侯領有之地中自然是包括了山林地，雖然王室和諸侯對山林地資源的開發與利用都非常注意，但畢竟無法與平原農地相比，故自中期以來逐漸形成的諸侯對土地的控制和所有權，很可能就是從山林地開始的。

第三章　西周時期土地的轉讓

　　西周時期土地的取得方式除了上一章所討論的封賞授予模式外，尚可包括有賠償、交換和買賣等方式。關於賠償和交換的情形在早先陝西鳳翔出土的〈散氏盤〉和傳世的〈格伯簋〉等器中皆可看見，至於買賣的情形則有賴於裘衛諸器的出土才得以逐漸爲後人所知。西周時期的土地問題，自從 1975 年陝西董家村裘衛諸器的出土後，更帶領學術界逐漸擺脫土地國有或王有的舊有思考窠臼，朝向更深入更多元化的層次發展，使得我們對此一時期土地所有權的問題可以有更多更實際的了解與掌握。但迄今爲止，學術界對裘衛諸器銘文的理解仍有些歧異，故以此爲基點所開展的對西周土地問題的討論和推測，仍有進一步研究的空間和必要。

　　本章以轉讓來含蓋賠償、交換和買賣三種形式。因爲在三種類型中，土地所有權的轉讓是其共有的特徵。〔註1〕故試以對裘衛諸器的理解爲起點，逐步討論相關銘文中所涉及的人物、土地契約、土地疆界等問題，並嘗試對其中所存在的現象提出可能的解釋，從而確立土地所有權屬的問題。

───────────────

〔註 1〕對西周時期土地轉讓的形式，李學勤曾就其原因之不同，分爲賞賜、交易、
　　　　賠償三種類型。李朝遠根據李學勤所提出的器物銘文，刪除賞賜的因素，將
　　　　其關係總名之爲交換，在交換的關係下分爲三種類型：以田易物、以田賠物、
　　　　以田換田。關於賞賜的問題我們在上一章中已有所討論。交易比較容易有用
　　　　金錢來買賣的聯想，而事實上，在〈衛盉〉、〈五祀衛鼎〉、〈九年衛鼎〉、〈倗
　　　　生簋〉等關於土地的銘文中，雖然參入有用價錢來衡量的因素，「才（裁）八
　　　　十朋」、「才（裁）二十朋」，但最後還是以田換物「其舍田十田」、「其舍田三
　　　　田」。所以用交換來指稱當時的情形，可能比較貼切。李學勤：〈西周金文中
　　　　的土地轉讓〉，光明日報，1983 年 11 月 30 日。李朝遠：〈西周金文中所見土
　　　　地交換關係的再探討〉，《上海博物館集刊》，1991 年第 6 輯。李朝遠：《西周
　　　　土地關係論》，頁 279～282，上海人民出版社，1997 年。

第一節　裘衛諸器銘文疑義辨析

陝西省岐山縣董家村窖藏青銅器，是1975 年 2 月 2 日當地農民在進行農田基本建設時無意中所發現，很快地由該省文化當局接管，進行挖掘和清理的工作。窖洞四壁沒有經過修整，顯然是在倉促之間不及作整理的工作。窖穴口小底大，口南北長 1.15，北寬 1.20，南寬 0.85 公尺，底南北長 1.30，北寬 1.30，南寬 0.95 公尺，深1.14 公尺，窖口上距地表 0.35 公尺。共出西周青銅器 37 件，其中有銘文者 30 件，裘衛諸器有四件，分別命名爲〈廿七年衛簋〉、〈衛盉〉、〈五祀衛鼎〉、〈九年衛鼎〉。〔註 2〕〈廿七年衛簋〉與 1973 年長安新旺村、馬王村出土的〈衛簋〉，同爲記載周王以冊命的禮儀賞賜衛車馬器物，但未記載所冊命之官職，其內容又與土地無直接的關係，在此略而不論。茲錄與土地有關的〈衛盉〉、〈五祀衛鼎〉、〈九年衛鼎〉銘文如下：

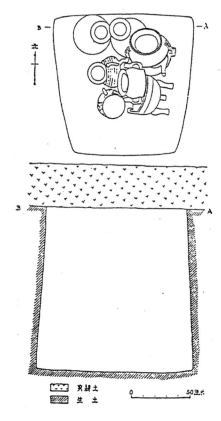

董家村西周銅器窖穴平、剖面圖

（1）〈衛盉〉

唯三年三月既生霸壬寅，王再旂于豐。矩伯庶人取堇章（璋）于裘衛，才八十朋，厥貯，其舍（捨）田十田。矩或取赤虎（琥）兩、麀𧞻（韐）兩、𧞻鞈一，才廿朋，其舍（捨）田三田。裘衛迺矢（矢）告于伯邑父、榮伯、定伯、𤖄伯、單伯，伯邑父、榮伯、定伯、𤖄伯、單伯迺令參有嗣：嗣土（徒）微邑、嗣馬單旟、嗣工（空）邑人服眔受（授）田。𩁋趞、衛小子𧼈逆者（諸）其鄉（饗）。衛用乍（作）朕文考惠孟寶般（盤），衛其萬年永寶用。（圖四十五）

〔註 2〕 參岐山縣文化館龐懷清、陝西省文管會吳鎮烽、雒忠如、尚志儒等撰：〈陝西省岐山縣董家村西周銅器窖穴發掘簡報〉，《文物》，1976 年第 5 期。

（2）〈五祀衛鼎〉

唯王正月初吉庚戌，衛以邦君厲告于井伯、伯邑父、定伯、𤔲伯、
伯俗父，曰厲曰：余執龔（恭）王恤工，于邵大室東逆（朔）營二
川，曰：余舍（捨）汝田五田。正迺訊厲曰：汝貞田否？厲迺許曰：
余審貞田五田。井伯、伯邑父、定伯、𤔲伯、伯俗父迺觀，事（使）
厲誓。迺令參有𤔲：𤔲土（徒）邑人趙、𤔲馬須人邦、𤔲工隆矩，
內史友寺芻帥履裘衛厲田四田，迺舍（捨）寓（宇）于厥邑。厥逆
（朔）疆眔厲田、厥東疆眔散田、厥南疆眔散田、厥西疆眔厲田。
邦君厲眔付裘衛田，厲叔子鳳、厲有𤔲䜌季、慶癸、燹□、荊人敢、
井人偈屌，衛小子逆其鄉（饗）、賸。衛用作朕文考寶鼎，衛其萬年
永寶用，唯王五祀。（圖五十八）

（3）〈九年衛鼎〉

唯九年正月既死霸庚辰，王在周駒宮，各廟。眉敖者膚卓事見于王，
王大黹。矩取省車、較、𦱸𡇬、虎冟（幎）、希幃、畫轉、鞭师（席）
靷、帛彎乘、金麃（鑣）鋞（鋞），舍（捨）矩姜帛三兩，迺舍（捨）
裘衛林𠭯里。戲厥唯顏林，我舍（捨）顏陳大馬兩，舍（捨）顏姟
（姒）虞絞，舍（捨）顏有𤔲壽商貉（貉）裘、盠冟。矩迺眔潇（祭）
羍令壽商眔啻曰：觀（斟）履付裘衛林𠭯里，則乃夆（封）四夆（封）。
顏小子具（俱）叀夆（封），壽商□。舍（捨）盠冒梯、羝皮二、選
皮二、業舄通（箙）皮二，胐帛（白）金一反（鈑），厥吳喜皮二，
舍（捨）潇𢈐冟（幎）□、𦱸纕𡇬，東臣羔裘，顏下皮二。眔受，
衛小子□逆者（諸），其賸衛臣虢胐。衛用乍（作）朕文考寶鼎，衛
其邁萬年永寶用。（圖五十九）

　　本節試先對幾個關鍵字詞的釋讀與文意作一檢討，至於其它相關問題，
留待二、三、四節再討論。

　　（1）銘中的董章二字，銘文中的董字或讀作觀，觀璋即朝觀天子時所用
之「璋」；[註3] 或讀作瑾，謂瑾璋是以美玉所製成的「璋」。[註4]（此說當
本於《說文・玉部》：「瑾，瑾瑜，美玉也。」）按，當以前說為是。矩伯向裘

〔註 3〕唐蘭：〈陝西省岐山縣董家村新出西周重要銅器銘辭的譯文和注釋〉，《文物》，
　　　　1976 年第 5 期。
〔註 4〕馬承源：《商周青銅器銘文選》Ⅲ，頁 303，文物出版社，1988 年。

衛取璋的目的乃是因「王禹旂于豐」，學者多已指出，禹旂之禮即是《周禮‧春秋‧司常》所云：

> 王建大常，諸侯建旂。

鄭玄注：

> 仲冬教大閱，司馬主其禮，自王以下治民者旗畫成物之像，王畫日月，象天地明也。諸侯畫交龍一，象其升朝。

至於其作用當如《儀禮‧覲禮》所言

> 諸侯覲于天子……上介皆奉其君之旂，置于宮，尚左，公侯伯子男皆就其旂而立。

禹旂之禮顯然是使諸侯朝覲天子時井然有序的一種禮儀，而在儀式中諸侯是有持「璋」的。章讀爲璋，璋爲禮天地四方之玉器。《說文‧玉部》：「剡上爲圭，半圭爲璋。」《周禮‧春官‧大宗伯》：「以玉作六器，以禮天地四方……以赤璋禮南方。」璋又可作爲朝覲天子時所用之禮器，如〈頌鼎〉：「頌拜稽首，受令，冊佩以出，反（返）入（納）堇章（覲璋）。」（圖三十三）〈頌鼎〉之銘文正可與《左傳‧僖公廿十八年》周王冊命重耳爲晉侯「晉侯三辭，從命，曰：『重耳敢再拜稽首，奉揚天子之丕顯休命。』受策以出，出入三覲。」相對照，而堇爲覲之假借亦見於〈女嬖鼎〉：「女嬖堇（覲）于王。」相較之堇與瑾所僅有的聲韻通假關係，將堇章釋爲覲璋應該是較爲合理的。〔註5〕

───────────────

〔註 5〕 「堇章」尚見於〈頌鼎〉和〈六年琱生簋〉。郭沫若據〈頌鼎〉銘「頌拜稽首，受令冊佩，以出，反入（返納）堇章（覲璋）」，云：「蓋周世王臣受王冊命之後，于天子有司有納瑾報璧之禮。召伯虎簋第二器（引按，即六年琱生簋）言『典獻伯氏，則報璧琱生』……《左傳》『出入三覲』亦當讀爲『出入三瑾』。金文凡瑾、覲、勤、謹均以堇爲之，左氏古文亦必作堇，後人因讀爲覲，更進而更易其字。」此後多有釋「堇章」爲「瑾璋」者。然郭氏對兩器的斷句有所偏差，〈頌鼎〉應讀爲「頌拜稽首受令，冊佩以出，反入（返納）堇章。」至於〈六年琱生簋〉，林澐已指出銘文之：「今余既一名典，獻伯氏，則報璧」，琱生二字當與「奉揚朕宗君其休」連讀。是報璧者爲琱生，非召伯虎報琱生以璧。是以知郭氏所說不確。對於朝見天子要用玉璋，張光裕氏曾作進一步闡明：「使用璋者之身份則較低，或對身份較低者使用，而且還因不同形式的禮覲，其所執用之信物亦因之而異。覲見天子時，執玉爲贄的制度，卻是含有『委質爲臣』的意義，並表明其所受的信符作爲一種證物，有如漢代的『銅虎符，竹使節』，因此覲見天子時或因受冊而覲見，其『執圭』與『執璋』的不同，無非也是表示身份之高下，以及禮的差異而已。」郭沫若：《兩周金文辭大系考釋》，北京科學出版社，1958 年。(此據《周代金文圖錄及釋文》頁七十三，台灣大通書局，1971 年。) 林澐：〈琱生簋新釋〉，《古文字研究》第 3 輯，中華書局，1980 年。

　　（1）銘中的「才」字舊多釋作「裁」、「財」，有量度決斷的意思。按，才可作爲裁、財之假借，如《戰國策‧趙策》：「今有城市之邑七十，愿拜內之于王，唯王才之。」《鹽鐵論》：「必將以貌舉人，以才進士，則太公終身鼓刀。」二文中之「才」即應讀爲「裁」。而財字於文獻中又可作裁，有節制、制裁、定奪的意思，如《荀子‧王制》：「王者之法等賦、政事、財萬物，所以養萬民也。」《廣雅‧釋言》：「裁，制也。」銘文之「才八十朋」，即是矩伯向裘衛索取的觀璋，經裁奪後值八十朋。

　　或以爲才當爲「載」，讀爲加多之意的「戴」。王輝、陳復澄云：

　　　　才字在金文中多用作「在」、「哉」、「載」字。「載」與「戴」古多通用，《周頌‧絲衣》：「載弁俅俅」，《爾雅》郭注引詩作「戴」。《說文》謂「分物得增益曰戴。」《釋訓》曰：「蓁蓁孽孽，戴也。」毛傳云：「蓁蓁，至盛貌；孽孽，盛飾。」都是指加多的意思。引申凡加于上都稱爲戴。……「戴八十朋」的意思就是再加上八十朋。〔註6〕

並認爲當時的交易形式是以物易物，

　　　　所以當時在實物交易過程中的等價交換只是約定俗成的，除了直接用朋貝來交換（或說購買）物品外，在一般實物交易中是並不需要都用朋貝作爲價格標準來衡量雙方的物品的。因此，裘衛以玉璋來換取矩伯的田地，並不需要通過換算成『值多少朋』的形式來進行。〔註7〕

　　　　所以說這八十朋是實際參與了交易的實物，或者說是實物交易中的補價物，而不是交易中的價格。〔註8〕

　　按，「載」與「戴」字可通用是沒有問題的，但就銘文的上下文意和西周時情況進行考量，此說容有未當。「才」之上古音爲從紐之韻，「載」屬精鈕之韻，在聲韻的通假上是可以說得通的，于省吾《易經新證》亦嘗云：「載、在、才、哉古通……金文在字哉字多假才爲之。」〔註9〕「才」、「載」、「戴」

　　　張光裕：〈金文中冊命之典〉，《雪齋學術論文集》，藝文印書館，1989 年。

〔註6〕王輝、陳復澄：〈幾件銅器銘文中反映的西周中葉的土地交易〉，《遼海文物學刊》，1986 年第 2 期。

〔註7〕王輝、陳復澄：〈幾件銅器銘文中反映的西周中葉的土地交易〉，《遼海文物學刊》，1986 年第 2 期。

〔註8〕王輝、陳復澄：〈幾件銅器銘文中反映的西周中葉的土地交易〉，《遼海文物學刊》，1986 年第 2 期。

〔註9〕于省吾：《雙劍誃易經新證》〈尚德載〉，卷二頁十二。今據《雙劍誃群經新證‧諸子新證》合刊本，上海書店 1999 年。

固然可以相假借，但將此處的「才」釋爲「戴」，從上下文意來說則頗有疑問。因爲，銘文兩見「才」若干朋，在此文句之前則未見關於價格的文字，若依王、陳二氏的釋讀，銘文顯然脫落不少文字，但由拓片觀之，又明確並非如此。另一方面，當時以物易物的情形確實存在，但在卿士貴族之間以金錢價值來衡量交易的情形並非沒有，用「以物易物」的說法來含蓋當時所有的情況，恐怕並不周全。例如〈曶鼎〉訴訟的第一案例中：

> 于王參門□□木榜（方）用征（證），征贖茲五夫，用百舒，非出五
> 夫□□舍（倍），迺氒有舍（倍）睘（暨）爐金。（圖六十）

此爲曶的法定代理人戔對效父的指控，氒爲曶的下屬，是贖此五夫的承辦人。銘文大意是：「雙方在王的三門訂立過贖約，並有木方爲證，議定用一百舒贖此五夫，若不交出這五個人就是違約，是對氒的背約，又想索取更多的金錢。」曶與效父皆爲卿士貴族，卿士貴族間主要是以金錢做爲單位與衡量的標準是非常明確的，而井叔判決時「在王廷迺贖用遺」，李學勤已指出，「王廷」爲王廷之人，即指卿士貴族而言。〔註10〕〈曶鼎〉之遺字亦見於〈楚簋〉：「取遺五舒」（圖六十一）。故知遺當爲貨幣之名稱或單位。另一方面，以土地交易的過程來看，當時的買賣有訂立契約，《周禮‧秋官‧司約》：

> 掌邦國及萬民之約劑，治神之約爲上，治民之約次之，治地之約次
> 之……凡大約劑書於宗彝，小約劑書於丹圖。

在立約的同時就要向官方報備，使契約合法化，然後由官方派遣執事有司根據契約劃定土地疆界，經過這樣的程序，契約方才完全的合法並產生效力，此一過程，從〈格伯簋〉中可以看得很清楚：

> 格伯受良馬乘于倗生（甥），氒貯（賈）卅田，則析。（圖六十二）

格伯用四匹馬交換倗生的卅田，雙方訂定契約後各執一半作爲憑證，此一憑證是已經經過官方核准的（詳第三節），然後有書史爲其劃定疆界，最後「用典格伯田」，倗生的土地方始轉爲格伯所有。此一過程當爲土地交易中所必須，而後兩個步驟即劃定疆界和確認轉讓，在〈衛盉〉中是非常明確的，相較之下，將「才」釋讀爲「戴」就忽略第一個程序。所以把「才」讀爲「裁」，有量度、決斷的意思，是很適當且合理的。〔註11〕

〔註10〕李學勤：〈論曶鼎及其反映的西周制度〉，《中國史研究》，1985年第1期。

〔註11〕李零以金文常見的讀法，將「才」讀爲在。李零：〈西周金文中的土地制度〉，《學人》第2輯，1992年。

　　（2）銘是透過訴訟程序將裘衛和邦君厲之間交換田地的事情予以記載。有兩個部份是必須加以釐清的，第一個是邦君厲和裘衛進行土地交換的原因，第二則是銘文既有「余舍女（汝）田五田」，爲何後來職官有圖踏勘土地時是「帥履裘衛厲田四田」。關于土地交換的原因：

　　　　余執龏（恭）王卹（恤）工（功），于卲（昭）大室東逆（朔）燮（榮）
　　　　二川

一般比較傾向將「卹」讀作「洫」，「燮」讀作「榮」，又或讀作「營」，即治理的意思，〔註12〕「『卹工』可能是某種溝洫工程，或用溝洫圍繞起來的工程，『縈二川』就是要圍繞占用的二川之地是屬於裘衛經營掌管的，所以厲才提出要舍他五田……作爲補償所占去的地。」〔註13〕按，這個說法是有問題的。最早在這批西周銅器的發掘簡報中即指出，「卹工」二字當連讀，即《尙書·呂刑》所云：「乃命三后，卹功于民。」〔註14〕唐蘭所釋亦同，「卹工」是憂勤政事的意思。〔註15〕銘文中之「卹工」作爲勤敏於政事的辭彙，有文獻可資映證，顯然是較具說服力的。

　　「燮」可讀作「禜」。〔註16〕「燮」在銘文中作人名時讀爲「榮」（如〈卯簋〉之榮季，榮即作燮）。「榮」、「營」、「禜」三字之上古音同爲匣紐耕部字，就聲韻的關係來看，通假是不成問題，且就字形而言皆以「燮」爲聲符。但「燮」當假借爲「營」還是「禜」呢？《說文·示部》：「禜，設綿蕝爲營，以禳風雨雪霜水旱癘疫於日月星山川也。」《左傳·昭公元年》有云：「山川之神，則水旱癘疫之災於是乎禜之。」有水旱或疾病流行時向山川之神祈福以禳除災禍的情形亦見於《詩經》，〈大雅·雲漢〉爲周王爲民禳除旱災，祈禱求雨之詩：「靡神不舉，靡愛斯牲。圭璧既卒，寧莫我聽。」則知進行這樣的祈福不但要以牲畜爲祭品，也要有玉圭。邦君厲爲臣服於周的一邦之君，舉行禜祭，爲民祈福當亦在情理之中。把「燮」讀爲「禜」，即禜祭，邦君厲

〔註12〕參馬承源：《商周青銅器銘文選》Ⅲ，頁131，文物出版社，1988年。

〔註13〕黃盛璋：〈衛盉、鼎中「貯」與「貯田」及其牽涉的西周田制問題〉，《文物》，1981年第9期。

〔註14〕岐山縣文化館龐懷清、陝西省文管會吳鎮烽、雒忠如、尚志儒等撰：〈陝西省岐山縣董家村西周銅器窖穴發掘簡報〉，《文物》，1976年第5期。

〔註15〕唐蘭：〈陝西省岐山縣董家村新出西周重要銅器銘辭的譯文和注釋〉，《文物》，1976年第5期。

〔註16〕唐蘭：〈陝西省岐山縣董家村新出西周重要銅器銘辭的譯文和注釋〉，《文物》，1976年第5期。

在祭祀中需要玉圭的情形，就如同矩伯朝覲周王需要玉璋的情形一般，而銘文中「汝寅（賈）田否？」「余審寅（賈）田五田。」與（1）中矩伯取覲璋後「才（裁）八十朋，氒（厥）寅（賈），其舍田十田」除了有語氣上疑問與肯定的差別外，情況幾乎是一模一樣的。所以（2）的作器原因很可能是邦君厲在昭王太室的東北舉行禜祭（也可能邦君厲是爲恭王將舉行的禜祭做準備工作「余執糞（恭）王恤工」），向裘衛購買圭玉，原先答應以田五田作爲代價，但後來反悔或沒有履行約定，於是裘衛便以訴訟的方式請執政大臣來裁決。把「𡨮」讀「禜」，即禜祭，既可與（1）相對照，又可免去讀作「營」時，對二川之地是否屬於裘衛做不必要的臆測，應該是較爲通暢合理的解釋。

另外，關於邦君厲給予裘衛的田地到底是四田還是五田？首先，從〈五祀衛鼎〉銘文所記之事件過程而言，日本學者伊藤道治由文例的比對已明確指出，「衛以邦君厲告于井白（伯）⋯⋯」，其句法與〈曶鼎〉、〈𩰫比鼎〉等訴訟銘文的句法完全一致，可見（2）所記載的是裘衛與邦君厲之間的一場訴訟。〔註17〕從當時司法訴訟的程序來看，邦君厲最終付給裘衛的是五田而非四田，應是可以肯定的。在其他關於訴訟和約定的銘文中，例如〈𩰫比鼎〉：

> 王令眚史南以即虢旅，迺使攸衛牧誓曰：「敢弗具付𩰫比，其且（沮）
> 射（斁）分田邑，則殺。」攸衛牧則誓。（圖六十三）

〈散氏盤〉：

> 我既付散氏田器，有爽，實余有散氏心賊，則鞭千罰千，傳棄之。（圖
> 五十五）

我們可以清楚地看到，當時如果讓被訴訟或負責賠償的一方立下誓辭，都是一種制約的手段，表明如果失約，則自願受到加倍的懲罰或賠償。那麼（2）雖沒有提及邦君厲自述如果毀約願受懲罰的誓辭，但執政大臣在訊問訴訟雙方，了解事情經過之後，「事（使）厲誓」，其所代表的強制性意義仍然是非常明確的。

既然確立邦君厲付予裘衛的是五田，那麼「帥（率）履裘衛厲田四田」又該如何理解？或以爲此乃邦君厲以五田與裘衛的四田交換，四田是裘衛付予邦君厲的，因爲作器者是裘衛，所以只載明自己付給邦君厲的四田，而無

〔註17〕伊藤道治：〈裘衛諸器考——周時期土地所有形態に關する私見〉，《東洋史研究》，1978 年第 3 期。

需記載邦君厲付給自己的五田。〔註18〕還有學者以爲此乃經過兩次審訊，在井伯等執政的協調下，最終以四田爲代價。〔註19〕關於後者，基本上是不成立的，因爲從銘文的敘述中不但沒有二次審訊的痕跡，同時在「正迺訊厲曰：『女（汝）寊（賈）田否？』厲迺許曰：『余審寊（賈）田五田。』」之後，井伯等便令厲起誓，整個過程是訴訟而非協調。至於前者，其所持的理由是

> 如果這四田原來就是厲田，是在一整片的厲田中劃出去的一塊東南角，那麼新劃出去的這塊四田的疆界就不能用厲田作爲標記，否則這條疆界就可以任意往內或往外移動而失去標記的作用。……這四田並非是原來整片厲田中的一塊地，而是不屬于厲田的一塊獨立的地，只因和厲田接壤，厲才肯以五田來換這四田。〔註20〕

這樣的說法也未爲妥當。銘文中所記固然可以有所簡省，但通常是記作器者所得，而非作器者所付出的。另外，由銘文中所記疆界可作圖如下：〔註21〕

四田固然是由厲田所劃分出去的，但古時的田地有田壟、阡陌、封道等作爲分界的標識，並每年由官方正其疆界，私自移動者要判處刑罰或出錢贖罪，這在青川秦墓和睡虎地出土秦簡都有明確的記載：青川〈秦更修爲田律〉：

　封、高四尺，大稱其高……以秋八月，修封捋（埒），正彊畔。

睡虎地秦簡〈法律答問〉：

　問：何如爲封？答：封即田千（阡）佰（陌）。又問：頃畔封也，且

〔註18〕王輝、陳復澄：〈幾件銅器銘文中反映的西周中葉的土地交易〉，《遼海文物學刊》，1986年第2期。
〔註19〕杜正勝：《編戶齊民》，頁154，聯經出版社，1990年。
〔註20〕王輝、陳復澄：〈幾件銅器銘文中反映的西周中葉的土地交易〉，《遼海文物學刊》，1986年第2期。
〔註21〕中間爲「四田＋宇于厥邑」，原因詳何樹環：〈西周貴族土地的取得與轉讓——兼談西周「王土」的概念與實質〉，《新史學》第十五卷第1期，2004年。

非是而盜徙之，贖耐，何重也？答：是，不重。

則四田之疆界自有封道、阡陌爲其標識，其所有權屬並不受是否與屬田相接壤的影響而有所改變。

既然可以肯定邦君厲所付的是五田，而銘文中有嗣等踏勘的僅有四田，其間既非有所協調，亦不得因與屬田的接壤而將四田視爲裘衛付給邦君厲的，那麼在銘文中必定尚有另一塊土地是包括在五田之中的，這單獨的一塊土地應該就是「迺舍寓（宇）于牟（厥）邑」。「邑」在金文中可以作爲賞賜土地時的單位，如〈齊鎛〉：「侯氏易（賜）之邑二百又九十又九邑。」〈宜侯夨簋〉：「易土：牟（厥）川（甽）三百□，牟（厥）□百又廿，牟（厥）宅邑卅（三十）又五，牟（厥）□百又卌（四十）。」邑既在賜土的範圍之中，又與甽對文，其可以作爲貴族卿士的封地就很明顯，如《周禮・地官・載師》：「以家邑之田任稍地。」則「邑」也是對土地的指稱，其間之差別很可能只是在功用上是作爲人民聚居之所，而非農業用途。裘錫圭認爲，銘文中的「宇」字可訓爲「居」，如《詩經・大雅・桑柔》：「念我土宇」，〈大雅・緜〉：「聿來胥宇」，毛傳皆訓爲「居」，那麼「迺舍寓（宇）于牟（厥）邑」就是邦君厲在四田之外，另外有一塊土地是作爲給裘衛的人民聚居之用。爲什麼要如此呢？由上面的疆界圖來看，四田並未與裘衛的土地接壤，按照當時田地分佈的情況推測，大概相距還很遠。裘衛要派人去耕種這塊田地，就需要在厲的邑內爲他們取得居所。[註22]（按，「迺舍寓（宇）于牟（厥）邑」

青川〈爲田律〉摹本

之「邑」，或許也應該理解爲耕作土地而非居地。「厥邑」是指原本在邦君厲土地範圍中，由裘衛一方進行耕作的「寄田」。）[註23]

在裘衛諸器出土之後，備受學界討論和爭議的另一個關鍵性問題即爲「貯

〔註22〕裘錫圭：〈古文字釋讀三則〉，《徐中舒先生九十壽辰紀念文集》，1985 年。今據《古文字論集》，中華書局，1992 年。

〔註23〕何樹環：〈西周貴族土地的取得與轉讓——兼談西周「王土」的概念與實質〉，《新史學》第十五卷第 1 期，2004 年。

（賈）」字。寅字釋義的問題，早在前清學者時即開始，但由於當時的材料有限，僅能就傳世的〈頌鼎〉進行討論，故除了將「寅」隸定爲「貯」仍有待討論外，其釋義多誤。後來隨著〈齊生魯方彝蓋〉、〈膳夫山鼎〉、〈賈子匜〉和裘衛諸器乃至於璽印的出土，使我們對寅（賈）字有更深入的了解。爲方便討論，首先將甲骨至秦漢璽印中具代表性的寅（賈）字列表如下：

商代甲骨金文	字形	(商甲形1)	(商甲形2)	(商甲形3)	(商甲形4)
	出處	乙 6752 反	鐵 272.1	後下 18.8	金文編（1009）爵文
	序號	（1）	（2）	（3）	（4）
西周金文	字形	(西周形5)	(西周形6)	(西周形7)	(西周形8)
	出處	沉子簋	頌鼎	兮甲盤	衛盉
	序號	（5）	（6）	（7）	（8）
東周	字形	(東周形9)	(東周形10)	(東周形11)	(東周形12)
	出處	賈子匜	盟書 35.8	古陶文彙編 3.820	古陶文彙編 3.782
	序號	（9）	（10）	（11）	（12）
秦漢金印文	字形	(秦漢形13)	(秦漢形15)	(秦漢形16)	
	出處	古璽文編 2994	古璽文編 2987	古璽文編 2991	
	序號	（13）	（15）	（16）	
	字形	(秦漢形16)	(秦漢形17)	(秦漢形18)	
	出處	大賈壺	賈氏家鈁	賈相私印	
	序號	（16）	（17）	（18）	

　　上表中第一列的字，其字形从「屮」从貝，與西周金文以後的「寅」應該是同字異形，高明已指出，「貝」逐漸由「屮」中脫離出來的痕跡，在商代文字中還依稀可辨，即由(字)（1）、（4）變作(字)（2），再作(字)（3）。〔註24〕而（13）（14）（15）三字中，裘錫圭指出（13）與（12）相近，（14）、（15）與（10）相近，上半部多出的短劃應該如是附加的贅筆，附加贅筆的情形在戰國文字

―――――――――

〔註24〕高明：〈西周金文「寅」字資料整理和研究〉，《考古學研究》文物出版社，1988年。

即常出現，例如中山國銘器中的「帝」作「𠂤」；「忠」作「𢜔」。〔註25〕所以除了（16）、（17）、（18）三字爲漢代的「賈」字以外，其餘的字都是「貯」的同字異形。

歷來對「貯」字的討論甚多，說法各有不同，尚未有定論，茲將各家說法列表如下：

學　者	隸　定	讀　音	釋　義
阮　元	貯	貯	貯〔註26〕
徐同柏	贖	贖	賜〔註27〕
吳式芬	贖	贖	賜〔註28〕
劉心源	𧶠爲貯，𧷎爲責〔註29〕		
于省吾	貯	予	賜〔註30〕
容　庚	積	責	責（債）〔註31〕
王國維	貯	貯	予〔註32〕
楊樹達	貯	賈	價〔註33〕
張傳璽	貯	贖	贖（假借）〔註34〕
戚桂宴	貯	宁	值〔註35〕
黃盛璋	貯	予	予〔註36〕
李學勤	賈	賈	賈，價〔註37〕
唐　蘭	貯	租	賦〔註38〕

〔註25〕裘錫圭：〈釋「賈」〉，《中國古文字研究會第九屆學術討論會論文》，1992年。
〔註26〕阮元編：《積古齋鐘鼎彝器款識》卷四頁三十五，中國書店 1996年。
〔註27〕徐同柏：《從古堂款識學》卷六，中華書局，1985年。
〔註28〕吳式芬：《攈古錄金文》，卷三之 3。
〔註29〕劉心源：《奇觚室吉金文述》卷二，藝文印書館民國 60年。
〔註30〕于省吾：《雙劍誃吉金文選》上二頁十三，江蘇廣陵古籍刻印社，1994年。
〔註31〕容庚：《武英殿彝器圖錄》，臺聯國風出版社，民國 65年。
〔註32〕王國維：〈頌壺跋〉，《觀堂集林·別集》，中華書局，1959年。
〔註33〕楊樹達：《積微居金文說》，頁 27，台灣大通書局，1974年再版。
〔註34〕張傳璽：〈論中或古代土地私有制形成的三個階段〉，《北京大學學報》，1978年第 2期。
〔註35〕戚桂宴：〈釋貯〉，《考古》，1980年第 4期。
〔註36〕黃盛璋：〈衛盉、鼎中『貯』與『貯田』及其牽涉的西周田制問題〉，《文物》，1981年第 9期。
〔註37〕李學勤：〈重新估價中國古代文明〉，《先秦史論文集》，人文雜誌社，1982年。
〔註38〕唐蘭：〈陝西省岐山縣董家村新出西周重要銅器銘辭的譯文和注釋〉，《文物》，

劉宗漢	貯	貯	貯賈同義不同字〔註 39〕
高　明	貯	貯	賤買貴賣〔註 40〕
劉　翔	賈	賈	商賈貿易〔註 41〕
裘錫圭	賈？	賈	賈，價〔註 42〕

　　表中隸定作贖、積，以及釋義作租、賦、予、債等說法逐漸被學界所否定，在字義上則逐漸趨向於釋作「賈」。「𧷴」字由出土文獻的上下文來看，可作動詞和名詞兩種用法。當名詞時，如甲骨文中多用作氏族名，如「𧷴入十」（乙 1578），周時則爲國名，如 1974 年山西聞喜出土之〈𧷴子匜〉，劉宗漢謂聞喜爲晉武公所居之曲沃，其地與春秋時賈國的所在地臨汾十分接近，當爲晉滅賈後虜獲所得，〔註 43〕且李學勤進一步由〈𧷴子匜〉與荀國器物一同出土，明確了「𧷴」即文獻荀、賈之賈。〔註 44〕「𧷴」又可作商賈之意，如〈頌鼎〉：「命女（汝）𤔲（司）成周𧷴（賈）廿家」，〈兮甲盤〉：「其𧷴（賈）毋敢不即次即市。」漢語中動名互用的情形，其作爲動詞時爲常有與名詞相近的意義，如賓字，名詞爲賓客、客人，《詩經・小雅・鹿鳴》：「我有嘉賓，鼓瑟吹笙。」作爲動詞時爲以客禮對待或作客、客居，如《淮南子・氾論》：「乃矯鄭伯之命，犒以十二牛，賓秦師而卻之。」，《禮記・月令》：「鴻雁來賓。」鄭玄注：「來賓，言其客止未去也。」「𧷴」在用作名詞時有商賈的意思，那麼用作動詞時應該有與之相近的意義，學者或釋爲買賣之意的賈，或釋爲有儲貨販賣之意的貯。賈，《爾雅・釋言》曰：「賈，市也。」，《說文・貝部》：「賈，市也。從貝，襾聲。一曰坐賣售也。」則賈有做買賣的意思，如《韓非子・五蠹》：「長袖善舞，多錢善賈。」又有儲貨坐賣的意思，如《漢書・胡健傳》：「穿北軍壘垣以爲賈區。」顏師古注：「賈，坐賣曰賈，爲賣物之區也。」而賈字的後一義與貯字相近。貯，《史記・平準書》：「於是縣官大空，而富商大賈，或蹛財役貧。」《集解》：「蹛，停也，一曰貯也。」《索隱》

1976 年第 5 期。

〔註 39〕劉宗漢：〈金文貯字研究中的三個問題〉，《古文字研究》第 15 輯，1986 年。
〔註 40〕高明：〈西周金文「𧷴」字資料整理和研究〉，《考古學研究》文物出版社，1988年。
〔註 41〕劉翔：〈賈字考源〉，《甲骨文與殷商史》，1991 年第 3 輯。
〔註 42〕裘錫圭：〈釋「賈」〉，《中國古文字研究會第九屆學術討論會論文》，1992 年。
〔註 43〕劉宗漢：〈金文貯字研究中的三個問題〉，《古文字研究》第 15 輯，1986 年。
〔註 44〕李學勤：〈重新估價中國古代文明〉，《先秦史論文集》，人文雜誌社，1982 年。

引《字林》：「貯，塵也，此謂居積停滯塵久也。」清朱駿聲已指出文中「塵」為「廛」之誤。〔註45〕廛，《禮記‧王制》：「市，廛而不稅。」鄭玄注：「廛，市物邸舍，稅舍而不稅其物。」是以從字義來說，賈、貯二字皆有買賣一類的意思。由（1）、（2）兩器來看，整個過程是交易買賣的行為，將「賈」字視為交易買賣時的用字，無疑是很適當的。

「賈」應讀為「賈」？還是「貯」呢？由聲韻的關係來看，「賈」讀為賈是有明確的證據，除上述「賈子匜」當讀為「賈子匜」外，（13）（14）（15）皆為璽印中的姓氏。賈為漢代的大姓，春秋、戰國時用作姓氏的例子也很多，如賈華（《國語‧晉語》二、三）、賈舉（《左傳‧襄公二十五年》）、賈佗（《國語‧晉語》四、《左傳‧文公六年》）等，由商代而歷西周、東周，以至於秦漢，「賈」為姓氏的用法，讀為賈，是始終存在的。賈字上古音為見紐魚部字，貯為端紐魚部字，二字同屬魚部，有學者僅以韻部即謂貯可讀作賈，〔註46〕但僅從韻部來說，通假的條件仍嫌不足。然在先秦時確有同一字分用見紐與端紐來書寫的現象，如《左傳‧宣公二年》之提彌明，《公羊傳‧宣公六年》作祁彌明（提，端紐；祁，見紐），《春秋‧桓公十二年》：「公會宋公于虛。」《公羊‧桓公十二年》作「公會宋公于郯。」（虛，見紐；郯，端紐）。那麼在韻部相同、聲紐或亦可通的情形下，雖然「賈」當讀為賈，但也不能完全排除可以讀為貯的可能性。

最後，由字形來看。「賈」字的初形從「宁」從貝，貝為財貨之義，羅振玉謂「宁」象上下及兩旁有楮柱，中空可貯物之形，隸定作「宁」。〔註47〕從考古發掘可以知道，商代是將兩塾之間的地方稱為宁，〔註48〕將財貨置于「宁」

〔註45〕朱駿聲：《說文通訓定聲》，頁377，世界書局，民國55年9月再版。

〔註46〕陳連慶：〈夨甲盤考釋〉，《吉林師範大學學報》，1978年第4期。

〔註47〕羅振玉：《增訂殷墟書契考釋》中頁十二。據《殷墟書契考釋》（三種），中華書局，2006年。

〔註48〕根據中國社科院考古所在河南偃師二里頭所發現的商代宮殿遺址，「在宮殿南部延出部分的上面，發現一排柱子洞，共九個，現缺一個。柱子洞南距台基邊緣七十釐米，北與殿堂相照，東西兩端與廊廡相連。柱子洞直徑四十釐米，間距約三八米。延出部分以南的夯土呈緩坡狀，緩坡上面有路土，路土往南已清理十餘米」。（中國社會科學院考古研究所二里頭工作隊：〈河南偃師二里頭早商宮殿遺址發掘簡報〉，《考古》，1974年第4期。）而根據此一發現，曾有學者作過復原，認為這八間大廳，除東西塾各佔兩間外，中間四間是大門，兩塾間的宁，正與甲骨、金文中的宁形一致。楊鴻勛：〈西周岐邑建築遺址初步考察〉，《文物》，1981年第3期。宮殿復原圖參本節附圖。

中，與前述貯字的意義正可相連，將「賨」隸定作「貯」是可以被接受的。
而前述（13）（14）（15）用作姓氏的賈字，其形又與「賨」字同，雖然「賨」
在用作姓氏時當讀爲賈，隸定作「賈」，但正如裘錫圭所指出的，秦漢間的賈
字又可作（16）（17）（18）之形，其所從之偏旁又可作丙（《十鐘山房印舉》
賈蟜印），與「中」或轉變方向作「屮」的形體，並沒有明顯訛變的痕跡，（16）
（17）（18）較可能是從丙演變而來。如此則將「賨」直接隸定作賈仍有疑問。
〔註49〕

　　綜合以上對「賨」字形、音、義的討論，「賨」字造字的初形是象貝在「中」
中，其原義應該是貯積財物，其後可能分化爲二，一爲《說文》所釋：「貯，
辨積物也。」後用作貯藏一類的意思；另一則由貯積財物的意義衍伸爲坐列
販賣，乃至於有商賈的意義，在金文中，「賨」絕大部份都是用於後一義。但
由於「賨」字可能有兩種讀音，既可讀爲見紐字，亦可讀爲端紐字，故在兩
字可通用的情況下，時代晚至秦漢的陶文中，「賈」乃仍有作「賨」形而非從
丙者。雖然目前對「賨」、賈兩字字形上的關聯還未能理出較明晰的發展過程，
不過對大多數的銘文、璽印而言，將「賨」隸定作賈，讀爲賈，作爲姓氏名、
國名、商賈或交易買賣時的用字，應該是更容易通解且合適的。〔註50〕

　　本節透過對「才（裁）」、「董章（觀璋）」、「禁二川」、「帥履裘衛厲田四
田」，以及「賨（貫）」等較有爭議且關鍵性的文句和語詞的檢討，可以澄清
在（1）、（2）兩器中對土地交易過程的諸多疑點，包括原因、過程和性質等。
其他由裘衛諸器所引發的問題，如疆界的劃定、土地契約和土地所有權等問
題，將在以下的幾節中繼續討論。至於〈九祀衛鼎〉銘文的爭議乃在於對各
種皮革製品理解上的不同，與土地本身並無關聯，故於此略而不論。〔註51〕

〔註49〕裘錫圭：〈釋「賈」〉，《中國古文字研究會第九屆學術討論會論文》，1992年。
又，以「中」、「屮」爲方向轉變之説，見劉翔：〈賈字考源〉，《甲骨文與殷商
史》，1991年第3輯。

〔註50〕李零認爲春秋時表示「易田」的「假田」，很可能就是西周金文的「賈田」。〈衛
盉〉中的「賨」則讀爲「價」。李零：〈西周金文中的土地制度〉，《學人》第2
輯，1992年。

〔註51〕〈九祀衛鼎〉銘文中由「矩取省車」至「舍矩姜帛二兩」，斷句上有差異，如
A：矩取省車：較、桼、圅、虎冟、希幃、畫轉、鞭、师、鞹、帛轡乘、金麀
䡼。B：矩取省車、較、桼圅、虎冟、希幃、畫轉、鞭、师鞹、帛轡乘、金麀
䡼。C：矩取省車較桼、圅虎冟、希幃、畫轉、鞭师鞹、帛轡乘、金麀䡼。A
說見岐山縣文化館龐懷清、陝西省文管會吳鎮烽、雒忠如、尚志儒等撰：〈陝
西省岐山縣董家村西周銅器窖穴發掘簡報〉，《文物》，1976年第5期。B說見

附圖一

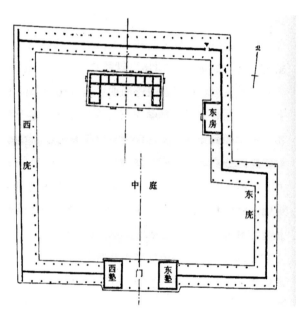

河南偃師二里頭遺址 F1 復原平面圖

採自楊鴻勛：《宮殿考古通論》p28，紫禁城出版社 2001 年

葉達雄：〈西周土地制度探研〉，國立台灣大學《歷史系學報》第 14 期，1989
年。C 說見馬承源：《商周青銅器銘文選》Ⅲ，頁 136，文物出版社，1988 年。

附圖二

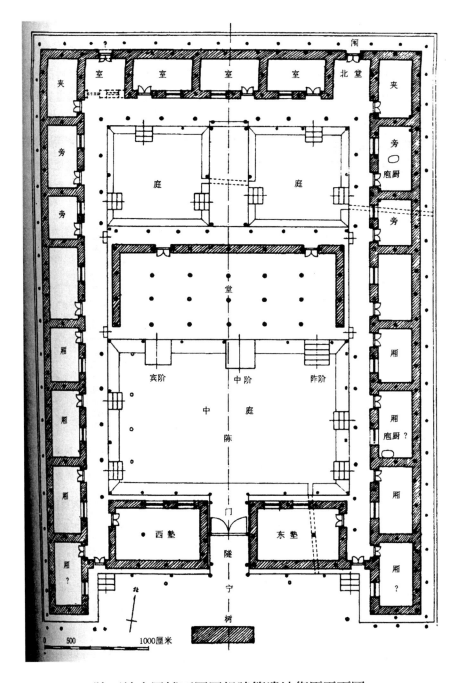

陝西岐山鳳雛西周甲組建築遺址復原平面圖

採自楊鴻勛:《宮殿考古通論》p91,紫禁城出版社 2001 年

第二節　土地轉讓過程中的人物分析

就目前西周金文中，關於土地轉讓的銘文共有八件，除了上一節所述的〈衛盉〉、〈五祀衛鼎〉和〈九年衛鼎〉外，尚包括有〈曶鼎〉的第二案例、〈散氏盤〉、〈倗生簋〉、〈鬲比鼎〉、〈鬲比盨〉，前二器銘文所記者為土地之賠償；後三器之內容為土地之交換、買賣。茲先列舉五器之銘文如下，再就銘文中所見人物之身分進行討論，藉以探索貴族土地轉讓過程中更多的訊息。

（1）〈曶鼎〉

昔饉歲，匡眾厥臣廿夫，寇曶禾十秭，以匡季告東宮，東宮迺曰：求乃人，乃弗得，女（汝）匡罰大，匡迺稽首于曶，用五田，用眾一夫曰嗌，用臣曰疐、曰朏、曰奠，曰：用茲四夫。稽首曰：余無卣（由）具寇正（足）□，不出，鞭余。曶或（又）以匡季告東宮，曶曰：弋唯朕禾是賞（償），東宮迺曰：賞（償）曶禾十秭，遺（饋）十秭，爲廿秭，〔若〕來歲弗賞（償），則付冊（四十）秭，迺或（又）即曶用田二，又臣一夫。凡用即曶田七田、人五夫。曶覓匡三十秭。（第二案例）（圖六十）

（2）〈散氏盤〉

用矢撲散邑，迺即散用田，履自瀗涉以南，至于大沽（湖）一奉（封），以陟，二奉（封），至于邊柳，復涉瀗、陟雩，虘（徂）邊陵以西，奉（封）于敝城、楮木，奉（封）于芻逨，封于芻阜，内陟芻，登于厂湶，奉（封）剢拆、陕陵、剛柝，奉（封）于單道，奉（封）于原道，奉（封）于周道，以東，奉（封）于棹東疆，右還奉（封）于履道，以南奉（封）于□徐道，以西，至于瑂莫（墓）。履井邑田自根木道，左至于井邑，奉（封），道以東一奉（封），還以西一奉（封），陟剛（崗）三奉（封），降以南，奉（封）于同道，陟州剛（崗），登柝，降棫，二奉（封）。矢人有鬲履田：鮮、且、微、武父、西宮襄、豆人虞丂、泉、貞、師氏右眚、小門人縣、原人虞芍、淮鬲工（空）虎孳、鬥豐父、瑂人有鬲、刑丂，凡十又五夫，正履矢舍（捨）散田：鬲土（徒）芦眔、鬲馬單疐、□人鬲工（空）駿君、宰德父，散人小子履田：戎、微父、絞、瞿父、襄之有鬲彙、州就、焂從鬲，凡散有鬲十夫。唯王九月，辰在乙卯，矢卑（俾）

鮮、且、□、旅誓，曰：我既付散氏田器，有爽，實余有散氏心賊，
則鞭千罰千，傳棄之。鮮、且、□、旅則誓，迺卑（俾）西宮襄、
武父誓，曰：我既付散氏溼田、畍田，余有爽爕（變），鞭千罰千。
西宮襄、武父則誓。厥受（授）圖，矢王于豆新宮東廷，厥左執縷
史正仲農。（圖五十五）

（3）〈格伯簋〉

唯正月初吉癸巳，王在成周，格伯受良馬乘于倗生（甥），厥貯（賈）
卅田，則析，格伯履殹妊彶侃，厥從格伯按彶佃（甸）：殷谷厥絕雫
谷、杜木、邊谷、旅菜，涉東門。厥書史戠武，立（莅）歃成塈，
鑄保（寶）簋，用典格伯田，其邁（萬）年，子子孫孫永保用。（圖
六十二）

（4）〈散比鼎〉

唯卅又一年三月初吉壬辰，王在周康宮徲大室。散比以攸衛牧告于
王，曰：「汝受我田。牧弗能許散比。」王令眚史南以即虢旅，迺使
攸衛牧誓曰：「敢弗具付散比，其且（沮）射（斁）分田邑，則殺。」
攸衛牧則誓。比作朕皇祖丁公，皇考叀公尊鼎，散比其萬年子＝孫
＝永寶用。（圖六十三）

（5）〈散比盨〉

唯王廿又五年七月□□□□，〔王在〕永師田宮，令小臣成友逆□
□、內史無諆、大（太）史旟曰：章（賞）厥□夫ₚ散比田，其邑
竷、綉（鄰）、□，復友（賄）散比其田，其邑復歔、言二㧊（邑），
昇散比復厥小宮ₚ散比，其邑彶眔句、商、兒，眔酅。哉，復限余
（舍）散比田，其邑競、棫、甲三邑，州、瀘二邑。凡復友（賄）、
復付散比田十又三邑。厥右（佑）散比，善（膳）夫克。散比乍（作）
朕皇祖丁公、文考□公盨，其子子孫孫永寶用。（圖六十四）

關於銘文中的人物，裘衛三器中買賣的雙方分別是裘衛、矩伯、邦君厲。
學者多已指出，裘衛當為因官得氏之例。〔註52〕《周禮‧天官》中有司裘和

〔註52〕周瑗：「『裘』的本義是皮衣，在這裏是一種官名，即《周禮》的司裘。……
裘衛是西周王朝一名掌管皮裘生產的小官。」唐蘭：「他又叫裘衛，可能是原
來任司裘一類的小官而以官為氏。」日本學者伊藤道治亦同意此看法：「この
點に關して唐蘭、周瑗兩氏は，衛が裘衛とよばれていることによって，《周

掌皮之官。〈司裘〉：「掌爲大裘，以供王祀天之服。中秋獻良裘，王乃行羽物。秋季獻功裘，以待頒賜……凡邦之皮事掌之。」〈掌皮〉：「掌秋斂皮，冬斂革，春獻之，遂以式灋頒皮革于百工，共其毳毛爲氈以待邦事，歲終則會其財齎。」由銘文中裘衛所擁有種類繁多的皮革製品來看，其因官得氏應該是不錯的。又〈冢宰〉述其官職：「司裘，中士二人，下士四人，府二人，史四人，徒四十人。掌皮，下士四人，府二人，史四人，徒四十人。」則裘衛的身份似乎並不高。

若將金文中與〈廿七年衛簋〉和〈衛簋〉所賞賜的物品相近者放在一起來比較，亦可以具體顯現出裘衛的身份等級。

〈廿七年衛簋〉：「王乎內史錫衛載市、朱黃、䜌。」（圖六十五）

〈衛簋〉：「王曾（增）令衛，眉（殷）赤市、攸勒。」（圖五十三）

將與之相近者作表對比如下：

〈袁盤〉僅記冊命賞賜之物，未可確知其地位。〈伊簋〉和〈頌鼎〉冊命的原因分別是：「王乎（呼）令尹封冊命伊：㝅官䤦（司）康宮王臣妾、百工。」「王曰：頌，令女（汝）官䤦（司）成周貯（賈）廿家，監䤦（司）新造貯（賈），用宮御。」伊所執掌者爲康宮中周王的臣妾、百工，此和《周禮‧天官》之〈寺人〉、〈內宰〉相近，〈寺人〉：

裘衛	伊（簋）	袁（盤）	頌（鼎）
朱黃	幽黃	幽黃	朱黃
䜌	䜌旂	䜌旂	䜌旂
赤市	赤市	赤市	赤市
攸勒	攸勒	攸勒	攸勒
載市		玄衣	玄衣
		黹	黹純
		戈瑂	

禮》天官の司裘に類した職についてたのではないかと考えている。たしかに九年衛鼎なと、衛から多数の皮革製品が讓渡されているから、衛はそれらを容易に入手できる立場にあったことは事實であろう。」周璦：〈矩伯、裘衛兩家族的消長與周禮的崩壞——試論董家青銅器群〉，《文物》，1976 年第 6 期。唐蘭：〈陝西省岐山縣董家村新出西周重要銅器銘辭的譯文和注釋〉，《文物》，1976 年第 5 期。伊藤道治：〈裘衛諸器考——周時期土地所有形態に關する私見〉，《東洋史研究》，1978 年第 3 期。

寺人掌王之內人及女宮之戒令，相道其出入之事而糾之。

〈內宰〉

內宰掌書版圖之灋以治王內之政令，均其稍食，分其人民以居之……

凡建國佐后立市設其次，置其序，正其肆，陳其貨賄，出其度量。

寺人即後代所言之閹人，其身份自然不高，然仍得爲士，〈內小臣〉即有「奄，上士四人」。內宰之身分爲「下大夫二人，上士四人，中士八人」。而頌所執掌者爲成周商賈二十家，此正可與《周禮・地官・賈師》相對比：

各掌其次之貨賄之治，辨其物而均平之，展其成而奠其賈，然後令市。

〈地官・司徒〉：

賈師二十肆則一人。

賈師爲廛人的屬官，「廛人，中士二人，下士四人。」（〈地官・司徒〉）則賈師的身份不得高於中士。伊、頌的身份約在中士、下士之間，裘衛約與伊、頌相當，則裘衛亦當爲中士、下士之屬，此正與《周禮》中的〈司裘〉、〈掌皮〉的身分基本相合。

邦君厲當爲臣服于周的邦國之君，或與春秋時的「厲」有關，學者謂「厲」在春秋曾經過幾次遷徙。〔註53〕銘文曰：「余執龏（恭）王卹工，于邵大室東逆（朔），𤔲（榮）二川。」邵太室即昭王宗廟中的太室。〔註54〕那麼邵太室是在什麼地方？由〈頌鼎〉：「王在周康邵宮」（圖三十三）知康王與昭王之宗廟在同一地方，而比對

〈袤盤〉：「王在周康穆宮，旦，王格太室」（圖六十六）

〈伊簋〉：「王在周康宮，旦，王格穆太室」（圖六十七）

可以知道，康王與穆王的宗廟亦在同一個地方，即康宮之中。其所以如此，很可能與當時的昭穆制度有關。即周人有祖宗宗廟，其中對歷代祖先、先王都分別設有宗廟，宗廟有太室以作爲祭祀和冊命諸侯百官的地方。由〈大克鼎〉：「王在宗周，旦，王各（格）穆廟」（圖六）知康宮應在宗周。故邦君厲𤔲二川之所在，亦當在宗周附近。既然邦君厲是因「執龏（恭）王卹工」而𤔲二川，因𤔲二川而需用玉圭，所以願意用五田與同在宗周附近的裘衛交換，

〔註53〕參陳槃：《春秋大事表列國爵姓及存滅表譔異》（三訂本），頁611～620，《史語所專刊》之52，民國86年景印四版。

〔註54〕唐蘭：〈西周銅器斷代中的「康宮」問題〉，《考古學報》，1962年第1期。

那麼很可能邦君厲是厲的一邦之君而在王室爲臣者。

　　矩伯，在〈衛盉〉中因朝覲周王而需玉璋、赤琥等；在〈九年衛鼎〉中受派於周王去迎接眉敖來朝的使者，故分別用十田、三田以及其臣屬「顏」之地與裘衛交換，〔註55〕其地當與裘衛相距不遠，疑亦在宗周附近。既在宗周附近，又受命於王，可能是畿內諸侯，則矩伯可能爲矩氏之大宗而在王朝爲卿士者。矩氏不見於春秋。〔註56〕

　　（1）器中的曶，銘文曰：「令汝更乃且（祖）考嗣（司）卜事」，知曶是承繼了祖先掌管卜筮的事情。那麼其身份地位又如何呢？據《周禮》所載，關於卜筮的有大卜、卜師、龜人、占人等一系列的職官，但除了大卜以外，其餘皆管理具體事務，如卜師：「掌開龜之四兆……揚火以作龜，致其墨。凡卜，辨龜之上下左右陰陽以授命龜者而詔相之。」其工作就是占卜後視其裂痕。又如龜人，乃專門負責取龜、製龜：「凡取龜，用秋時；攻龜，用春時，各以其物入于龜室。」則銘文中的「司卜事」應該不會是指這一類事情，應當與大卜相近才是。《周禮·春官·宗伯》：「大卜，下大夫二人。」那麼曶的身份大約是下大夫。而其身份是否會因初襲官而有所降低呢？〔註57〕據前述西周時期「世卿不世位」的原則並不包括史和卜，〔註58〕所以曶所具有的「卿」，貴族身份仍然應該是保持在下大夫，未必會受到初承襲官位的影響而有所降低。

〔註55〕馬承源云：「〈乖伯簋〉：『唯王九年九月甲寅，王命益公征眉敖。益公至，告。二月，眉敖至覲，獻帛。』（圖七十四）合此兩器，知恭王九年正月眉敖遣使來朝。九月，王命益公往眉敖國，次年二月，眉敖迺來覲王。」馬承源：《商周青銅器銘文選》Ⅲ，頁137，文物出版社，1988年。又，「顏」爲矩伯臣屬，說見松井嘉德：〈西周土地移讓金文の一考察〉，《東洋史研究》43卷1期（1984.6）

〔註56〕或疑矩伯與邦君厲爲同一人，周瑗云：「矩伯應即渠伯，《左傳·桓公四年》有周王室大臣宰渠伯糾，應是他的后裔。〈五祀衛鼎〉稱『邦君厲』，『邦君』見于《尚書·大誥》等篇，義爲諸侯，鼎銘下面提到『矩內史友』，可見『邦君厲』是矩君，也就是矩伯。」按〈五祀衛鼎〉原句作「嗣工隆矩，內史友寺芻」，一般皆在「矩」與「內」之間斷句，是否可斷爲「矩內史友」仍有疑問，周氏之辭僅備一說。周瑗：〈矩伯、裘衛兩家族的消長與周禮的崩壞——試論董家青銅器群〉，《文物》，1976年第6期。

〔註57〕馬承源於鼎銘之「卜事」云：「卜官，卜官之長，是太卜。曶初襲官，其職當是卜師之屬。」即便眞如馬氏所說，亦僅涉及官位而不及爵位。馬承源：《商周青銅器銘文選》Ⅲ，頁170，文物出版社，1988年。

〔註58〕參李學勤：〈論曶鼎及其反映的西周制度〉，《中國史研究》，1985年第1期。

　　從冊命時輿服的賞賜來看，將曶視爲貴族中下大夫左右的階層也是很適合的。王賞賜給曶的是赤⊖巿、緣，將與之相近者作表比對：

曶（鼎）	望（簋）	走（簋）	利（鼎）
赤⊖巿	赤⊖巿	赤⊖巿	赤⊖巿
緣	緣	緣旂	緣旂

　　〈走簋〉和〈利鼎〉僅見冊命時所賞賜之物，職官狀況不明。〈望簋〉：「王乎（呼）史年冊令望，死嗣（司）畢王家。」，「畢王家」所指爲何不易確知，大概與〈師嫠簋〉：「余令汝死我家，嗣我西偏、東偏、僕馭、百工、牧、臣妾，董裁內外」相近，爲管理王室事務的官員。而望之器尚有〈師望鼎〉，銘曰：「大師小子師望……望敢對揚天子丕顯魯休。」楊樹達謂「小子」的稱呼可有屬官的意思，〔註59〕則望當爲大師之屬官而任「師」職者。《周禮・春官》雖有「大師」之職，但屬性是「樂官」，爲「下大夫二人」，與金文中的大師職掌和身份地位並不相合。當如《詩經》所見，〈小雅・節南山〉：「伊氏大師，維周之氏。秉國之均，四方是維。」〈大雅・常武〉：「王命卿士，南仲大祖，大師皇父，整我六師，以修我戎。」文獻中，「大師」在文治上爲國之重臣，在武功上又要擔負起整備軍隊的重任，這種文武兼備的形象，正與金文所見者相類。而「師」具有文武兼職的特性，反映在《周禮》中的是〈地官・師氏〉：

　　　掌以嫩詔王……居虎門之左司王朝。掌國中央之事以教國之子
　　　弟……凡祭祀賓客會同喪祀軍旅，王舉則從。

〈大司徒〉述其官職曰：「中大夫一人，上士二人」。則金文和《詩經》所見之大師，其地位當不會低於中大夫，而望既爲大師之屬官，其地位當在中大夫以下，爲下大夫或上士之屬。由金文中輿服制度的比對來看，將曶視爲下大夫左右的貴族階層，應該也是合適的。

　　在〈曶鼎〉第二案例中的另兩個主要人物，東宮和匡季，舊多以爲東宮即太子之稱呼，〔註60〕但根據〈效卣〉所載：「公東宮內（納）卿（饗）于王，王易公貝五十朋。公易厥涉（世）子效王休廿朋。」（圖六十八）公東宮既接受王宴饗，又將王所賞賜的貝五十朋分賜給其世子效，由前後文來看，此東宮稱公，

〔註59〕楊樹達：《積微居金文說》，頁84，台灣大通書局，1974年再版。
〔註60〕譚戒甫：〈西周「曶」器銘文綜合研究〉，《中華文史論叢》第3輯1963年。

當爲人名，非東宮太子，故〈曶鼎〉中的東宮亦有可能爲一人名，是與周王親近的大臣。李學勤認爲曶將寇禾之事向東宮控告，而不是同其他的器銘那樣，是向王或執政大臣報告，或許是因匡季乃東宮屬臣的緣故。〔註61〕按，匡季爲東宮屬臣的可能性應該是存在的。銘文中所見匡季所屬的臣、眾人數似乎不在少數，此點由銘文中有廿夫犯案，匡季卻無法確實找出犯案之人，據此以推，其所轄之人數當在廿人以上。而《金文世族譜》列「匡」於〈不知姓諸國氏譜〉，〔註62〕有可能匡季是屬於土著土紳而爲周人貴族所擢用者，即前節所言之貴族家臣。

（2）器銘乃記矢國對散國用兵，後割地賠償之事。散氏作器尚有〈散季簋〉，銘曰：「散季肇作朕王母叔姜寶簋，散季其萬年，子子孫孫永寶用。」散季之祖母爲叔姜，則依古代同姓不婚之例，散氏不得爲姜姓。又有〈散伯簋〉：「散伯作矢姬寶簋，其萬年永用。」（圖六十九）王國維謂此乃「散伯嫁女於矢所作之媵器。」〔註63〕《詩經・大雅・思齊》：「思媚周姜，京室之婦」。毛傳：「周姜，大姜也。京室，王室也。」大姜爲周太王的配偶，而稱周姜，故知《世本》所云：「女子稱國及姓」，乃指母家之姓，夫家之國，則散氏爲姬姓之國。矢國既與散氏通婚，矢當爲姬之異姓國。〔註64〕

〔註61〕李學勤：〈論曶鼎及其反映的西周制度〉，《中國史研究》，1985 年第 1 期。

〔註62〕吳其昌：《金文世族譜》卷四頁三，中央研究院歷史語言研究所專刊之 12，1936年。

〔註63〕王國維：《觀堂古金今文考釋・散氏盤考釋》，據《海寧王靜安先生遺書》，頁1999，臺灣商務印書館民國 68 年台二版。

〔註64〕「矢」非姬姓，余嘗詳細討論，茲從略。另，「矢」於金文中牽涉之事不少，茲就其與吳、宜之關係稍加說明。矢國的地理位置由於有陝西隴縣、寶雞一帶發現西周矢國的遺物證據，逐漸可勾劃出詳細的位置（參本節附圖）。圖中的虞山，張筱衡以爲即吳山，古代吳國必在吳山附近，吳國就是矢國。劉啟益則認爲吳與虞古字相通，所以矢國也就是虞國。古公亶父時太伯奔吳的吳就是後來的矢。按，關于矢國可能與附近的虞山有關，大致爲學界所接受。吳與矢在字形上也可能如《金文詁林》按語所說，存在省「口」字與否的關連性。至於太伯奔吳之說，仍存在許多疑點，如張政烺氏即提出質疑：「太伯、仲雍避位何必遠走天涯？由岐山下到太湖濱，未免謙遜過頭」。但如矢即太伯所奔之吳，則吳與周之距離甚近，各書記載皆強調其「文身斷髮」，甚至吳還與同爲姬姓的蔡通婚，蔡侯盤云：「用作大孟姬媵彝盤……敬配吳王。」這又該如何解釋？且王明珂亦指出矢爲姜姓國，與姬姓之吳應非同一國。另外〈宜侯矢簋〉的宜侯矢，其父爲虞父，本人也曾爲虞侯，其世系或與吳國有關，但沒有證據說明宜是吳的別稱，故仍從應李學勤之說，列於文獻未見之諸侯國。上述諸說參何樹環：《西周對外經略研究》，國立政治大學中國文學系博

（3）器銘「格白（伯）🔲良馬乘于佣生」中的🔲字，歷來釋讀頗見分歧，爲便於說明，茲將各家釋讀並甲骨金文之字形作表如下：

孫詒讓〔註65〕	受	甲　骨	🔲	前 7.43.1
			🔲	存下 206
		金　文	🔲	免簋
			🔲	頌簋
楊樹達〔註66〕 裘錫圭〔註67〕	受	甲　骨		
		金　文	🔲	格伯簋
劉桓〔註68〕	爰	甲　骨	🔲	乙 3787
			🔲	珠 395
		金　文	🔲	辛伯鼎
			🔲	虢季子白盤
容庚〔註69〕	取	甲　骨	🔲	甲 2926
			🔲	珠 443
		金　文	🔲	毛公鼎
			🔲	格伯簋
連邵名〔註70〕	受	讀如本字，接受之意		

受字之甲骨、金文皆從受從「舟」，與銘文🔲字形不類。爰字之甲骨與銘文中的🔲字十分接近，但在金文中的字形卻有顯著差異，將🔲釋爲爰字恐怕

士論文，2000 年。張筱衡：〈散盤考釋〉，《人文雜誌》，1958 年第 2～4 期。
　張政烺：〈矢王簋蓋跋──評王國維「古諸侯稱王說」〉，《古文字研究》第 13
　輯 1986 年。王明珂：〈西周矢國考〉，《大陸雜誌》75 卷 2 期。李學勤：〈西周
　時期的諸侯國青銅器〉，《中國社會科學院研究生院學報》，1985 年第 6 期。
〔註65〕孫詒讓：《古籀餘論》（《古籀拾遺》合刊本），中華書局，1989 年
〔註66〕楊樹達：《積微居金文說》，頁 26，台灣大通書局，1974 年再版。又楊氏於此
　　　又云：「受或釋受，讀爲授，亦通。」
〔註67〕裘錫圭：〈釋受〉，《容庚先生百年誕辰紀念文集》，廣東人民出版社，1998 年。
〔註68〕劉桓：〈佣生簋試解〉，《第二次西周史學術討論會論文集》，1993 年。
〔註69〕容庚：《金文編》，中華書局，1994 年 4 版。
〔註70〕連邵名：〈佣生簋銘文新釋〉，《人文雜誌》，1986 年 3 期。

也並不妥當。取字甲骨從手持耳之形，耳在金文中多加一豎劃，且〈格伯簋〉之或作（同銘異器），乃與〈毛公鼎〉之（取）字全同，這點很容易使人們相信釋爲「取」的說法。若由文例來比對，似對此亦有強化的作用：

格白（伯）良馬乘于佣生，氒（厥）用賮（賈）卅田

矩白（伯）庶人取瑾章（覲璋）于裘衛，才（裁）八十朋，氒（厥）
賮（賈），其舍田十田（〈衛盉〉）

由於上述字形、文例的因素，將字釋爲取是較多學者的看法，據此一釋讀，銘文當遂爲格伯以卅田的代價向佣生換取良馬四匹，佣生爲得到土地的一方，亦爲作器者，故器名或因此改爲〈佣生簋〉。

按，此說恐有不確。「」字亦見於上舉（4）銘，裘錫圭據銘中「汝我田」，及前後文意明確指出，「汝」是伿衛牧，且最後獲得土地的是鬷比，所以「」只能是給予一類的意義，而非取得意義的詞。〔註71〕至於文例的部分，余嘗就語法的觀點對此有所分析。〔註72〕且（3）銘中言履田時，主要是格伯的一方參與，銘文所云「用典格伯田」，即「將格伯田載之於冊」的意思，〔註72〕這也都說明得到土地的一方實爲格伯。故此器仍當以〈格伯簋〉名之。

關於（3）銘中的佣生。金文中某生之名常見，如翏生（〈翏生盨〉）、瑪生（〈瑪生簋〉）、周生（〈周生豆〉）等。林澐嘗疑金文中「某生」的「生」當讀如典籍中「某甥」的「甥」字。〔註73〕張亞初對此並有詳細論證。〔註74〕按，生可作爲甥字的假借，如《三國志‧吳志‧陸遜傳》中，陸遜之外甥顧譚即作「遜外生顧譚」。〔註75〕漢‧劉熙《釋名》釋甥字制作之義云：「舅謂姊妹之子爲甥，甥亦生也。出配他男而生，故其制之，男旁作生也。」〔註76〕芮逸夫謂甥字可

〔註71〕裘錫圭：〈釋受〉，《容庚先生百年誕辰紀念文集》，廣東人民出版社，1998 年。
〔註72〕詳何樹環：〈西周貴族土地的取得與轉讓——兼談西周「王土」的概念與實質〉，《新史學》第十五卷第 1 期，2004 年。
〔註72〕「典」之意參第二章註 11。
〔註73〕林澐：〈瑪生簋新釋〉，《古文字研究》第 3 輯，中華書局，1980 年。
〔註74〕張亞初：〈西周銘文所見某生考〉，《考古與文物》，1983 年第 5 期。
〔註75〕《三國志‧吳志‧陸遜傳》：「魯王藩臣，當使寵秩有差，彼此所得，上下獲安，謹叩頭流血以聞，書三四上，及求詣都，欲口論適庶之分，以匡得失，既不聽許，而遜外生顧譚、顧承、姚信，並以親附太子」胡玉縉《集解》：「〈顧承傳〉：『嘉禾中，承與舅陸瑁俱以禮徵，瑁，遜弟也。』《通鑑》：『太常顧譚，遜之甥也。』」
〔註76〕劉熙：《釋名‧釋親屬》，據畢沅《釋名疏證》，廣文書局，民國 68 年。

能是晚出的字，原本應該作「生」，男旁是後來加上去的，當可信從。〔註 77〕那麼倗生是誰的「甥」呢？〈倗生簋〉有徽號作，同此徽號之器尚有〈周𩐉生簋〉（圖七十）、〈周𪂔盨〉（圖七十一）、〈周乎卣〉（圖七十二）、〈周𡨄匜〉（圖七十三）等，張亞初指出，這些作器之人皆爲周氏之人，則倗生很可能本即是周氏之人，方得使用族氏標幟，那麼倗生當與周人同爲姬姓。〔註 78〕如此則倗生之倗與〈倗伯簋〉、〈倗仲鼎〉中媿姓而用爲國族氏名的倗，就應該不是具共同父系血緣的家族成員。倗生當理解爲倗氏媿姓之甥，本人則爲周氏姬姓之人。倗生與周王室既有血緣關係，其身份自然是屬於貴族，但其層級爲何，則已不得而知了。至於格伯，格作爲國名、氏族名的情況於春秋時未嘗見，或許是畿內諸侯而滅於犬戎之禍。

（4）、（5）兩器中的𤔲比，或疑即〈散氏盤〉中散氏一方的職官𢦚從𤔲，〔註 79〕若此，則𤔲比當爲諸侯家臣一類。但從銘文中，𤔲比直接將攸衛牧毀約之事告于王，似乎以周王身邊近臣視之較爲妥當，其確實身份已不易確知。攸衛牧當爲官名，李學勤謂此和裘衛諸器同出的〈訓匜〉中牧牛的用法相同。〔註 80〕

經由以上對銘文中人物的討論可以知道：第一·在西周時期，具有能力可以將土地進行交換或買賣、賠償，行使處置權利的，基本上還是貴族，且取得土地的一方往往在身份地位上較交換土地的一方來得低，如裘衛三器中的裘衛，其身份只是中士或下士的低級貴族，卻因掌握了皮革製品的生產，使矩伯和邦君厲不得不提出交換的條件，以取得其所必須的物品。但交換的條件不是其他物品，而是土地。若結合〈曶鼎〉、〈散氏盤〉將土地作爲賠償的情形一起來看，其共同的交集就是將土地視爲可流通、有價值的物件來對待。而這種土地價值化的觀念顯然不是初形成，因爲它已經被低級貴族所普遍接受、認同。甚至還有可能因爲低級貴族用本身掌握的工藝技能，逐漸自高級貴族手中取得土地而發展爲世家大族。〔註 81〕第二、由於取得土地的一

〔註 77〕芮逸夫：〈釋甥之稱謂〉，《史語所集刊》第 16 本，1945 年。

〔註 78〕張亞初：〈西周銘文所見某生考〉，《考古與文物》，1983 年第 5 期。

〔註 79〕王國維：《觀堂古金今文考釋·散氏盤考釋》，據《海寧王靜安先生遺書》，頁 2012，臺灣商務印書館民國 68 年台二版。

〔註 80〕李學勤：〈岐山董家村訓匜考釋〉，《古文字研究》第 1 輯，1979 年。

〔註 81〕裘衛此一氏族可能一直延續到西周末，且任官職。有學者根據與裘衛諸器一窖同出者尚有〈公臣簋〉四件，〈此鼎〉三件，〈此簋〉八件，共十一件，此外尚有〈旅伯鼎〉、〈伯辛父鼎〉、〈訓匜〉等，認爲既爲同窖所出，理應爲同一家族之器：「公臣有四件簋，銘文中的虢仲係周厲王的重臣，……懿王之後的孝、

方往往在身份地位上較換土地的一方來得低，且提出交換和賠償土地的是貴族而不是王室成員，這些土地轉讓的金文無疑是提供了西周時期土地流通的另一種面貌，打破過去文獻中僅見土地是由王室、諸侯貴族、士層層賦予的刻板印象，使我們對此一時期土地所有權的情形有更全面且深入的了解。

附圖

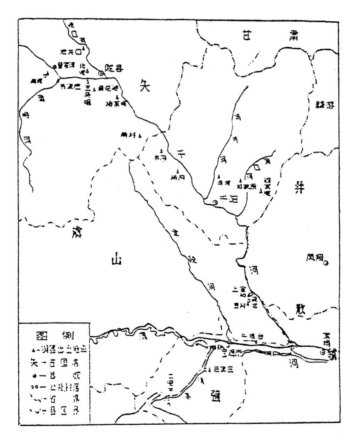

古矢國方位示意圖

採自盧連成、尹盛平：〈古矢國遺址、墓地調查記〉，《文物》1982年2期

夷兩王在位年數都很短，公臣和裘衛很可能是相銜接的兩代。旅伯、此、伯辛父的官職都是膳夫，其實是一個人。……旅仲、廟孱、仲旽父也應是同一個人，他是旅伯的弟弟。……窖藏中最晚的是兩件盨。岐山賀家村3號墓出土的鼎，和這裏的榮有司再盨同文，鼎腹非常淺，肯定是幽王時的器物。從這兩件盨看，裘衛家族應該是嬴姓的。」若如此，裘衛家族似頗有規模。但確實情形是否如此，仍有待研究，於此僅備一說。周瑗：〈矩伯、裘衛兩家族的消長與周禮的崩壞——試論董家青銅器群〉，《文物》，1976年第6期。

第三節 土地契約與土地疆界

本節中就銘文與文獻中關於契約的部分進行綜合性討論。先秦時期的契約類型，由《周禮》來看，至少包括有四種，分別稱為：質劑、傅別、書契、約劑。此四者適用之情況與使用之狀況皆有所不同。先就此進行說明。

傅別，《周禮·天官·小宰》：

> 四曰聽賣以傅別……六曰聽取予以書契，七曰聽賣買以質劑。

鄭玄注：

> 傅別謂為大手，書于一札，中字別之……書契謂出予受入之凡要，凡薄書之最目，獄訴之要辭皆曰契。質劑謂兩書一札，同而別之，長曰質，短曰劑。

〈小宰〉文中賣、債古字通用，《正字通·貝部》：「賣，逋財也。俗作債。」《左傳·昭公二十年》有「使有司寬政、毀關、去禁、薄斂、已賣。」杜預注：「賣，本又作債。」傅別既是「書于一札，中字別之」，顯然是需要合券的一種契約。其性質並與「債」有關，當即《戰國策·齊策》中，馮諼為孟嘗君收債於薛之時所燒的券，[註82] 其性質為債券。據《戰國策·齊策》之文，此亦稱「券契」。

質劑，據前舉鄭玄之言，雖是「兩書一札，同而別之」，屬買賣雙方各執其半的契約形式，且據《地官·司市》云：

> 以質劑結信而止訟。

賈公彥疏：

> 質劑謂券書，恐民失信而有所違負，故為券書結之，使有信也。民之獄訟，本由無信，既結信，則無訟，故云止訟也。

〈地官·質人〉：

> 質人掌成市之貨賄、人民、牛馬、兵器、珍異，販賣價者質劑焉。大市以質，小市以劑。

鄭玄注：

> 質劑者，為之券藏之也。大市、人民、牛馬之屬，用長券；小市、兵器、珍異之物用短券。

[註82] 《戰國策·齊策》：「（孟嘗君曰）：『先生不羞，乃有意欲為賣於薛乎？』馮諼曰：『願之。』於是約車治裝，載券契而行……驅而之薛，使吏召諸民當償者，悉來合券。券遍合，起矯命，以賣賜諸民，因燒其券，民稱萬歲。」

則質劑的作用乃市場交易時的證明，以確定其所有權屬的轉移，並用以作爲訴訟的根據，其使用的時機和作用都有類於現代的收據或發票，並非土地權狀一類的契約文書。又，據鄭玄之言，質劑尚可稱爲「券」。

書契所記者乃「出予受入之凡要」，其內容不外爲贈予、收受，或物品出納的憑證，例如《墨子・雜守》：「民獻粟米、布帛、金錢、牛馬、畜產，皆爲置平賈，與主券書之。」其性質有類於今日之切結憑證或財貨進出登記（應不包括土地）。

這三類契約在使用上有所區別，在形式上也是絲毫不混，孫詒讓《周禮正義》言之甚詳：

> 蓋質劑、傅別、書契，同爲券書，將質劑，手書一札，前後文同而中別之，使各執其半札。傅別則手書大字，中字而別其札，使各執其半字。書契則書兩札，使各執其一札。傅別：札，字半別；質劑：則唯札半別，而字全具，不半別；書契：則書兩札，札亦不半別。

至於第四種契約──約劑，《周禮・秋官・司約》：

> 司約掌國及萬民之約劑，治神之約爲上，治民之約次之，治地之約次之……凡大約劑書於宗彝，小約劑書於丹圖。

鄭玄注：

> 地約謂經界所至，田萊之比。

孫詒讓《正義》：

> 大約劑事重文繁，故銘勒彝器，藏於宗廟，若鐘鼎盤盂諸重器，通謂之宗彝……小約劑，萬民約者也，對邦國爲小也……小約劑事輕文約，則書於竹帛，取足檢考而已。

約劑的使用情況既包括土地，且「凡大約劑書於宗彝」，這些現象似正爲西周銅器中土地交換、買賣的銘文提出了性質上的說明。而這類被稱爲約劑的土地買賣契約，在漢代時被稱爲「券」。「券」此一名稱不見於西周時期的文獻，但被用來作爲契約的稱呼並不是晚至於漢才有，如《管子・問》：「問人之貸粟米，有別券者幾何家？」《戰國策・齊策》：「（馮諼）使吏召諸民當償者，悉來合券。」是傅別性質的契約亦可稱爲「券」，由前引《墨子・雜守》來看，書契亦可稱爲「券」。又，質劑亦可稱爲「券」。知契約一類的文書已漸漸由傅別、質劑、書契等不同的名稱統一稱爲「券」，故鄭玄《周禮・天官・小宰》注即云：

傳別、質劑，皆今之券書也。事異，異其名耳。

所謂「事異，異其名耳」，除了可理解爲傳別、質劑的適用情況與使用狀況皆有所不同外，很可能與漢代有「券」、「契」之不同有關。漢代將與土地有關的契約──約劑稱爲「券」，如〈中平五年房桃枝買地鉛券〉：「中平五年，三月壬午朔，七日戊午，雒陽大女房桃枝，從同縣大女越敬買廣德亭部羅西比□步兵道東冢下餘地一畝，直錢三千，錢即畢。田中有伏尸，男爲奴，女爲婢。田東西南比舊□，北比樊漢昌。時旁人樊漢昌、王阿順皆知券約，沽各半，錢千無五十。」（如左圖）〔註83〕而將質劑一類的買賣契約稱爲「契」，如〈漢建始二年歐威買裘契〉：「建始二年閏月丙戌，甲渠令史董子方買鄣率歐威裘一領，直（值）千百五十，約里長錢畢已，旁人杜君。」（《居延漢簡甲編》187）（如下頁圖）

對於以上所討論的契約名稱和各時期的稱呼可作表如下：

3
房桃枝
買地鉛券

	傳別	質劑	書契	約劑
春秋戰國	券契		券契	
秦　　漢		契		券

〔註83〕漢代的「買地券」中有許多內容文字荒誕，與事實多有乖違者，這類「買地券」爲隨葬之明器，又稱爲「鎮墓券」。然其中亦不乏較爲可信的眞實土地買賣文書。因此學界對「買地券」的性質有三種不同的意見。第一種可以羅振玉爲代表，「以傳世諸券考之，殆有二種：一爲買之于人，如建初，建寧二券是也；一爲買之于鬼神，則術家假託之詞。」是認爲買地券有眞有假，未可一概而論。第二種則將出自漢魏六朝墓中的買地券，皆認定爲現實生活中的土地買賣文書，如日本學者仁井田陞。第三種則認爲所有的買地券皆爲明器，如臺靜農、陳槃、簡又文。按，持第三種觀點者，其所舉證者，已皆可斷定爲明器，然未可持此論斷其他。今日學界所認爲較可信，具史料價值的買地券共有六件，分別是〈建初六年武孟子男靡嬰買地玉券〉（參本節附圖）、〈建寧二年王未卿買地鉛券〉、〈建寧四年孫成買地鉛券〉、〈光和元年曹仲成買地鉛券〉、〈光和七年樊利家買地鉛券〉、以及〈中平五年房桃枝買地鉛券〉。這六件買地券，是否可以完全地視爲眞實生活中土地買賣文書的遺存，尚有討論的空間，但對於其內容所載諸如明確土地的由來、面積、四至、錢地交割乃至證人等，其間絲毫不存迷信色彩。吳天穎謂即便此六者是明器，也當是以眞正的土地契約爲範本照抄的。羅振玉：《蒿里遺珍》，大通書局，民國66年。仁井田陞：《中國法制史研究（土地法、取引法）》，1960年東京版。臺靜農：。陳槃：〈漫談地券〉，《大陸雜誌》第2卷第6期，1950年。簡又文：〈南漢馬氏二十四娘墓卷考〉，《大陸雜誌》第17卷第12期，1966年。吳天穎：〈漢代買地券考〉，《考古學報》，1982年第1期。

據上表可知，約劑的使用雖不見於春秋、戰國，但由《周禮》所記和西周銅器銘文相對照，並配合前述秦漢時期對一般買賣契約和土地買賣契約截然不同的稱呼，將土地交換買賣的銘文視爲契約的一種，即約劑，應該是可以被接受的。

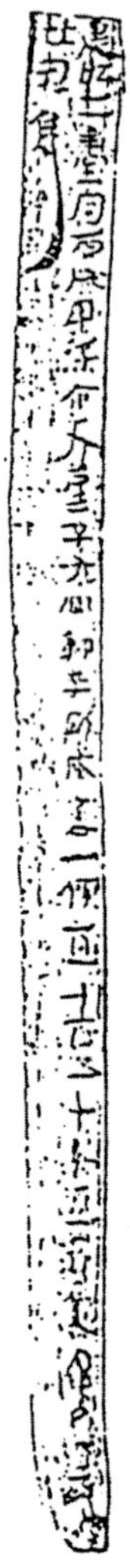

187

約劑的用途既與土地交換買賣有關，那麼其使用的時機和具體內容爲何？是否要像傅別、質劑，雙方各執其半？首先來看使用的時機。《周禮・春官・太史》：

> 凡邦國都鄙及萬民之有約劑者藏焉，以貳六官，六官之所登。若約劑亂，則辟法，不信者刑之。

這是說邦國都鄙和萬民的約劑都要在官方存有備份，以供日後查證。而這些約劑在訂定之初，雙方尚未達成條件的約定時，就要向官府報告，《周禮》中就有專門職掌市場交易物價的職官：

> 掌稽市之書契，同其度量，壹其淳制，巡而考之，犯禁者舉而罰之。(〈地官・質人〉)

雖然質人所掌者爲市場交易的物價，與土地交易並不完全相同，但由於當時的物價並非由市場供需情況來決定，而是由政府控制，這一方面可以防止商人的囤積居奇，非法抄作，如《荀子・王霸》云：

> 質律禁止而不偏，如是則商賈敦愨而無詐矣。

楊倞注：

> 質律，質劑也。

另一方面是與稅收有關，〈地官・廛人〉：

> 掌斂市絘布、緫布、質布、罰布、廛布而入于泉府。

布即布幣，質布、罰布等皆稅收之名。鄭玄注：「質布者，質人所罰犯質劑之泉也。」按，鄭說有誤。孫詒讓《正義》即云：

> 質布、質人所稅質劑之布也。質人買賣之質劑，如今田宅官給券以收稅，謂之質布。江永云：「罰當入罰布，何爲別名質布，此即償質劑之布也。古未有紙、大券、小券，當以帛爲之交易以給質者，而賣者亦藏其半，質劑蓋官作之，其上當有璽印，是以量取買賣者之泉，以償其費，猶后世契紙有錢也。」

是當時市場交易不但價格由官府控制，且質劑之製作亦由官方爲之，商賈若欲販賣，須出質劑之稅，即質布，方得合法經營。市場交易頻繁，尚須由官方製定質劑，那麼土地交換、買賣尚不多見的西周時期，在既有官方參與的情況下，若要說約劑是由買賣雙方約定後自行製作，再報請官方核准，就恐怕很難令人信服了。

　　土地的交換、買賣雖與市場交易有所不同，但由一般市場交易的情形來推測，其價格由官方律定，約劑的製作亦由官方負責，應該是可以肯定的。故其過程應該是買賣雙方先有所約定，然後報請官府核備，官府中的職官有司律定價格之後，同意雙方的交易，並由官方製定約劑，交由雙方保存，官府中的「司約」亦存有備份，以作爲日後若有爭執時的根據。由此過程來看，〈衛盉〉、〈格伯簋〉中「才（裁）八十朋，厥賈（賈），其舍田十田」、「厥賈（賈）卅田」，如本章第一節所述，當讀爲「裁」的「才」字，有裁奪、判斷的意思，正是官方對買賣雙方的約定所作的判定，而「八十朋……其舍田十田」、「卅田」，應即是官方所律定出的價格。如果前說無大誤，那麼在相關的銘文中就應該可以找出類似於漢代「買地券」那樣，存在相近似的土地價格。〔註84〕學者嘗就目前所已知的銘文進行排比，其價格的關係爲：

　　　1 件玉璋＝80 朋＝10 田（〈衛盉〉）

　　　　　　　　20 朋＝3 田　　（〈衛盉〉）

　　　4 匹良馬＝30 田　　　　（〈佣生簋〉）

　　　5 名奴隸＝1 匹馬十 1 束絲（〈曶鼎〉）〔註85〕

〔註84〕較爲可信的六件買地券其價格如表所示：表中除建初地券畝價約四千三百五十錢外，其餘均在一千五百至三千錢之間，吳天穎按照中等田地畝產二石，正常糧價石值百錢，以當時「見稅十五」，即 50％的地租率估算，購買年相應爲十五至三十年上下，比較接近實際，且大都在河南洛陽一帶，可以反映出中原地區的一般地價。吳天穎：〈漢代買地券考〉，《考古學報》，1982 年第 1 期。「建初地券畝價約四千三百五十錢」之說，參朱江〈也〈論漢代「地券」的鑒別〉〉，《文物資料選輯》第 3 輯。

建初六年	十苗二千	光和元年	畝千五百
建寧二年	畝價錢三千一百	光和七年	畝三千
建寧四年	一町，賈錢萬五千	中平五年	畝三千

〔註85〕林甘泉：〈對西周土地關係的幾點新認識——讀岐山董家村出土銅器銘文〉，《文物》，1976 年第 5 期。

　　此顯然尚不足以了解西周時期的土地價格。但就理論的層次來看，買賣雙方既需向官府核備，由官方律定價格並製作約劑，那麼有約略相近的土地價格的可能性應該仍是存在的。至於其確實的價格是否約在每田八朋左右，則有待日後出土更多的土地買賣銘文方得以證實。

　　至於約劑是否和傅別、質劑相同，由買賣雙方各執其半呢？〈格伯簋〉云：「格伯受良馬乘于倗生，厥寘（賣）卅田，則析。」「則析」二字，舊說將「則」字認為是虛詞性的用法，「析」字釋為動詞，如楊樹達〈格伯簋跋〉云：

> 析者，《周禮・天官・小宰》云：「聽稱責以傅別，聽賣買以質劑。」司農注云：「別，別為兩，兩家各得一也。」康成注云：「傅別，謂為大手，書於一札，中之別之。質劑謂兩書一札，同而別之。傅別質劑，皆今之券書也。事異，異其名耳。」《史記・司馬相如傳》曰：「析桂而爵。」索隱引如淳云：「析，中分也。」按格伯付良馬四匹于倗生，必書券契而中分之，兩人各執其一，故云析也。〈散氏盤〉銘亦記田邑授受履勘田境之事，銘末云：「厥左執縷（要），史正中農」，左謂左券，此又析券之確證也。〔註86〕

連邵名則以為「則」字應指約券而言。連氏並引：

> 《素問・八正神明論》：「必有法則焉。」王砅注：「則，准下也，約也。」〔註87〕

按，楊、連兩家對「則析」二字的看法雖不盡相同，但對於約劑須由買賣雙方分別持有，乃都抱持肯定的態度。又，《周禮・秋官・士師》有「凡以財獄訟者，正之以傅別約劑。」鄭玄注：「約劑，各所持券也。」是約劑當由買賣雙方各持其一，其形式可能與質劑相同，是「兩書一札，同而別之」，雙方所持者文字俱全以確定其產權。故「則析」二字即是將官方所製定的約劑，中而分之，使格伯與倗生各持其一，官府另存備份。至於同樣記載土地交易過程的〈衛盉〉並沒有「則析」或「約劑」的痕跡，這很可能是因為裘衛取得約劑後，在「大約劑書於宗彝」時，將敘述的重點放在取得土地的原因，而僅用「才（裁）」字含括了報請官府核准、職官有司律定價格，與製定約劑由雙方分執等過程。

〔註86〕楊樹達：《積微居金文說》，頁27，台灣大通書局，1974年再版。
〔註87〕連邵名：〈倗生簋銘文新釋〉，《人文雜誌》，1986年3期。

在土地契約中另一個主要的內容就是確定疆界，接著乃就此進行討論。確定土地疆界，不論對賞賜或是交換買賣來說，無疑都是非常重要的。在金文中，把確定疆界的行爲稱爲「履」，即是經由踏勘的過程以確定土地的疆界，如〈十二年大簋〉蓋，「王令善夫象曰趞嬰曰：余既錫大乃里。嬰賓象璋、帛束。嬰令象曰天子：余弗敢替。象以嬰履大錫里。」（圖十三）「大錫里」之上一字，器文作𣥠。清人許瀚據《說文》「履」字古文作𦜧，釋爲「履」，並謂「履猶今言踏勘正疆界也。……履古文從舟從頁從足，此省足，猶〈齊侯鐘〉作𦜧省舟也。《左傳‧僖公四年》：『錫我先君履』，注云：『履，所踐履之界。』」（《攈古錄金文》三之二‧36 引）按，將𣥠釋作「履」爲絕大多數學者承認，不過〈齊侯鐘〉（今人稱爲〈叔方鐘〉或〈叔夷鐘〉）的「𦜧」字，裘錫圭已指出實當釋爲「夏」，與「履」無關。〔註88〕〈十二年大簋〉所記，爲周王把本來屬於趞嬰的田里轉賜給大，並命膳夫象辦理此事。將田里轉賜即代表所有權（或領有權）的易主，此時要慎而重之的進行履勘疆界的工作「象以嬰履大錫里」，嬰是讓出土地的一方，自然是參與了履勘的進行，而既是「履大錫里」，大是獲得土地的一方，派有家臣、職司參與，亦在情理之中。

同樣的情形在與土地交換、買賣、賠償相關的八件銘文中，表現得更爲具體，茲將八器中所述履勘以及訂定疆界標識物的關係作表如下：

	履　勘	履勘的主事者	疆界標識物
衛　盉	有	參有司	
五祀衛鼎	有	內史友寺芻	田
九年衛鼎	有	顏之家臣壽商	「則乃成封四封」
倗生簋	有	書史	樹木、門
曶　鼎	無		
散氏盤	有	史正中農	樹木、封道、山崗
𢼷比鼎	無		
𢼷比盨	無		

表中〈散氏盤〉的「履」字作𦜧、𦜧，舊多釋作「眉」，首先認出此字當釋爲「履」者爲章大炎，他說：「按形，下乃從頁，上似從止，古文履字作𦜧，

〔註88〕裘錫圭：〈西周銅器銘文中的「履」〉，《甲骨文與殷商史》第 3 輯，上海古籍出版社，1982 年。

此當是履字。」〔註89〕將此字釋爲「履」是正確的,但章氏分析字形有誤,裘錫圭對此字字形曾有清楚的說明,此字從「頁」,上加眉形,跟〈五祀衛鼎〉中的「履」作█,〈九年衛鼎〉的「履」,其形相同。「頁」下無趾形,又省「舟」而有二短橫,與〈十二年大簋〉蓋銘「履」字相近。後者「頁」下也沒有趾形,并把「舟」省爲一橫。至於二短畫,則與〈白寬父盨〉甲器中「盨」字省去「皿」,而在「須」字人形右側加兩點的情形十分相近。〔註90〕(〈白寬父盨〉見圖七十六)

了解〈散氏盤〉中的眉田當爲履田之後,再來看履字的另一種形體。〈格伯簋〉中的「履」字作█,學者多釋爲「遜」,爲「蔑」之假借,馬承源謂即格伯析券之後有所反悔。〔註91〕裘錫圭分析字形時指出,此字亦爲加眉形之「頁」字,不過「頁」的頭部寫得比較接近於「目」,這大概是有意要讓它兼充音符「眉」的下部的緣故。這種情形亦可見於甲骨文的「麋」字,麋字作█,「目」形兼充麋形的頭部和音符「眉」的下部,「頁」旁人形下的偏旁,應即其他「履」字所從的「舟」的變體。加「辵」旁跟「履」字的意義也完全相合,而且篆文「履」正是從「彳」旁的。而古文字中「彳」、「辵」偏旁的字可以通用。〔註92〕所以〈格伯簋〉中的█,即「履」字,爲履勘田界之意。

關於履勘田界時的主事者,〈五祀衛鼎〉中有「迺令參有嗣:嗣土(徒)邑人趞、嗣馬須人邦、嗣工隆矩,內史友寺芻帥履裘衛厲田四田,迺舍寓(宇)于厥邑。」(圖五十八)率履一詞亦見於〈永盂〉,其銘曰:「厥眔公出厥命:井伯、榮伯、尹氏、師俗父、遣仲,公迺命酉嗣徒亹父、周人嗣工(空)屑、駬史、師氏、邑人奎父、畢人師同,付永厥田。厥率履厥疆,宋句。」(圖十一)吳鎮烽謂「厥率履厥疆,宋句。」乃師永所受的田是周王賞賜的,

〔註89〕 章太炎:〈論散氏盤書二札〉,《國學叢刊》第 1 卷第 1 期,1923 年。
〔註90〕 裘錫圭:〈西周銅器銘文中的「履」〉,《甲骨文與殷商史》第 3 輯,上海古籍出版社,1982 年。
〔註91〕 馬承源:《商周青銅器銘文選》Ⅲ,頁 144,文物出版社,1988 年。
〔註92〕 裘錫圭:〈西周銅器銘文中的「履」〉,《甲骨文與殷商史》第 3 輯,上海古籍出版社,1982 年。

率領踏勘田界的是宋句。〔註93〕「率履」即履勘土地時的主事者。宋句大概與盂銘中遣仲等人相當，也是直屬王室的王官。而〈十二年大簋〉中「履大錫里」的膳夫象亦是由王派任，象是以王官的身份來主持履勘田界的工作的。那麼〈五祀衛鼎〉中，既有參有司，又有內史友，內史友即爲內史之僚屬，其身份固然皆爲王官，但由前後文來看，似應將內史友寺芻與下句連讀，意爲內史友寺芻爲履勘工作的主事人，率領參有司共同踏勘田界。由此來看，以王官作爲履勘田地的公證者不但是存在，且是必要的，因爲在踏勘的過程中，授受雙方都有派員參與，如〈散氏盤〉中的矢人和散人有司共二十五人，此時必須有立場公正，地位崇高（或官方立場）者爲之見證，這個人便是王朝職官。據此以推，〈衛盉〉、〈散氏盤〉、〈格伯簋〉中雖沒有明言由王官進行踏勘疆界，但很可能就是由銘文中的「參有嗣」、「史正中農」、「書史」來擔任。

　　履勘的目的是爲了要確定土地的疆界，而爲了明確疆界，常會選定一些標識物作爲輔助，如田、封道、樹林等。這些標定土地四至的標識物，根據法律的規定是不可以擅自移動的，睡虎地秦簡〈法律答問〉即有擅自移動疆界要受刑或出錢贖罪的規定（如前頁圖）：

　　　　盜徙封，贖耐。何如爲封？封即田千（阡）佰（陌）。頃畔封也，且

　　　　非是？而盜徙之，贖耐，何重也？是，不重。(64)

田有阡陌可以作爲標識是不成問題的。至於樹木爲何亦可作爲標識物，當與其位置或樹種之特殊性有關，然究竟是因單樹不成林，抑或於樹身另作標記，則已不可盡知了。

　　以上關於土地交換、買賣、賠償的銘文的各項討論，包括契約的製定、使用，以及具體內容，如價格、履勘疆界等，可歸納如下：

	形式	官府	履勘疆界		王官履勘	價格	析券
衛　盉	約劑	有	有	無	有	有	無
五祀衛鼎	訴訟	有	有	有	有	無	無
九年衛鼎	約劑	（無）	有	有	（無）	無	無
佣生簋	約劑	有	有	有	有	有	有
曶　鼎	訴訟	有	無	無	無	無	無

〔註93〕吳鎮烽：〈金文研究札記〉，《人文雜誌》，1981年第2期。

散氏盤	約劑	有	有	有	有		無	有
鬲比鼎	訴訟	有	無	無	無		無	無
鬲比盨	約劑	有	無	無	無		無	無

　　由上表中可以知道，即使是性質同爲買賣約劑的銘文，其內容的要素亦不盡相同，所以嚴格地講起來，這些土地交換、買賣的銅器銘文應該不能直接視爲買賣時的契約，因爲約劑是由官方製作，製作時也不至於「書於宗彝」；但另一方面，這些銅器銘文又約可等同約劑來看待，因爲其內容是各作器的諸侯貴族，依據官方核訂給予的約劑來敘述，只是在其過程的詳略和語氣上有所差異。

附圖

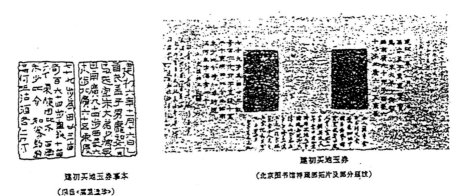

建初買地玉券摹本
（採自《繭廬遺學》）

建初買地玉券
（北京圖書館特藏部石片及部分周拓）

第四節　由土地轉讓看土地所有權

　　前輩學者對於前面所舉八件關於土地交換、買賣、賠償的銅器銘文的理解不盡相同，故對於此一時期土地所有權的看法有所歧異，如黃盛璋謂「田地有了價格，也就等於買賣，這是田地私有制未產生以前所不應該有的。」〔註94〕此一說法乃是由於對「賈」字的釋義不正確所造成。另外如周望森：

　　　若謂周王朝批准出賣土地，並派員完成了交易手續，乃是忘記了「溥
　　　天之下，莫非王土；率土之濱，莫非王臣」這一基本事實了。〔註95〕

〔註94〕黃盛璋：〈衛盉、鼎中『貯』與『貯田』及其牽涉的西周田制問題〉，《文物》，
　　　　 1981 年第 9 期。
〔註95〕周望森：〈西周『貯田』與土地關係〉，《經濟史》，1991 年第 8 期。

林甘泉：

> 在實際生活中，有的奴隸主貴族並不把周天子的權力看在眼裏。衛
> 鼎乙（〈九年衛鼎〉）的矩伯把林**㠯**里送給裘衛，這林**㠯**里很可能就
> 是他的采邑。而從銘文的記載來看，他們之間的授受，並沒有經過
> 周王的認可。這說明，周天子作爲最高土地所有者的權威，在某些
> 情況下已經受到動搖了。〔註96〕

葉達雄：

> 到了西周中期就有土地交換轉讓的現象發生，只不過開始的時候，
> 這種土地的轉讓交換必須得到執政大臣們的認定而已，但是到了後
> 來連這種認可的手續也都不必了。〔註97〕

　　周氏、林氏、葉氏三者之說，或堅守土地王有的立場，或認爲已經可能
出現私有，然皆不脫以「王土」的觀念爲其前提，且頗以王官或王室的參與
作爲認定「王土」的指標。王官的參與和王室的介入，誠然是代表了王朝權
力的行使，並反映了其對於諸侯或王朝卿士之間土地交換、買賣，以及賠償
的態度，但細分起來，王官的參與和王室權力的介入，其作用和意義不盡相
同，有必要分開來討論，未可將此二者混淆。

　　對於王官的參與，我們首先要問，王官的參與是否有其必要性？李朝遠
氏對此持非常肯定的看法：

> 土地交換過程中，凡是告知執政大臣者，其銘文的起行僅記年月干
> 支月相，不記王的處所……與之相較，土地交換過程中沒有告知執
> 政大臣的，其銘文的起行，都不僅記有年月干支月相，而且有天子
> 處所的記錄。……表現出規律性的這兩種行文款式，前者表明執政
> 大臣在參與土地交換的過程中，代表王權的存在，但是天子並未親
> 躬此事。而未記有執政大臣到場，卻記有天子處所的銘文，往往表
> 示正是天子本人在親自處理……記有天子處所，其所記之事又是由
> 天子親自處理的一類銘文，在西周金文中俯拾皆是。……加之當時
> 銘文的慣例，記載了天子的處所，可能就已表示「告于王」了，因

〔註96〕林甘泉：〈對西周土地關係的幾點新認識——讀岐山董家村出土銅器銘文〉，
　　　　《文物》，1976 年第 5 期。
〔註97〕葉達雄：〈西周土地制度探研〉，國立台灣大學《歷史系學報》第 14 期，1989
　　　　年。

而器銘中省略了這一類的字句。如此說不誤，那麼土地交換中告知
或訴訟於天子或執政大臣則是必經的一個過程了。〔註98〕

按，李氏「土地交換中告知或訴訟於天子或執政大臣則是必經的一個過程了」
的結論是很正確的，但推論上並不周全。關於八件與土地交換買賣有關的銘
文中，其記王之處所和告於王官的關係可作表如下：

	記王處所	告于王官	王官之名
衛盉	有	有	伯邑父等
五祀衛鼎	無	有	井伯等
九年衛鼎	有	無	
格伯簋	有	有	書　史
曶　鼎	無	有	東　宮
散氏盤	無	有	史正中農
鬲比鼎	有	（無）	
鬲比盨	有	（無）	

　　據表中所見文例的比對來看，雖然有部分如李氏所說的，上告執政大臣
便不記王之處所，記王之處所便不記上告執政大臣的情形存在，但卻並非絕
對如此，〈衛盉〉與〈格伯簋〉便既上告執政，又有記王之處所；且西周銘文
中記王之處所者，並非都是由天子親自來處理事務，如〈作冊睘卣〉、〈作冊
睘尊〉即雖有記天子處所，卻由王姜代行王事：「唯十又九年，王在庠，王姜
令乍（作）冊睘安尸伯。」（圖七七）林澐即認為，這種在記時之語中加敘
王在某地，看來都只是進一步明確時代背景，或有「尊王」的含意，和銘文
中所記之事不可混為一談。〔註99〕故僅由文例來比對，並不足以說明土地交
換買賣的過程中有上告執政的必要。但若由《周禮》和土地契約訂定的過程
來看，這種必要性的存在則完全是可以肯定的。

　　以前節所言土地契約的訂定過程來看，王官的作用可歸結為：（一）對買
賣價格的評定，如〈衛盉〉中的「才（裁）八十朋」。（二）買賣關係中約劑
的製作。（三）履勘田地時的公證人。（四）土地變更後疆界地圖的收執者。
將此配合《周禮》所記，〈地官・大司徒〉：

〔註98〕李朝遠：〈西周金文中所見土地交換關係的再探討〉，《上海博物館集刊》，1991
　　　年第6輯。
〔註99〕林澐：〈琱生簋新釋〉，《古文字研究》第3輯，中華書局，1980年。

> 大司徒之職，掌建邦之土地之圖，與其人民之數，以佐王安擾邦國，
> 以天下土地之圖，周知九州之地域，廣輪之數，辨其山林川澤丘陵
> 墳衍原隰之名物。

〈小司徒〉：

> 凡民訟以地比正之，地訟以圖正之。

〈秋官・司約〉：

> 凡大約劑書於宗彝，小約劑書於丹圖，若有訟者則珥而辟藏，其不
> 信者服墨刑。

〈司盟〉：

> 凡民之有約劑者，其貳在司盟。有獄訟者，則使之盟詛。

可以知道，透過上報王官的程序，是使變更後的土地具有合法性的途徑，它不但保障了現有者的權利，同時因爲王官亦存有檔案備考，亦確保後世子孫不會因此而爭訟。即便將來有所爭執，王官亦保有可資判決的最初憑證。更進一步來說，王官的參與固然代表了王朝權力的行使，但是否可以此爲指標，就認定王朝對土地仍掌握了所有權？則恐怕未必，因爲就交換、買賣、賠償的過程來看，王官的態度無疑是對此表示認可，是以行政者的立場來作價格的評斷、契約的製作和疆界的踏勘，其作用有類於今日地政事務所的功用和角色，故王官的參與並不能作爲土地所有權屬王朝所掌握的評定標準。

　　既然交換買賣的過程有上報官府的必要，那麼爲何獨獨〈九年衛鼎〉中不存在這樣的記載呢？是否如前舉葉達雄所認爲的，在開始的時候才必須由執政大臣來認可，後來就不必了？這固然是一種可能，但更可能是與山林地的特殊性有關。在諸侯卿士最初獲得土地的時候，不論是由王朝封賞或氏族聚居，都是以水源取得方便和具備足夠可耕地爲其必要條件，山林之地雖有其利益，但也僅止於狩獵和木材的取得，這就提供了諸侯貴族自行開發利用的空間。而這些新開發出來的土地，在官方的記載上應該是有所不同的，也就是說，諸侯卿士由王朝所得到的土地，不論是「世祿」或屬「祿田」性質的土地，其典籍是在王官，而自行新開發的土地，則應是登錄於諸侯之官。對此唐蘭氏即指出：「矩付衛林𣆟里，沒有通過大臣們，這可能是矩的私地，即在周土所賞之外，利用奴隸勞動新開發出來的，不在王朝冊籍之中。也可能林地與田地，制度上是有所不同的。」〔註100〕對於林地與田地的制度是否

〔註100〕唐蘭：〈用青銅器銘文來研究西周史〉，《文物》，1976年第6期。

有所不同，現在已不得盡知，但當時的各諸侯國和卿士權貴就已有許多的官吏爲其服務，甚至在執掌上和王朝官員並沒有太大的差別，則是明確存在事實，只是管轄的範圍較小，執事者較少（參本節附表）。既然，報請官府的目的是在於透過此一程序取得合法的認證文書，而林臺里乃矩伯開發所得，其冊籍不在王官而在諸侯之官，那麼對此一土地的交換買賣，自然也就沒有上報王官的必要。故，〈九年衛鼎〉中雖沒有上報王官的記載，但也並不違背必須報官府核備的原則，因爲銘文中即記載了顏有司壽商、顏小子、衛臣等諸侯官員參與其事，且這些諸侯官員本就是爲諸侯來服務，更沒有諸侯的行爲要向下屬官員請示裁奪的道理。〔註101〕

王朝權利行使的另一種型態，是天子直接授予土地，或將土地收回轉賜他人。這類的銘文包括有〈大克鼎〉：

> 錫汝田于埜，錫汝田于渒，錫汝井寓劇田于峻，以厥臣妾，錫汝田
> 于康，錫汝田于匽，錫汝田于陣原，錫汝田于寒山。錫汝史、小臣、
> 霝（靈）龠（龢）鼓鐘，錫女（汝）井、逆、劇人，釐錫女（汝）
> 井人奔于量。（圖六）

〈十二年大簋〉：

> 王乎吳師召大，錫趞嬰里。王令善夫豢曰趞嬰曰：余既錫大乃里。
> 嬰賓豢璋、帛束。嬰令豢曰天子：余弗敢膳。豢以嬰履大錫里。（圖
> 十三）

〈永盂〉：

> 益公內（入）即命于天子，公迺出厥命，錫畀師永厥田陰陽洛，彊
> 眔師俗父田。（圖十一）

〈吳虎鼎〉：

> 隹十又八年十又三月，既生霸丙戌，王才周康宮遲宮。道入右吳虎。
> 王令善夫豐生、嗣工□毅龢剌王令取吳無舊彊付吳虎。眔北彊窶人

〔註101〕對於〈九年衛鼎〉中沒有王朝官員參與的現象，另一種可能的推測是將林地視爲私有地，張亞初云：「林地的轉讓與農田的買賣轉讓有顯著的區別。農田轉讓必須經官方同意，才算合法。而林地的轉讓則不必上報，只要私下協商，不通過官府便可易手成交。這充分表明，土地私有首先是從山野林地開始的。」土地的私有是否從林地開始尚有待討論，不過就王朝官員參與的作用和意義來看，買賣時是否透過王朝官員，與土地的是否已經屬於私有，似乎並沒有絕對的相關性。張亞初：〈解放後出土的若干西周銅器銘文補釋〉，《出土文獻研究》，文物出版社，1985年。

眔疆，毕東疆官人眔疆，毕南疆畢人眔疆，毕西疆莽姜眔疆。毕具
履封：豐生、雍毅白道、内嗣土寺朿。吳虎拜稽首天子休。賓善夫
豐生章、馬匹；賓嗣工雍毅章、馬匹；賓内嗣土寺朿璧。爰書：尹
友守、史由。賓史朿韋兩。虎拜稽首，敢對揚天子丕顯魯休。用乍
朕皇且考庚孟尊鼎，其子子孫孫永寶。〔註102〕

四器所記者分別爲王收回井家、趞嬰、師俗父、吳無的田地，轉賜給膳夫克、
大、師永、吳虎。這種直接由天子掌握處理的土地，毫無疑問的，其所有權
是在於周王，但若以此爲指標，將當時的土地都視爲王有，則又不盡然。因
爲就當時「世卿世祿」的傳統來看，卿並不會因爲官位的高低或有無而失去
其貴族的身份，即使家族沒落，不再擁有王朝的官職，仍然還是繼續保有世
祿中的土地與宗廟，這種情形由沒落的井伯家族中的禹即可明確知道。那麼，
雖然井伯一族的土地被周王收回並轉賜給其他貴族，甚至爲其他貴族所佔
奪，如〈散氏盤〉中割讓給散國的土地，即包括井氏舊邑「履井邑田，自根
木道左至于井邑封道以東一封。」（圖五十五）這種會隨官職高低有無而改變
多寡的土地，其性質應該是近於「祿田」，而非貴族世代延守的「世祿」。也
就是說，卿士貴族「祿田」的多寡和有無會改變，但「世祿」的土地宗廟卻
是不變的。所以，雖然周天子在土地的收回和轉賜上，表現出權威性的力量
和態勢，但似乎並未觸及卿士貴族世代經營的部份。故，將周天子所具備的
這種權威，普及化的認爲所有的土地都在此一範圍之內，將周天子行使這種
權力視爲土地王有的指標，恐怕並非完全符合當時的情況。

　　既然王官的參與和王權的行使都不足以作爲西周時期土地所有權的衡量
指標，而土地確實已經成爲類似價格化的商品，在貴族卿士間進行交換、買
賣，甚至賠償，即表示土地的所有權未可以「王有」之單一觀點來含蓋。但
對於前舉趙光賢所謂天子土地賜予貴族，貴族對土地的權利就由「占有」轉
爲「私有」的說法，我們也不完全認同。因爲伴隨冊命時所賞賜的土地，究
竟有那些部份是作爲「祿田」，那些是供其爲「世祿」的，並無法由地名的記
載截然分辨開來。且當初分封諸侯時所供其發展經營的大片土地，在西周的
中後期也確實已經有商品化、價格化的趨勢，所以單執一偏的認爲王有或諸
侯私有，都無法完全符合其實情。但在此一時期中，諸侯貴族確實擁有了逐

〔註102〕〈吳虎鼎〉首見於穆曉軍：〈陝西長安縣出土西周吳虎鼎〉，《考古與文物》，
　　　　　1998 年 3 期。

漸掌握土地所有權的有利因素，誠如李朝遠所指出的：

> 諸侯領地作爲天子土地所有權實現的途徑之一，又成爲所有權主體
> 的自然延伸；另一方面，領有權又有別於使用權和管理權，它包含
> 著支配權等所有權的成份，這就使諸侯作爲了土地所有權的亞主
> 體。所有權主體不明確的狀況，使天子直接管領的王室土地與天子
> 間接所有的諸侯土地產生了交換和轉移的可能性。在等級土地所有
> 制的運行中，天子最高土地所有權的高度抽象，只能靠他將所有權
> 的内容轉移給王室土地領有者和諸侯土地領有者這一形式回歸到具
> 體。這一點刺激了諸侯對土地所有權的垂涎，並提供這種期望得以
> 實現的餘地。如此，等級土地所有制内容中已經預留了土地在一定
> 條件下流動的空間。〔註103〕

所謂等級土地所有制，即是各級貴族的土地所有權，具有與身份等級相對應
的特徵。〔註104〕由於實行逐級分封，各諸侯卿士土地的大小，不但具有等級
性的差異，〔註105〕且低級貴族的土地往往是由高級貴族，大部份是宗法關係
上的大宗所分封而來，並非由周天子直接封賞，故幾個世代之後，貴族與王
室的血緣關係逐漸疏遠，代之而起的是君臣上下的關係。如此，維繫政權的
力量便逐漸由「親親」轉變爲權力，表現在對土地的所有權上的，即是經由
原本緊密結合的血緣紐帶關係的疏離，和天子權力的衰落，使當初等級性的
土地所有制逐漸破壞，諸侯貴族得以由占有或領有的權利，逐漸擴大爲所有

〔註103〕李朝遠：〈西周金文中所見土地交換關係的再探討〉，《上海博物館集刑》，1991
　　　　年第6輯。

〔註104〕對於土地的等級所有制，杜建民持反對的立場，認爲此說法僅表達了西周土
　　　　地所有制的法權外殼，僅僅符合「禮」對土地所有權的規範；而以「公社共
　　　　同體公有制」的說法，才能透過法權外殼揭示出它的經濟内容與内在本質。
　　　　杜建民：〈西周土地制度新探〉，《史學月刊》，1992年第2期。按，對於制度
　　　　該如何稱名，文中不多做討論，所關注的是歷史狀況爲何。

〔註105〕貴族卿士土地大小的等級差異，可見於《孟子·萬章下》：「天子制地方千里，
　　　　公侯皆方百里，伯七十里，子男五十里，凡四等。不能五十里，不達於天子，
　　　　附於諸侯，曰附庸。」《禮記·王制》：「天子之田方千里，公侯田方百里，伯七
　　　　十里，子男五十里，不能五十里者不合於天子，附於諸侯曰附庸。」對於土地
　　　　的大小雖不必盡如《孟子》、《禮記》所載，但其間有等級差異的存在，卻是極
　　　　爲可能的。《左傳·襄公二十五年》鄭子產答晉人「何故侵小」之問時即說明了
　　　　這種關係的存在：「……且若天子之地一圻，列國一同，自是以衰。今大國多數
　　　　圻矣，若無侵小，何以至大焉。」杜注：「衰，差降也。」

權，中期以來土地的交換買賣，乃至於賠償，即是其對於土地所有權利的具體表現；而王朝也由最初的掌握，成爲管理仲裁的行政者。

這種歷史氛圍的形成，無疑爲諸侯貴族取得土地所有權的環境提供了有利的條件。事實上，在王官或天子的參與都不足以說明所有權的情況下，不單由銘文中的「賓」當釋爲賈，有交換買賣的意思，可推知當時土地的交換買賣是以擁有所有權爲前提，銘文中「典」字的使用，也明確的表現出所有權的易主。〈格伯簋〉：「鑄保簋，用典格白（伯）田。其萬年子子孫孫永寶用。」（圖六十二）銘文中的「典」，楊樹達「典，常也，典常有今言確定之意。或謂典當讀爲奠，定也，記田之地界于寶簋，故爲定也。或曰，典字從冊，有冊書之意，說亦通。」〔註106〕「典」字作冊書之意的例子，在時代相近，同樣記載土地問題的〈琱生簋〉中亦可看到，銘曰：「余既一名典，獻伯氏，則報璧。」「一名典」之意顯然當如林澐所說，即是將僕庸土田皆登錄於典冊之中，〔註107〕或朱鳳瀚所言，在記錄土田疆界的典冊上簽名。〔註108〕二說雖有小異，但認爲當時有記錄土田的典冊，這點則是態度一致的。這就表示經過變更或重新認定後的土地，必須著錄於冊書之中，以完成所有權認定的手續。又，〈克盨〉銘文云：「王令尹氏史趠典膳夫克田人。」顯然就該理解爲將賞給膳夫克的田人登錄於典冊。由此看來，「典」（登錄於典冊）在土地的交換買賣過程中，作爲所有權易主的意義應該是非常明確的。

除了透過大環境的認知和文字的解讀外，另一個可以作爲確定土地交換買賣時，所有權亦隨之轉移的參考指標，是過程終了時的宴饗。由漢代較爲可信的六件買地券中可以知道，買賣雙方宴請參與其事的官吏或其他公證人一同宴饗，是整個過程中的一個部份環節：

建初六年	時知券約趙滿、何非，沽酒各二斗
建寧二年	時約者袁叔威，沽酒各半
建寧四年	時旁人……皆知券約，沽酒各半
光和元年	時旁人賈劉皆知券約
光和七年	時旁人杜子陵、李季盛，沽酒各半
中平五年	時旁人樊漢昌、王阿順皆知券約，沽酒各半

〔註106〕楊樹達：《積微居金文說》，頁 27，台灣大通書局，1974 年再版。
〔註107〕林澐：〈琱生簋新釋〉，《古文字研究》第 3 輯，中華書局，1980 年。
〔註108〕朱鳳瀚：〈琱生簋銘文新探〉，《中華文史論叢》，1989 年第 1 期。

而此一情形在裘衛諸器中亦表現得相當明確：

衛盉	燮趩，衛小子鷸逆者（諸）其卿（饗）
五祀衛鼎	衛小子逆其卿（饗）贖
九年衛鼎	衛小子□逆者（諸），其贖衛臣虢朏

　　宴饗的確實作用已經不可確知，或者它只是單純的社會禮儀，如同今日買賣雙方完成交易後的飯局、應酬。既然宴饗的過程在漢代買地券中是普遍存在的，那麼將裘衛諸器中，土地交換買賣後的宴饗視爲過程的結束和所有權利移轉的完成，亦無不可。也可能就是藉由宴饗的機會，在雙方官員俱在場爲見證的情況下，宣佈此一約劑的正式生效，發揮出類似於「典」的功能。〔註109〕

附表

　　茲就張亞初、劉雨著《西周金文官制研究》所舉官員，羅列目前可確定王朝與諸侯具見之官名如下表：

官名	師	司土（徒）	司虞	司馬	司工（空）	史、大史、內
王官	師某 師氏	司土（徒）	司虞	司馬	司工（空）	史、內史尹、右史、御史、中史、省史

〔註109〕對於裘衛諸器銘文所載，認爲土地的所有權已爲諸侯貴族所掌握的說法，尚包括有趙光賢：「（就〈衛盉〉）我們知道，裘衛爲了取得這兩塊田，第一、首先要取得伯邑父等五個貴族的同意；第二、五個貴族同意之後，才令司土、司馬、司工去辦理『受田』的事；第三、裘衛這方面派了『逆者』，即燮等三人去迎接『三有司』，共同辦理『受田』的事；第四、在辦完了『受田』手續之後，請『三有司』和有關的人飲酒或飽餐一頓（其饗）。像這樣鄭重其事地辦事，而且明言『受田』，如果說不表明土地所有權的轉讓，那是很難理解的。……這樣鄭重其事辦理土地轉讓，使我們很容易聯想到〈矢人盤〉銘中所記矢、散二國劃定疆界的事，雖然事情不是一類，但在有關土地有權的勘定上非常鄭重其事，而且鑄銘在銅器上以爲證據，傳之子孫則相同，可見它決不是與所有權無關，這是十分明白的事。」林甘泉：「在邦君屬那裏，對土地的私有權還處在一種萌芽的狀態。土地私有化的歷史過程已經開始。」杜正勝：「封建貴族的土地發生糾紛，最後訴之於天子，不僅是因爲天子掌握最高司法權，也因爲貴族領地之最高和最後權屬是『王有』之故。然而所謂最高權屬實際上是有限度的，『王有』之下還容許相當程度的『私有』。」趙光賢：《周代社會辨析》，頁227，人民出版社，1980年。林甘泉：〈對西周土地關係的幾點新認識──讀岐山董家村出土銅器銘文〉，《文物》，1976年第5期。杜正勝：《編户齊民》，頁154，聯經出版社，1990年。

諸侯	某師	司土（徒）	虞	司馬	司工（空）	書史、內史、某史
出處	令方彝 耳尊 周師簋 免簋 守宮盤 大簋	康侯簋 五祀衛鼎 散氏盤 衛盉	散氏盤 九年衛鼎	豆閉簋 衛盉 五祀衛鼎 散氏盤	永盂 衛盉 五祀衛鼎 散氏盤	格伯簋 五祀衛鼎 辛史簋 耳卣 善夫山鼎

結　語

　　對於出土原始資料的正確解讀，是研究古代史的必要條件。在本章中，我們首先透過裘衛諸器出土後所引發出的各家說法，加以釐清、辨證，其中已明顯地透露出王朝官員在此交換買賣的過程中，其扮演的角色並非限制，而是表示仲裁和公證的行政者，復透過對土地契約訂定過程的討論，這種立場更是鮮明。這也使我們了解到，過去認為王官的參與和天子的介入代表王權的行使，並以此為基點，否認諸侯貴族已經擁有土地所有權的說法，是有其明顯的不適切性。另一方面，由於裘衛諸器中「賈」字釋讀的歧異，乃引申出對此一時期土地所有權的看法存在很大的差距。我們將前輩學者的說法加以分析比較，確定「賈」之用法和字義後，與此爭論的相關研究課題，便可以得到較為明確的評斷標準，和進一步向前推展的基礎。經由上文的討論可以知道，不論土地是經由交換買賣或賠償的形式產生轉讓，其所有權亦將隨之轉移，而這些都是以土地在產生轉讓之前，原來的土地所有者便掌握所有權為前題。若以結果來看，土地進行轉移後，所有名亦隨之移轉，故不論是就交換、買賣的銘文本身，或是前後的過程為觀察的角度，西周中期的諸侯貴族已掌握了土地的所有權，乃是無可否認的事實。另一方面，我們試對這些相關銘文中的人物進行分析，其中不難發現，將土地視為可流通、有價值的物件來看待的觀念，不僅是在高級貴族中普遍存在，即使是像裘衛這樣低層級的貴族，也是普遍的認同、接受，甚至低級貴族正是利用其本身的工藝技能以獲得土地。在原本王、諸侯、卿大夫之土地等級性所有的情況下，可以說，土地這種財富化和私有化趨勢的相互遞進，使王朝對土地不再有支配上的絕對權威，以土地所有權作為權勢象徵的代表性意義，也正逐漸由周王轉移至諸侯貴族的身上。

第四章　西周各時期的土地所有權

　　西周時期土地取得的原因，除了封賞冊命的因素外，經由交換、買賣以及賠償等轉讓的關係，亦成爲途徑之一。在前面兩章中，我們針對封賞與轉讓的型態，包括其中不同類型、人物的身份等級以及契約關係分別進行討論，著眼點在於對此一時期中土地所有權的各種現象的討論。本章則加入時代的因素，依照一般對西周十三王分期的情形，以文、武、成、康爲一組，是爲早期；昭、穆、恭、懿、孝、夷爲一組，是爲中期；厲、宣、幽爲一組，是爲晚期，將前面所討論的各種情形分別排入時序之中，進一步來確定西周初期「王土」的實際內含，中期時諸侯貴族如何取得土地所有權的途徑，以及在中晚期以來土地兼併的局勢下，王朝如何走向滅亡、諸侯貴族如何取代王室的地位，成爲春秋時代的歷史主角。

第一節　文、武、成、康時期——王土的內含

　　西周初期的土地問題，主要集中在兩個方面，一是周人領土的擴張；一是殷商遺民與土地的關係。前者與周人勢力的擴展和分封有著密切的相關性，而對於後者的討論，過去多集中於周初時殷遺民的遭遇和周人對殷遺民的政策，少有論及此一時期中殷遺民對土地的權利。周雖擊敗商成爲天下共主，但以少數的人口統治廣懋的土地，各諸侯國中的主要組成份子可以說大部份都是殷遺民，這就使殷遺民與土地的關係益形重要。

一、封建與周人土地的擴張

　　封建制度的實施，其目的在於「封建諸侯，以蕃屏周室。」此文獻言之

甚明。《左傳・昭公二十六年》：

> 昔武王克殷，成王靖四方，康王息民，并建母弟，以蕃屏周。

〈定公四年〉：

> 昔武王克商，成王定之，選建明德，以蕃屏周。

而所以採行封建之法，乃因情勢所必需，唐代柳宗元即明白指出，封建「非聖人之意也，勢也。」（〈封建論〉）過去的學者對周初分封的情勢多以爲其規模在武王時即已完成，近代學者倡「大東小東」說，成王建立起封建規模的歷史得以大明於世。〔註1〕其後學者又更進一步，將周初分封的情形與周人勢力的擴張相聯結，倡「武裝殖民說」。〔註2〕審視周人勢力由中原一帶擴張至江淮、山東半島的關鍵，即在於成王時周公的東征。東征之前，即文王、武王之時，據文獻的記載，文王已進行「翦商」，討伐了密、黎、崇、邘等邦國，增強了周人與殷商的對抗性，《詩經・大雅・皇矣》：

> 帝謂文王：「無然畔援，無然歆羨，誕先登于岸。」密人不恭，敢距
> 大邦，侵阮徂共。王赫斯怒，爰整其旅，以按徂旅，以篤周祜，以
> 對于天下。

此是言文王伐密，密之地在今甘肅省靈臺縣。另外如滅黎，《尚書・西伯戡黎》：

> 奔殷始咎周，周人乘黎，祖伊恐，告于受，作西伯戡黎。

黎，《史記・周本紀》作「耆」，張守節《正義》云：「即黎國也。孔安國云：『黎在上黨東北。』」其地在今山西長治縣。

文王尚有伐邘、滅崇之事。邘，文獻或作「盂」，《韓非子・難二》：

> 昔文王侵盂、克莒、舉酆，三舉事而紂惡之。

王引之云：「盂爲盂字之誤也。《竹書紀年》：『帝辛三十四年周師取耆及邘。』《書大傳》：『文王受命二年伐邘。』《史記・周本紀》：『文王敗耆國，明年，伐邘。』作盂者借字。」〔註3〕邘之地在今河南沁陽縣。滅崇，《詩經・大雅・皇矣》：

> 帝謂文王：詢爾仇方，同爾兄弟。以爾鉤授，與爾臨衝，以伐崇墉。

《詩經・大雅・文王有聲》：

> 文王受命，有此武功，既伐于崇，作邑于豐。文王烝哉！

〔註1〕 傅斯年：〈大東小東說〉，《史語所集刊》，1931年第2本第1份。
〔註2〕 杜正勝：《周代城邦》，聯經出版社，1979年。
〔註3〕 王念孫：《讀書雜誌・餘編上》王引之云。據臺灣商務印書館民國67年。

《左傳・僖公十九年》：

> 子魚言於宋公曰：「文王聞崇德亂而伐之，軍三旬而不降，退脩教而
> 復伐之，因壘而降。」

崇之地在今陝西長安縣西南。文王所作的擴張，由其地理位置來看，仍在陝
西、山西、甘肅以及河南西部一帶。此時期雖已有臣服於周的屬國，如虞、
芮，且可能已有封賞同姓之事，〔註4〕但文王時周人尚屬西方部族的首領，猶
未代商而有天下，推測其土地可能屬於部族首領所有。

　　真正開始進行分封的是在武王之世，今所見最詳盡的記載爲《史記》〈周
本記〉云：

> 封商紂子祿父，殷之餘民。武王爲殷初定未集，乃使其弟管叔鮮，
> 蔡叔度，相祿父治殷，……封諸侯，班賜宗彝，作分殷之器物。武
> 王追思先聖王，乃襃封神農之後於焦，黃帝之後於祝，帝堯之後於
> 薊，帝舜之後於陳，大禹之後於杞，於是封功臣謀士，而師尚父爲
> 首封。封尚父於營丘曰齊。封弟周公旦於曲車曰魯，封召公奭於燕，
> 封弟叔鮮於管，弟叔度於蔡，餘各以次受封。

此次武王時的分封，特別是關於「三監」的部分，在《逸周書》中亦留有若
干線索，〈作雒〉：

> 武王克殷，乃立王子祿父俾守商祀，建管叔于東、建蔡叔、霍叔于
> 殷，俾監殷臣。

傳統上將管叔、霍叔、蔡叔稱爲三監，認爲是監視武庚和殷遺民的，但 1958
年江西餘幹縣黃金埠出土的〈應監甗〉（《集成》883）及其所引起的討論，已
經對周初三監中排除武庚祿父的看法提出強而有力的挑戰。〔註5〕（按，以管

〔註4〕文王封同姓之事，陳槃嘗論及之，云：「周語上：『恭王遊於涇上，密康公從，
　　　有三女奔之。其母曰：必致之於王。……康公不獻。一年，王滅密。』」韋解：
　　　『康公，密國之君，姬姓也。』又：『密，今安定陰密縣是也。近涇。』周語
　　　中：『密須由伯姞』韋解：『伯姞，密須之女也。……世本云：密須，姞姓。』
　　　如韋解，是甘肅陰密縣之密亦姬姓，而同縣又有密須則姞姓。吳偉信曰：『兩
　　　密，地近，蓋一國也。周滅密須，以封同姓』。案，吳說蓋可信。史記白起傳
　　　正義，寰宇記三二涇州靈臺縣條，並亦謂密康公國在陰密。又通志氏族略二，
　　　密須氏條：『今涇州靈臺有密康墓。』密康公墓亦在靈臺，是姞姓、姬姓之密
　　　同在靈全之驗也。二姓國已同在靈臺，是蓋文王已滅密須，即以封同姓也。」
　　　說見：《春秋大事表列國爵姓及存滅表譔異》（三訂本），頁 631，《史語所專刊》
　　　之 52，民國 86 年景印四版。
〔註5〕參顧頡剛：〈三監人物及其疆地〉，《文史》，1984 年第 22 輯（顧頡剛遺著）。

叔、霍叔、蔡叔爲「三監」，或以管叔、蔡叔、武庚爲「三監」的說法，都是將「三監」限定爲三人，然「三監」這個說法本身即存有再思考的空間，二說皆未必可信。〔註6〕）

　　成康之世的分封是在東征平亂的基礎上所建立的，對於這次分封的情形記載得較爲具體的有，《左傳‧僖公二十四年》：

　　　　昔周公弔二叔之不咸，故封建親戚以蕃屏周。管、蔡、郕、霍、魯、衛、毛、聃、郜、雍、曹、滕、畢、原、酆、郇，文之昭也。邘、晉、應、韓，武之穆也。凡蔣、邢、茅、胙、祭，周公之胤也。

《左傳‧定公四年》：

　　　　昔武王克商，成王定之，選建民德，以藩屏周。故周公相王室，以尹天下，於周爲睦。分魯公以大路、大旂、夏后氏之璜、封父之繁弱，殷民六族：條氏、徐氏、蕭氏、索氏、長勺氏、尾勺氏，使帥其宗氏，輯其分族，將其醜類，以法則周公，用即命于周，是使之職事于魯，以昭周公之明德。分之土田陪敦，祝、宗、卜、史，備物、典策、官司、彝器，因商奄之民，命以伯禽而封於少皡之虛。分康叔之大路、少帛、綪茷、旃旌、大呂，殷民七族：陶氏、施氏、繁氏、錡氏、樊氏、饑氏、終葵氏，封畛土略，自武父以南及圃田之北竟，取於有閻之土以共王職，取於相土之東都以會王之東蒐。聃季授土，陶叔授民，命以康誥而封於殷虛，皆啓以商政，疆以周索。分唐叔以大路、密須之鼓、闕鞏、沽洗、懷姓九宗、職官五正。命以唐誥而封於夏虛，啓以夏政，疆以戎索。

從上述關於周初封建的文獻記載來看，給人的印象似乎是很和平的，在成王時的三監之亂後，周人勢力向東延伸的情況已基本完成，於是成康之際大封天下諸侯，是「天下安寧，刑錯四十餘年不用。」（《史記‧周本紀》）號稱中國歷史上的第一個太平盛世「成康之治」。但如果我們由金文來看，事實並非如此，西周早期的征戰記錄，除記載克殷的〈利簋〉外，尚包括有以下諸器：

　　（1）〈塱方鼎〉

耿鐵華：〈應監甗考釋〉，《東北師大學報》，1981年第6期。李學勤：〈應監甗新說〉，《李學勤集》，黑龍江教育出版社，1989年5月。
〔註6〕 參何樹環：《西周對外經略研究》，國立政治大學中國文學系博士論文，2000年。

佳周公于征伐東夷：**[字]**白（伯）、尃（薄）古（姑），咸伐。公歸，**[字]**
于周廟。戊辰，酓（飲）秦酓（飲），公賞**[字]**貝百朋，用乍尊鼎。（圖
七十八）

（2）〈禽簋〉

王伐**[字]**侯，周公某（謀），（？）禽**[字]**，禽又（有）政**[字]**，王易（錫）
金百乎，禽用乍寶彝。（圖七十九）

（3）〈剛劫尊〉

王征**[字]**，易（錫）剛劫貝朋，用乍□□且（祖）缶（寶）尊彝。（圖
八十）

（4）〈康侯簋〉

王來伐商邑，征（誕）令康侯**[字]**于衛，濇嗣土（徒）逘眔**[字]**，作厥
考尊彝。（圖二）

（5）〈魯侯尊〉

唯王令明公遣三族伐東國，在□，魯侯又（有）囝（繇）工（功）。
用乍（作）旅彝。（圖三十九）

（6）〈小臣謎簋〉

敱，東夷大反，白（伯）懋父以殷八自（師）征東夷。唯十又一月，
遣自**[字]**自（師），述（遂）東陕伐海眉（湄）。雩屰（厥）復
歸才（在）牧自（師），白（伯）懋父承王令易（錫）自（師），達
征自五齵貝。小臣謎蔑曆眔易（錫）貝，用乍寶尊彝。（圖三十六）

（7）〈雪鼎〉

佳王伐東夷，**[字]**（漮？祭？）公令雪眔（暨）史旟曰：以師氏眔（暨）
有嗣後，或**[字]**伐**[字]**，雪孚（俘）貝，雪用乍**[字]**公寶障鼎。（圖八十一）

（8）〈寋鼎〉

王令**[字]**蔑東反夷，寋肇從**[字]**征，攻**[字]**（戰？）無啻（敵），省于屰（？）
身，孚（俘）戈，用作寶障彝，子＝孫（＝）其永寶。（圖八十二）

（9）〈旅鼎〉

佳公大俌（保）來伐反夷年，在十又一月，庚申，公在盩自，公易
旅貝十朋，旅用乍父尊彝。（圖八十三）

（10）〈呂壺〉

唯四月，伯懋父北征。唯還，呂行殺（？）孚（捋）兕（犀），用乍（作）寶尊彝。（圖八十四）

另外尚有伐西北鬼方的〈小盂鼎〉，這些青銅器銘文以其時代與討伐對象的關係可作表如下：

	克商	東征	伐東夷	伐鬼方	北　征
武王	利簋				
成王		塱方鼎、康侯簋	禽簋、剛劫尊		
康王			魯侯尊、雪鼎、𢽍鼎、旅鼎、小臣謎簋	小盂鼎	呂壺（一說昭王）

　　（2）、（3）中的「樆」，一說為楚，〔註7〕或以為「奄」。〔註8〕然楚字在金文中的字形作𣥺（〈令簋〉），𣥺（〈楚公鐘〉），𣥺（〈曾侯乙編鐘〉），其所從的「止」形是非常明確的，由字形來看，將「樆」釋為楚是顯然有疑問的。至於將「樆」釋為奄，雖然《史記‧周本記》有：「召公為保、周公為師，東伐淮夷、殘奄、遷其君薄姑，成王自奄歸，在宗周。」《尚書大傳》亦云周公輔政「一年救亂，二年克殷，三年踐奄。」知奄為當時東方之邦國，國君之名為薄姑，有時又以國君之名為國名。且伐奄之役，可能是成王以周公任統帥，御駕親征，與伐淮夷，是同一次戰役，又（1）云「隹周公征伐東夷，𣥺伯，尃古（薄姑）」。這種若合符節的情形，似乎是說明了「樆」釋為奄的可能性，但奄字在金文中的字形作「𣥺」（〈應公鼎〉），字形上顯有重大歧異，使「樆」釋為奄的說法，仍留有討論的空間。（6）、（10）率領軍隊征討的主帥都是伯懋父，伯懋父很可能就是《逸周書‧作雒》中的中旄父，也就是康叔丰之子康伯髦，是周公的子姪輩，〔註9〕而由〈呂壺〉中雖云北征但卻有俘貝的記載來看，很可能是指北方近海之處，也就是東北燕國附近一帶的方國。

　　康王時東方淮夷大反的歷史不見於史籍，在金文中，此時對東夷的用兵卻是十分頻繁，甚至由周王親自督軍出征「隹王伐東夷」（7），如果配合後世諸王對東南諸蠻用兵的情形來看，不難知道周人雖用武力征討不臣的蠻夷

〔註7〕郭沫若：〈禽簋考釋〉，《兩周金文辭大系考釋》（《周代金文圖錄及釋文》，台灣大通書局，1971年。）

〔註8〕馬承源主編：《商周青銅器文選》Ⅲ，頁17、18，文物出版社，1988年。

〔註9〕陳夢家：《西周銅器斷代》，頁20，據中華書局，2004年。

諸邦，但是在其內政上卻無法做有效的掌控，〔註10〕故被征討過的蠻夷有時服時叛的情形，例如厲王時的鄂侯，〈鄂侯馭方鼎〉記鄂侯納壺於王：

　　王南征，伐角、遹，唯還自征，才（在）坯，噩（鄂）侯馭方内（納）
　　壺于王。（圖八十五）

而約略同時期的〈禹鼎〉卻記載了鄂侯率領蠻夷入侵周邦：

　　亦唯噩（鄂）侯馭方率南淮尸（夷）、東尸（夷）廣伐南或（國）、
　　東或（國），至于歷内。（圖三十一）

所以康王時所謂的「東夷大反」，很可能就是指成王時曾被討平歸服的東方邦國再度作亂。如果再配合周初在東方分封的情形來看，東征後在東方的主要國家為齊、魯、燕，這三個諸侯國非宗親即為功臣之後，且分別賦予了征討東方，以靖海內的職責，如齊，《左傳·僖公四年》：

　　昔召康公命我先君大公曰：「五侯九伯，女實征之，以夾輔周室。」

而東方如有小變故，周王也確實是令此三國來維持，如魯：

　　唯王令明公遣三族伐東或（國），在□，魯侯又（有）囦（絲）工（功）。

〔註10〕周雖有「監國」之制，但就今所見材料，未有至蠻夷戎狄之國者，試簡要說明如下。〈仲幾父簋〉：「仲幾父史（使）幾史（事）于者（諸）侯、者（諸）監。」〈應監甗〉：「應監作寶尊彝。」〈應監甗〉的作器者是應監，為應國之監。監，《周禮·大宰》：「乃施典于邦國，而建其牧，立其監。」注云：「監，謂公侯的子男，各監一國。」孫詒讓《周禮正義》：「監，監一國，謂君也。」此是以「監」為君主之意。然周初之「監」，漢代經傳多以為監視之意，並以周初三監為例，然清人姚鼐對此已有所駁斥，云：「周謂諸侯君其民曰『監』，故曰『監殷』，非監制武庚之謂也。〈梓材〉曰『王啓監』，言天下之諸侯也。〈多方〉曰『今爾奔走臣我監五祀』，言畿內諸侯也。周制，親、賢並建，武庚為殷侯，存商祀也；管、蔡為侯，富貴之也：是謂『三監』，夫豈疑其為亂哉！故〈大誥〉曰『亦惟在王宮、邦君室』，明管、蔡之為邦君也。管蔡既誅，乃併三國之地以與衛；其始固與武庚各為國焉爾。周之侯專制；秦法乃令御史監郡，衰世法也。漢儒作《王制》者，習聞秦制，又附天子賜命諸侯上卿之說及武庚監殷之事，乃云：『天子命其大夫為三監，監于方伯之國，國三人。』夫命為方伯，非賢莫可授也，授其賢而疑其心，使王朝之臣以監之，何其示天下之小與？此真漢儒之謬說也。」（姚鼐《惜抱軒全集·管叔監殷說》）故在周初，凡是統治地方人民的，無論是本邦之民，或是監殷勝國遺民，同樣可以用「監」之名。而周對蠻夷的關係，也僅是征討與貢納，不僅不存在監國之制，更沒有干涉其內政。參顧頡剛：〈三監人物及其疆地〉，《文史》，1984 年第 22 輯（顧頡剛遺著）。耿鐵華：〈應監甗考釋〉，《東北師大學報》，1981 年第 6 期。李學勤：〈應監甗新說〉，《李學勤集》，黑龍江教育出版社，1989 年 5 月。何樹環：《西周對外經略研究》，國立政治大學中國文學系博士論文，2000 年。

用乍（作）旅彝（〈魯侯尊〉）

故這所謂「刑錯四十餘年不用」，實際上是包含了相當程度的戰爭，其征討的對象除了西北方的邊疆民族外（鬼方），主要是平定三監之亂後對東方的經略，而由於淮夷的時服時叛，使齊、魯、燕等經由封建而來的東方大國，在維繫王朝秩序和作為王朝力量在東方持續開展的意義就十分重要。

我們再配合封建時授民授疆土的情形來看。我們已經知道授疆土是給予土地作為發展、生存的依據。而授民可以分為兩個層級：一種是授予周人，是作為其基本武力和統治官吏的主要來源；另一種是授予附屬於當地的土著或殷民，是作為其主要的生產勞動力。歸結起來就是要用族群的融合來達到化大為小，分別治理的目的。而周初在東進的過程中，儘管有東夷、淮夷時服時叛的困擾，但結合《左傳》所記對魯分封的情形「因商奄之民，命以伯禽而封於少皞之虛」可以知道，封建並不是有待於該一區域完全穩定後始進行，而是如學者所說，建立起類似於橋頭堡的據點來達成勢力擴展的目的。〔註11〕既然如此，我們可以大膽的假設：周人對東方廣大土地的控制並不是一種全面的掌握，在某一個時期裏，也就是東夷、淮夷馴服的階段，可能達到「全面」或較「全面」的程度，而周初大部份的時間並非如此，周王僅對某部份，也就是藉由宗族親親之義分封出去的功臣、宗族所佔有的土地擁有控制的權利和能力。更進一步來說，那些被討伐的東夷，雖然暫時臣服於周，但是其所佔領的土地仍有相當程度的自主權，並未受到周王朝的干預，故即使在東進的過程中，封建是伴隨其武力的擴展在進行著，但其實際所能掌握的也只是封建出去的諸侯國，那些被稱為侯伯的蠻夷之邦的首領，往往只是周人所給予的封號，其所以如此，乃是使之名義上納入王朝的秩序，另一方面也是承認其既有的勢力。所以，在土地所有權的關係上，即便是確實存在過「王土」的觀念，那也是本於周人取得天下，為天下共主的觀念的延續，是一種名義上的「王土」，並非實際。

二、殷遺民與土地的關係

周人擊敗殷商而有天下，周人是如何對待這些戰敗國的子民呢？過去有學者認為是把殷民降為種族奴隸或宗族奴隸。〔註12〕但事實上並非皆是如此，早

〔註11〕杜正勝：《周代城邦》，聯經出版社，1979 年。
〔註12〕田昌五：〈中國奴隸形態之探索〉，《新建設》，1962 年第 6 期。

在尚未克殷的文王時期，周人對於「投誠」的殷貴族就表現出熱烈的歡迎，不但不把他們降爲奴隸，而且授予官職，封予采邑，如《史記・周本紀》：

　　（文王）禮賢下士……辛甲大夫之徒皆往歸之。

《集解》引劉向《別錄》：

　　辛甲，故殷之臣，事紂。蓋七十五諫而不聽，去至周。召公與語，
　　贊之，告文王，文王親自迎之，以爲公卿，封長子。

文王時，西周尚僅爲西方部落首領，文王即廣納殷商賢士。武王克殷後，這種廣納賢士的立場因爲朝野關係的易位而形成所謂「懷柔政策」。此一政策的施行，在文獻可以看到的如《詩・大雅・文王》：

　　侯服于周，天命靡常。殷士膚敏，裸將于京。厥作裸將，常服黼冔。
　　王之藎臣，無念爾祖。

「冔」是殷人貴族所戴的禮帽，《禮記・王制》：「殷人冔而祭」。藎，通進，朱駿聲《說文通訓定聲、坤部》：「藎，假借爲進。」《爾雅・釋詁》：「藎，進也。」時殷已被周所滅，周人不但任用殷人擔任裸祭時的助祭者，且允許其所穿戴的仍爲殷商舊制。另外如《尚書・酒誥》：

　　汝劼毖殷獻臣，侯、甸、男、衛：矧太史友、内史友，越獻臣百宗
　　工，矧惟爾事，服休，服采；矧惟若疇：圻父薄違，農父若保，宏
　　父定辟，矧汝剛制于酒。

獻，讀爲櫱，《說文》：「櫱，伐木餘也。」獻臣猶言遺臣，誥詞中將殷遺臣，侯、甸、男、衛和衛康叔的臣屬太史友、内史友、司馬（圻父）、司徒（農父）、司空（宏父）放在一起訓戒，可見大量的殷遺貴族，在周初時仍然繼續擔任著各種的官職，成爲周人統治組織中的一部份。周初廣納殷商賢士，以及克殷後對殷遺貴族懷柔的情形，由地下發掘出來的史料也同樣獲得充分的證明。周原甲骨 H31：2

　　唯衣（殷）奚子來降，其執（摯）
　　眔（暨）厥吏（事），才（在）
　　斿爾，卜曰：「南宮辟其乍（酢）。」

奚子之族氏未可盡知，或疑奚子的先祖

即《左傳・定公元年》：「薛之先祖，奚仲居薛，以爲夏車正。」中的奚仲。

〔註 13〕執當釋爲縶，即《詩經・周頌・有客》：「有客宿宿，有客信信，言授之縶，以縶其馬。」即留客不使之去之意。〔註 14〕南宮一族是周文王、武王時的重臣，「（文王）度於閔夭而謀於南宮」（《國語・晉語》），韋昭注：「南宮，南宮适。」周初又有南宮忽、南宮百達，「（武王克殷）乃命南宮忽振鹿臺之錢，散巨橋之粟，乃命南宮百達，史佚遷九鼎三巫。」（《逸周書・克殷》）周原甲骨所見周人重臣對殷來降賢士禮遇的情形，與《史記》中召公對待辛甲大夫的情況正可以相呼應。而 1973——74 年北京琉璃河考古工作隊所進行的琉璃河 52 號、54 號墓的挖掘工作中出土的青銅器，正好爲殷遺貴族在周人邦國之中擔任職務提供了最好的證明。52 號墓的墓主叫做復，出土的有銘銅器如：

〈復鼎〉：侯賞復貝三朋，復用作父乙寶尊彝。（圖八十六）

〈復尊〉：匽（燕）侯賞復冂衣、臣妾、貝，用作父乙寶尊彝。（圖十七）

銘文末尾都有⊕此一族徽標識，⊕即舉字。〔註 15〕此族在甲骨文中不屬於「子某」一類，當非商之王族。〔註 16〕又，有⊕徽號之銅器在全國各地皆有出土，知其分佈極廣，推測可能是自夏即已存在的古老氏族。

54 號墓的墓主叫做亞，有銘銅器如：

〈亞盉〉：⊕矣（夒侯亞矣），匽（燕）侯易亞貝，作父乙寶尊彝。（圖八十七）

其開頭⊕矣符號爲殷族常見的族徽（附錄）。除了由族徽的標識可確認「亞」爲殷人外，以銘文中殷人有日名而周人多半沒有日名的習慣來看，書具日名的周代銅器大抵皆爲殷遺民所作。〔註 17〕且據琉璃河西周墓地發掘報告指出，此地墓葬可分爲兩區，I 區爲殷人墓，II 區爲周人墓。M52、M54 皆在 I 區。〔註 18〕燕國爲召公之後，初封在河南偃城，三監之亂後，伯禽封魯，召公之燕亦移封北土，在易州建立燕國，〔註 19〕1975 年北京白浮村出土的西

〔註 13〕徐錫臺：《周原甲骨綜述》，頁 112，三秦出版社，1987 年。
〔註 14〕徐中舒：〈周原甲骨初論〉，《四川大學學報叢刊》第 10 輯，1982 年（《古文字研究論文集》）。
〔註 15〕于省吾：〈釋⊕〉，《考古》，1979 年第 4 期。
〔註 16〕參蔡哲茂：《論卜辭中所見商代宗法》，東京大學東洋史研究所博士論文。
〔註 17〕王承祒：〈周代社會史試論〉，《文史哲》月刊 1953 年第 1 期。
〔註 18〕參《琉璃河西周燕國墓地 1973～1977》，頁 251，北京文物出版社，1995。
〔註 19〕參陳槃：《春秋大事表列國爵姓及存滅表譔異》（三訂本），頁 156～161，史語

周墓葬，〔註 20〕和大凌河流域出土帶有匽（燕）侯字樣的銅器，〔註 21〕都證明了西周時的燕國確實是在今北京附近。〔註 22〕故〈復鼎〉、〈復尊〉、〈亞盉〉中燕侯對復、亞進行賞賜，清楚表示了殷遺貴族在周人邦國擔任職官的情形是確實存在的。

　　既然殷遺貴族受到周人的禮遇，可以擔任職官，成爲統治貴族中的一份子，並且往往保持了氏族的形態，故有學者認爲，那麼理論上，殷遺貴族也當仍繼續保有其領地、采邑。〔註 23〕這個推論在 1977 年陝西扶風莊白村一號窖藏出土的〈癲鐘〉銘文上得到了證實。鐘銘曰：「雪武王既戈殷，微史剌（烈）祖來見武王，武王則令周公舍（捨）寓（宇），以五十頌處。」（圖八十八）一號窖藏共出青器 103 件，有銘文者 74 件，主要爲微氏家族作器，〔註 24〕學者將銘文中所述世族聯係起來，得其世族譜和西周王室的對應關係如下：〔註 25〕

（一）文王―（二）武王―（三）成王―（四）康王―（五）昭王―
（六）穆王―（七）恭王

（一）高祖甲微―（二）烈祖―（三）乙祖――
　　　　　　　　　　　　　附庚嬴┘
（四）亞祖辛――（五）文考乙公―（六）丁公（墻）―
　　　作冊旂┘　　　　　豐┘　　　　　陵　┘
（七）微白癲

微氏家族在武王克殷後來見武王，自此歷任西周史官之職，並得到五十頌的土地賞賜，頌當即通，《司馬法》：「井十爲通。」頌等於十個方里，五十頌就是五百個方里。〔註 26〕學界對銘文中的「頌」雖或有不同的理解，〔註 27〕然

　　　所專刊之 52，民國 86 年景印四版。
〔註 20〕北京文物管理處：〈北京地區的又一重要考古收獲――昌平白浮西周木槨墓的新啓示〉，《考古》，1976 年第 4 期。
〔註 21〕北洞文物發掘小組：〈遼寧喀左縣北洞村出土的殷周青銅器〉，《考古》，1974年第 6 期。
〔註 22〕北京琉璃河西周墓地並發現周初燕侯墓，參殷瑋璋〈新出土的太保銅器及其相關問題〉，《考古》，1990 年 10 期。
〔註 23〕杜正勝：〈封建與宗法〉，《史語所集刊》第 50 本第 3 份，1979 年。
〔註 24〕〈陝西扶風庄白一號西周青銅器窖藏〉，《文物》，1978 年 3 期。
〔註 25〕伍仕謙：〈微氏家族銅器群年代初探〉，尹盛平主編《西周微氏家族青銅器群研究》，文物出版社，1979 年。
〔註 26〕唐蘭：〈略論西周微史家族窖藏銅器群的重要意義――陝西扶風新出墻盤銘文

此家族在殷商時即已任史官，便當有其聚居之地，來見武王後繼任史官之職，又得土地的賞賜（捨宇），當時殷遺貴族在周人邦國任職並領有土地的情形即可想見；而前述在燕國任職的「亞」，既有青銅器的製作，若要說其沒有土地，恐怕也是不太可能的。

歸服於周人的殷遺貴族，在周人懷柔政策之下，不但可以繼續保持貴族的身份，成為統治階級中的一份子；對土地不僅是繼續保有，甚至還得到周王的封賞，領地更形擴大，那麼殷遺貴族中的敵對分子又如何呢？《逸周書・作雒》：「俘殷獻民，遷于九畢。」此處的獻民，孔晁注：「士大夫之謂也。」當即《尚書・多士》中的「商王士」，王應麟稱之為「商之忠臣義士」。〔註28〕「義士」乃知書達禮之士，猶後代所言之「文獻世家」，也就是一批懷抱著反對周人統治的殷貴族。〔註29〕周人將這批人集中在成周附近，並對其生活有所安排：「爾乃尚有爾土，爾乃尚寧幹止。爾克敬，天惟畀矜爾；爾不克敬，爾不啻不有爾土，予亦致天之罰于爾躬。今爾惟時宅爾邑，繼爾居，爾厥有幹有年于茲洛，爾小子，乃興從爾遷。」（《尚書・多士》）這些貴族既然是從各地遷移而來，那麼所謂的爾土、爾居，自然是周人為其安排，非其原本之領地。在這種情況下所表現出周人對土地的權利，可以說是勝利者對戰利品的宰制和分配的一種反映，與所謂「王土」的觀念，其間的關聯性應該不大。

綜上所述，西周早期文、武、成、康之世，僅管存在著「王土」的觀念，但不論是由東進擴展的過程，或是殷遺貴族歸服周人後繼續保持貴族身份的角度來看，西周所謂的「王土」始終只能保持在名義上的層次，未能落實到實際政策中，因為前者有蠻夷之人時服時叛的事實；後者既然繼續保有其貴族的身份，那麼就不能不受到「世卿世祿」的影響，除非有舉族遷移的必要和事實，周人是沒有理由也不會奪取已歸順的殷貴族的「世祿」。

解釋〉，《文物》，1978 年第 3 期。

〔註27〕如劉翔以「頌」為殷人占筮的卦辭解釋。劉桓認為是「禮容威儀」。參：〈「以五十頌處」解釋〉，《學習與思考》，1982 年 1 期。劉桓：〈墙盤銘文札記〉，故宮博物院院刊 2004 年 1 期。

〔註28〕王應麟：《困學紀聞》卷二頁二十四，新文豐出版社，民國 77 年。

〔註29〕劉師培：《左盦集》卷一，據《劉申叔遺書》，頁 1205～1206，江蘇古籍出版社，1997 年。

附錄：

採自許倬雲：《西周史》p108。

又何景成：《商周青銅器族氏銘文研究》（齊魯書社 2009 年）列有

更豐富完整之材料，可參看。

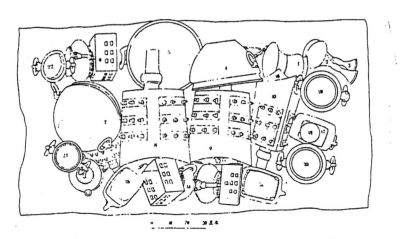

銅器窖藏下層平面圖

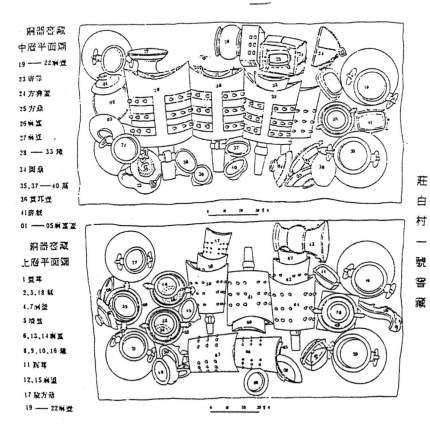

採自〈陝西扶風庄白一號西周青銅器窖藏〉,《文物》1978 年 3 期。

第二節　昭、穆、恭、懿、孝、夷時期——諸侯貴族掌握土地所有權的途徑

　　過去以「王有」來統稱西周時期土地所有權的情形，現在看起來，最多僅能限於西周早期，而這種「王有」的局勢，在當時封建諸侯與蠻夷戎狄犬牙交錯的分佈型態，及殷遺貴族繼續保有土地的大環境下，其範圍應該是僅限於周人封建佔領的土地和殷遺貴族中，歸服於周人、在周人邦國中任官職者，而與周人邦國交錯相鄰的夷狄顯然不在其中。這種呈零碎塊狀分佈的土地佔領形勢，就使「溥天之下，莫非王土，率土之濱，莫非王臣」的「王土」觀念，其名義遠超過實質。但對於周人掌握範圍內的土地，「王土」觀念在西周初期也確實是發揮了相當的作用，因為不論是交換買賣，乃至於賠償兼併的情形，在初期都不曾發生，若以授民授疆土的角度來看，這種權利的行使，在西周初期也確實是僅有王能擁有此一權利，當然這也可能是和封建初期，諸侯貴族新得土地，致力於開墾與安定，以及周人全面動員實行東進政策的連年征戰有關。而這種名義上的土地王有並不具備強制的約束力，於是就為諸侯貴族在中期時可以自行處置土地的權力提供了發展的空間。在此前提下，過去學者多據王朝威勢和諸侯權力的消長，來解釋中期以來土地所有權逐漸下移的現象，但此一觀點是否完全符合當時的歷史事實呢？為解決此一問題，我們先來了解中期以來權力消長的情形，再配合土地相關銘文作一探討。

　　中期諸王之事見於文獻的記載不多，王朝權利行使的情形並不是很清楚，由幾個事件的情形來看，王朝威勢確實是逐漸在減退。昭王時，《史記‧周本記》即云：

> 康王卒，子昭王瑕立。昭王之時，王道微缺。昭王南巡狩不返，卒於江上。

《帝王世紀》本《呂氏春秋‧音初》之記載云：

> 昭王德衰，南征濟于漢，船人惡之，以膠船進王，王御船至中流，膠液船解，王及祭公俱沒于水中而崩。〔註30〕

〔註30〕昭王對南方的經營，葉達雄以為共歷四次南征。第一次為宗周鐘所記「王肇遹省文武、堇（覲）疆土，南或（國）艮孳（子）敢舀（陷）虐我土，王辜（敦）伐其至，戟伐厥都。艮孳（子）迺遣閒來逆卲王，南尸（夷）、東尸（夷）具（俱）見廿又六邦。」第二次在昭王十六年，《初學記》引《竹書紀年》：「周昭王十六

昭王南征的情形和所謂「王道微缺」、「昭王德衰」的具體事實已不可盡知，
但昭王初立之時釐訂法條的作爲，仍不失王朝威儀，《竹書紀年》：

> （昭王）元年庚子春正月即位，復設象魏。

此事可與《周禮》合觀，〈天官·大宰〉：

> 正月之吉，始和布治于邦國都鄙，乃懸治象之灋于象魏，使萬民觀
> 治象，挾日而斂之。

鄭玄注：

> 大宰以正月朔日布王治之事於天下，至正歲又書而懸於象魏，振木
> 鐸以徇之，使萬民觀焉。

知象魏即王朝懸置法令，昭告天下萬民的地方。昭王所定之法爲何，亦不復
得知，或據《竹書紀年》成王二十一年除治象（《竹書紀年》成王共三十七年，
康王二十六年，至昭王立除治象共四十三年）學者疑《史記·周本紀》：「成、
康之際，天下安寧，刑錯四十餘年不用。」即指此而言。〔註31〕然此事亦見
於《國語·齊語》：

> 管子對曰：「昔吾先王昭王穆王世法文武，遠績以成名，合群叟，比
> 較民之有道者，設象以爲民紀，式權以相應，比綴以度，轉本肇末，
> 勸之以賞賜，糾之以刑罰，班序顚毛，以爲民紀統。」

韋昭注：

> 轉，等也。謂先等其本，以正其末。

則昭王所定之法，其範圍似不局限於刑法一端。關於當時刑法的情形，據《史
紀·周本紀》可知，至少在穆王時已具相當規模：

年伐楚荊，涉漢遇大兕。」第三次在昭王十九年，《初學記》引《竹書紀年》：「周
昭王十九年，天大曀，雉兔皆震，喪六師于漢。」第四次在昭王末年，《太平御
覽》引《竹書紀年》：「昭王末年夜有五色，光貫紫微，其南王南巡不返。」此
即《左傳·僖公四年》所言：「昭王南征而不復。」按，昭王南伐楚荊之事亦見
於〈𡐦馭簋〉、〈過伯簋〉等器，葉氏謂昭王南征楚荊可能不只一次，是值得注
意的。而〈宗周鐘〉中的「𨷂（昭王」之「𨷂」，唐蘭已指出應當爲動詞，作「見」
解。且學者多已指出，由1978年陝西扶風縣法門公社齊村所出〈㝬簋〉可知，
㝬即屬王之名，文獻作胡（《史記·周本記》），故鐘銘曰：「㝬其萬年，畯保四
國」，㝬即是屬王之名，〈宗周鐘〉實應視爲屬王時器。葉說參：〈西周昭穆恭懿
孝夷時代的內政措施與對外關係〉，《國立台灣大學歷史學系學報》，1978年第5
期。唐說參：〈周王㝬鐘考〉，《故宮博物院年刊》，1936年。

〔註31〕葉達雄：〈西周昭穆恭懿孝夷時代的內政措施與對外關係〉，《國立台灣大學歷
史學系學報》，1978年第5期。

吁，來，有國有土，告汝詳刑。在今安爾百姓，何擇非其人，何敬
非其刑，何居非其官與？兩造具備，師聽五辭；五辭簡信，正於五
刑。五刑不簡，正於五罰；五罰不服，正於五過；五過之疵，官獄
內獄；閱實其罪，惟鈞其過。五刑之疑有赦，五罰之疑有赦，其審
克之。簡信有眾，惟訊其稽，與簡不疑，共嚴天威，黥辟疑赦，其
罰百率，閱實其罪。劓辟疑赦，其罰倍灑，閱實其罪。臏辟疑赦，
其罰倍差，閱實其罪。宮辟疑赦，其罰五百率，閱實其罪。大辟疑
赦，其罰千率，閱實其罪。墨罰之屬千，劓罰之屬五百，宮罰之屬
三百，大辟之罰，其屬二百。五刑之屬三千。〔註32〕

　　昭、穆二王在內政上既有所建樹，為何又說此時「王道衰微」呢？很可
能是與不以威德服人，輕易發動戰爭有關。穆王時「將征犬戎，祭公謀父諫
曰：『不可，先王耀德不觀兵，夫兵戢而時動，動則威，觀則玩，玩則無震。』」
（《史記‧周本紀》）張守節《正義》曰：「先王以德光耀四方，不用兵革征伐
也。」觀兵並不一定是征伐，也有陳列軍隊，展示武力，用以炫耀、示威的
意思，《左傳‧僖公四年》：「觀兵於東夷。」杜注：「觀兵，示威。」震亦即
威，《廣韻‧震韻》：「震，威也。」王引之《經義述聞》：「震，亦威也。上言
威，下官無震，互文耳。」穆王出兵犬戎乃因其不來獻享，但事實上，犬戎

〔註32〕按，《周禮‧秋官‧司刑》所記刑罰與此略異：「司刑掌五刑之灋以麗萬民之
　　　罪，墨罪五百，劓罪五百，宮罪五百，刖罪五百，殺罪五百。」又《史記》
　　　此段記載出自《尚書‧呂刑》，傅斯年以為此篇非王朝及中原諸侯之書，而是
　　　呂王之書，云：「〈呂刑〉雖列《周書》，但在先秦文籍今存者中，僅有《墨子》
　　　引它。若儒家書中引〈呂刑〉者，只有漢博士所作之《孝經》與《禮記》而
　　　已，《呂刑》全篇祖述南方神話，全無一字及宗周之典。其篇首曰：『惟呂命
　　　王，享國百年耄荒。度作刑以詰四方。』《史記》云：『甫侯言於王。』鄭云：
　　　『呂侯受王命，入為三公。』這都是講不通的話，『呂命王』到底能不能解作
　　　『王命呂』，如以命為呂王之號，如周昭王之類，便文從字順了，篇中王曰便
　　　是呂王了。」傅氏之說是否精當猶有可商，篇首「惟呂命王」四字，通常斷
　　　句在命字，王字與下文連讀，屈萬里《書經釋義》即云：「按，本篇〈呂刑〉
　　　首句，蓋依偽孔傳至命字絕句；『惟呂命』，說王命呂也。以『享國百年』之
　　　語證之，此王疑即周穆王。」其後屈氏於《尚書集釋》續有補充：「段氏《古
　　　文尚書撰異》云：『按：『呂命穆王訓夏贖刑』八字一句，謂呂侯命穆王也。
　　　鄭注〈緇衣〉云：『傅說作書，以命高宗。』是臣告君，亦可謂之命，然以臣
　　　命君，究屬罕見之例。茲仍從鄭氏斷句。惟呂命者，乃史官記事之辭，言王
　　　命呂也。」傅說見：〈大東小東說〉，《史語所集刊》第2本第分，1931年。屈
　　　說分見：《書經釋義》，華岡出版社，1968年、《尚書集釋》，聯經出版社，1983
　　　年。

屬當時的「荒服」,「荒服者王」(〈周本紀〉),即有繼立爲王者乃來朝享,而「自大畢伯士之終也,犬戎氏以其職來王。」(〈周本紀〉)是犬戎並無越矩或入侵之行爲,故穆王此舉可謂師出無名,其結果僅得四白狼,四白鹿,卻付出「自是荒服不至」的代價。「荒服不至」可說是穆王不以威德服遠方,妄動干戈,在王朝威勢上的立即反應。而出兵遠征,其所動用的人力、物力,因軍需的運輸和路途中的損耗更是數倍於軍旅的實際所需,在勞師動眾之餘,僅得珍異的白狼、白鹿,這種情形對於參予其事的人不但是相當無謂,對其他的封建諸侯而言,其感受當與幽王燃烽火臺僅爲博得褒姒一笑的情形相類似。這種層面廣泛的內在影響,對於王朝的傷害,無疑是較外在的「荒服不至」更爲巨大、深遠。

恭、懿、孝、夷四王,除了恭王發兵滅密之外,主要行爲還是在內政上。恭王滅密之事見於《國語・周語》:「恭王遊於涇上,密康公從,有三女奔之。其母曰:『必致之於王,夫獸三爲群,人三爲眾,女三爲粲,王田不取群,公行下眾。王御不參一族。夫粲美之物也。眾以美物歸女(汝),而何德以堪之。王猶不堪,況爾小醜乎。小醜備物必之。』康公不獻,一年王滅密。」密與文王所伐之密須同在今陝西零臺縣,密爲姬姓,密須爲姞姓,文王伐密須而封同姓之密。〔註33〕周人伐同姓之事,於此之前僅見於三監之亂,今恭王爲密康公不獻三女而伐同姓,對於當時以血緣宗親爲紐帶的社會裏,造成對王朝的傷害,可說是王朝與宗親貴族關係的破裂,由宣王伐魯的記載即可明確清楚此一情形。《國語・周語》:「三十二年春,宣王伐魯,立孝公。諸侯從是而不睦。」韋昭注:「從是而不相親睦於王。」經過穆王、恭王兩次不合宜的軍事行動,在內部可能已經造成了封建諸侯以及貴族的反感和軍事動員上的困難,故恭、懿、孝三王在作爲上由已往的對外經營轉而對內,經由冊命廷禮等方式,強化內部組織,伊藤道治氏即云:「繼穆王的恭王、懿王、孝王時期,像是整個社會變動的停止時期。就是根據金文,關於戰爭的記事也幾乎沒有,對於屬職任命的儀禮等,在制度上已經開始固定化。」〔註34〕

〔註33〕參註4。

〔註34〕伊藤道治之原文作:「穆王につづく共王、懿王、孝王の時期は,このよろな社會全般にわたる動きの停止の時期であったらしい。金文によっても,戰爭に關する記事はほとんだなくなり,それに對して官職任命式の儀禮などが,制度とし固定しばじめる。」見氏著:《中國の歷史──原始から春秋戰國》,1981年。

　　儘管相關禮儀已逐漸固定化，但在王朝威權日漸喪失的大趨勢下，夷王時乃有天子下堂見諸侯的情事發生。天子下堂見諸侯，依經學家的看法，認爲此乃變禮。《禮記‧郊特性》：

　　　　覲禮，天子不下堂而見諸侯。下堂而見諸侯，天子之失禮也，由夷
　　　　王以下。

鄭玄注：

　　　　時微弱，不敢自尊于者侯也。

孔穎達疏：

　　　　按覲禮，天子負斧依南面，諸侯執玉入，是不下堂見諸侯也。

而崔述對此則持相反的意見：

　　　　余按，《書‧康王之誥》云：「王出在應門之内，畢公帥東方諸侯入
　　　　應門之内，召公帥西方諸侯入應門右。」但云「在應門内」而無「躋
　　　　階」之文，則王非在堂上甚明。然則夷王以前未必絕不下堂也。……
　　　　王室衰弱，號令不行則有之，朝覲之文未之改也。然則夷王之後，
　　　　亦未必皆下堂也。……又按，古有師其臣者，有賓其臣者。成王之
　　　　於周公，拜手稽首。故凡經傳稱君弱臣強者，多自臣之僭禮言之；
　　　　若天子過於降抑，此自其君之謙，不必皆微弱而後然，故漢光武與
　　　　子陵同寢，唐神堯引群臣升座，而宋度宗亦嘗拜賈似道。雖其是非
　　　　得失不同，要不因於君弱臣強之故。然則王室之強弱亦未必盡在下
　　　　堂與否也。〔註35〕

按，天子下堂見諸侯之事，由《禮記‧郊特牲》：「庭燎之百，由齊桓公始也，大夫之奏肆夏也，自趙文子始也，……大夫而饗君，非禮也。大夫強而君殺之義也，由三桓始也。」記非禮、變禮之事皆有始者，獨「天子下堂」記「由夷王以下」，以文例來比對，天子下堂見諸侯，可能並非自夷王開始，且夷王後的諸王亦未必皆如此。但君弱臣強的情勢是可以肯定的，且此事可與齊桓公庭燎之百，趙文子奏肆夏等非禮、變禮之事相比對，天子下堂屬變禮之事已無庸懷疑，故白川靜氏云：「《郊特牲》此章所言：『天子無客禮，莫敢爲主焉。君適其臣，升自阼階，不敢有其室也。』這段話的中心思想是天子無主客之禮，若由此看，夷王堂下之禮，無疑當爲變禮。」〔註36〕

〔註35〕崔述：《考信錄》（豐鎬考信錄卷六），世界書局，1989年第4版。
〔註36〕白川靜：《西周史略》，袁林譯，三秦出版社，1992年5月第1版。

中期諸王雖在內部法令制度上有所建樹，但這作爲對封建諸侯貴族的維繫力量，恐怕仍不及於無故遠征，殘毒同姓，和在臣強君弱的情勢下，天子自壞體制所帶來的傷害，無怪乎太史公在述及這段歷史時一再強調「王道微缺」（昭王）、「王道衰微」（穆王）、「王室遂衰」（懿王），由「微缺」，到「衰微」，到「遂衰」，這其間的用字恐怕不是沒有道理的。

相對於王室的衰微，諸侯貴族的權力逐漸擴大，這種情形具體地表現在以下幾個方面，首先來看諸侯封國內官吏組織的漸形完備。在記載西周早期的文獻中已有相當多職官的名稱，如《尚書・牧誓》：

> 王曰：「嗟，我友邦冢君，御事：司徒、司馬、司空、亞、旅、師氏：千夫長、百夫長……稱爾戈，比爾干，立爾矛，予其誓。」

〈大誥〉：

> 肆予告我友邦君，越尹氏、庶士、御事。
>
> 義爾邦君，越爾多士、尹氏、御事。

〈顧命〉：

> 師氏、虎臣、百尹、御事。

上引文中之「御事」既可爲一般官吏的統稱，又可與尹氏、百尹、庶士、師氏、虎臣對文，學者即指出，渾言之，御事可爲百官；析言之，乃主管官，武官之外之一般官吏。〔註 37〕御事相對於金文，當即爲「卿士僚」。〈作冊令方彝〉銘文云：

> 唯八月，辰在甲申。王令周公子明保尹三事四方，受卿事寮。丁亥，令矢告于周公宮，公令徃同卿事寮。唯十月月吉癸未，明公朝至于成周，徃令舍（捨）三事令，眔卿事寮、眔者（諸）尹、眔里君、眔百工、眔者（諸）侯：侯、田、男，舍（捨）四方命。（圖八十九）

金文中卿士僚既可單獨使用，又與諸尹、里君、百工、諸侯等對文，正與文獻中的御事相當。

另外如三有嗣，〈牧誓〉有「司徒、司馬、司空」，〈酒誥〉亦有「圻父薄違，農父若保，宏父定辟」。或疑圻父即司馬，農父爲司徒，宏父爲司空。〔註 38〕

〔註 37〕屈萬里：《尚書集釋》，頁 111，聯經出版社，1983 年。

〔註 38〕阮元十三經注疏本以「矧惟若疇圻父，薄違農父，若保宏父定辟」爲句，今屈萬里氏依蔡沈《書集傳》以「矧惟若疇，圻父薄違，農父若保，宏父定辟」爲句。僞孔傳云：「圻父，司馬。農父，司徒。」又云：「宏父，司空。」屈萬里氏云：「《詩經・小雅・祈父》：『祈父，予，王之爪牙。』毛

在早期金文中，亦不乏三有嗣的記載，如〈康侯簋〉（成王時器）：

王來伐商邑，祉令康侯啚于衛，渣嗣土（徒）遠眔啚，作厥考尊彝。

（圖二）

〈嗣土幽尊〉（早或中期器）：

螯嗣（司）土（徒）幽作祖辛旅彝。（圖九十）

螯亦見於〈旅鼎〉（康王時器）：「隹公大保來伐反尸（夷）年，才（在）十又一月庚申，公才（在）螯師。」（圖八十三）螯師即召公東伐反夷時的駐紮地，知螯為周初之地名，復與螯嗣徒相參照，可知螯司徒當同於〈康侯簋〉之渣嗣徒，即諸侯之司徒。由於早期諸侯國內三有嗣之名僅見司徒之官，未見司馬、司空，可能當時的諸侯封國在內政的職官體制尚未完全建立。中期以後的金文，則普遍可以看見諸侯國內三有嗣的設置，如司徒，〈魯司徒中齊嗣〉：「魯嗣（司）徒中齊肇乍皇考白（伯）走父簋。」（圖九十一）司馬，〈豆閉簋〉：「嗣笈舫邦君嗣馬弓矢。」（圖九十二）〔註39〕司空，〈永盂〉：「公迺命西嗣徒凸父、周人嗣工（空）眉、淵史、師氏、邑人奎父、畢人師同，付永厥田。」（圖十一）而具體呈現出封國內三有嗣同時存在的如〈五

傳云：『祈父，司馬也；職掌封圻之兵甲。』偽孔以圻父為司馬，蓋本此說。至以農父為司徒，宏父為司空，則未詳所據，蓋臆言之也。又按，古者往往以父名官，《詩經・大雅・韓奕》有顯父。《周書・成開》亦有顯父，又有言父、正父、機父等官。則此圻父、農父、宏父之為官名，當無可疑，惟其職掌如何，尚待詳考耳。」參屈萬里：《尚書集釋》，頁165，聯經出版社，1983年。

〔註39〕〈豆閉簋〉中的「嗣笈俞邦君嗣馬弓矢」郭沫若以為即《周禮・夏官》中的都司馬。然據《周禮・夏官・司馬》序官，鄭注云：「都，王子弟所封及三公采地也，司馬主其軍賦。」此盨（俞）邦君是友邦之君，與鄭注所說的似乎並不相同。張亞初、劉雨則以為此「邦君嗣馬」應該是類似于諸侯之司馬，是屬于王朝中央的，地方的司馬之外的另一個類型的司馬。（1986）又有以司馬與弓矢連讀，作「司馬弓矢」，為職官專名。其根據在於對金文中，以嗣（司）字為動詞，其後所跟隨之賓語的文例比較，認為凡職掌職事，往往在動詞下直接承以某事的客體名詞，如人、或物、或地，而〈豆閉簋〉中嗣（司）字是動賓結構中的動詞，作為賓語的嗣（司），馬弓矢」既非人，又非地，而是動賓關係的詞組，這種結構正是西周官名中所常見的。見潘建民：〈豆閉簋「嗣笈俞邦君嗣馬弓矢」解〉，《上海博物館集刊》，1986年第3期。郭說見：《金文叢考・周官質疑》，北京科學出版社，1954年。今據《郭沫若全集・考古編》，北京科學出版社，2002年。張亞初、劉雨說見：《西周金文官制研究》，頁14，北京中華書局，1986年。

祀衛鼎〉：

> 迺令參有嗣：嗣土（徒）邑人趞、嗣馬須人邦、嗣工隆矩，內史友
> 寺芻，帥履裘衛屬田四田，迺舍寓（宇）于厥邑。（圖五十八）

由此看來，諸侯封國內的官吏組織，在中期的初葉即已大致完備，並發揮出
與王官有司類似的權力與功能。

　　而這種逐漸形成的「地方政府」形態，是如何完成的呢？除了使用逐級
分封的方式，很可能諸侯貴族透過與王朝中央相同的「冊命之典」，將封國
內的貴族與職官系統作緊密的結合，也是途徑之一。如〈卯簋〉（懿王時器）：

> 唯王十又一月既生霸丁亥，榮季入右卯，立中廷。榮伯乎令卯曰：
> 覿乃先祖考死嗣榮公室，昔乃祖亦既令乃父死嗣莽人，不盩，寽我
> 家，窦用喪。今余非敢夢先公又□遂，余懋再先公官。今余唯令女
> 死莽官、莽人，女毋敢不善。錫女瓚四、璋轂、宗彝一䘴，寶。錫
> 女馬十四、牛十。錫于乍一田，錫于窞一田，錫于隊一田，錫于截
> 一田。卯拜手稽手，敢對揚榮伯休。用作寶尊簋。卯其萬年，子子
> 孫孫永寶用。（圖十二）

榮氏家族自西周早期即具重要地位，《國語·晉語》：「（周文王）重之以周、
邵、畢、榮。」韋昭注：「榮，榮公。」《史記·周本紀》：「成王既伐東夷，
息慎來賀。王賜榮伯，作賄息慎之命。」中期後，亦位居執政大臣之位，在
〈衛盉〉中爲五位仲裁大臣之一，在〈衛簋〉中是王冊命衛時的儐右，而晚
期時屬王專寵的榮夷公可能亦出自此一家族。銘文中榮伯既稱卯之祖考爲
「乃先祖考」，又對卯自稱其家爲「我家」，可見卯與榮伯並非同族，然自卯
之先祖先父即爲榮伯掌理莽京之事，且卯又被榮公繼續任命擔任此一職務，
可以說卯之家族與榮公家族已建立了累世不變的主臣關係，而這種關係的確
認即是透過冊命儀式得以完成的。此正與王朝和封建貴族之間經由冊命儀式
達到主從關係再確認的意義相同。已往僅能由天子行使的冊命權利，如今封
建貴族亦得以行之，則不論將此事視爲變禮或非禮，諸侯權力的擴張已爲不
爭的事實。可以說經由職官組織的建立和冊命儀式的世代認同，是諸侯貴族
逐漸建立起「地方政府」的兩大基礎，也是其權力逐漸擴大的根本來源。

　　那麼進一步再問，中期以來封建貴族權力擴大到什麼樣的程度呢？由文
獻來看，很可能已經大到可以左右王位的繼承，《史記·周本紀》：

> 共王崩，子懿王囏立。懿王之時，王室遂衰，詩人作刺。懿王崩，

共王弟辟方立，是爲孝王。孝王崩，諸侯復立懿王太子燮，是爲夷
王。

據此，恭、懿、孝、夷四王
的關係爲：恭王立子爲懿王，懿
王立恭王弟（即懿王之叔）爲孝
王，諸侯立懿王之子（即孝王之
姪孫輩，恭王之孫）爲夷王，圖
示如右。

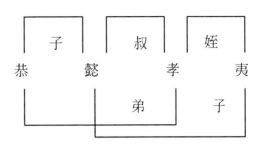

懿、孝、夷兩代間二世三王，其間王位的傳承上爲何出現傳叔後又傳姪
孫之事，已不可考，由懿王在位約十七年，〔註40〕以王年來推算，懿王傳叔
不傳子應與其子年幼無關，且武王崩，成王繼大統，亦尚有「顧命大臣」的
先例可循（周、召二公），故崔述《考信錄·懿王孝王不傳子之故不可考條》
云：

> 按，懿王之崩，子若弟不得立而立孝王，孝王之崩，子又不得立而
> 仍立懿王子，此必皆有其故，史失之耳。否則孝王乃懿王弟，兄終
> 弟及而仍傳之兄子，於事理爲近，然不可考矣。

雖然我們並不清楚二世三王傳承上不同於西周其他王世的原因，但由「諸侯
復立懿王太子燮，是爲夷王」的記載來看，其間很可能即已存在王室內部爲
爭奪王位而引發的派系鬥爭，而諸侯貴族在此王位爭奪戰中，即佔有決定性
的影響力。〔註41〕

在中期以來王朝威權在天子舉措失當而日漸衰微，和諸侯貴族地方性勢
力的經營而日漸權盛的趨勢下，反映在土地關係上的主要特徵即在於諸侯貴
族能夠經由買賣、交換、賠償等形式對土地行使支配的權利。而諸侯貴族行
使土地支配權利和王朝威勢衰微、諸侯權盛是否有絕對的相關性呢？先將相
關銘文和王世的對應關係作表如下：

〔註40〕對於西周十三王年歷的推算，除共和至幽王是明確者外，武王自屬王的年數
　　　　歧異頗大，今據古籍與近人之研究，製成西周王年表，見本節末附錄。

〔註41〕崔述《考信錄·懿王孝王不傳子之故不可考條》認爲夷王之立與諸侯無關：「《史
　　　　記》又稱『諸侯立懿王太子燮。』按，立君大事自有朝廷大臣主之，非若春
　　　　秋之世，王室衰微，乃藉外兵以復國也，諸侯安得操其權乎！恐長亦以春
　　　　秋時事例之耳。今刪『諸侯』之文。」按，此說雖不無道理，終究有改文獻
　　　　就己意之嫌，茲從《史記》。

	冊　命	交換、買賣	賠　償
昭　王	尊、召卣二		
穆　王			
恭　王	永盂	衛盉、五祀衛鼎、九年衛鼎、格伯簋	
懿　王	段簋、卯簋		曶鼎
孝　王	大克鼎、克盨		
夷　王	大簋		

　　我們已經知道穆王、恭王的兩次用兵，對王朝的威信和王室對宗親貴族的疑聚力都有相當大的影響力，且很可能就是造成中期以來王朝逐漸衰微的根本原因，而從諸侯貴族職官組織的完備，和透過冊命儀式建立累世不移的主從關係所形成具有獨立完整性格的地方性勢力，大約是在懿王時期，這和《史記・周本紀》所言「懿王之時，王室遂衰，詩人作刺。」的時代是相當的，但由表中我們可以知道，早在恭王之時，諸侯貴族就已經透過交換買賣的形式，行使著對土地的支配權，而交換買賣權利的行使又是以具有所有權為其前提，這就使我們對諸侯貴侯行使土地支配權利和王朝衰微、諸侯權盛具有絕對相關性的看法不得不抱持保留的態度。當然，也很可能諸侯貴族無須等待地方性政府的完全齊備方得以行使對土地的支配權，故在恭王時即得以交換買賣。但相對於懿、孝、夷，三王時期，王室與貴族間權勢消長更為激烈的情況下，諸侯貴族對土地支配的記載卻是一片空白，除非將來繼續有青銅器出土，記載土地的交換、買賣、賠賞，否則僅以恭王時的情形來加以論斷其絕對的相關性，恐怕是很難有較強的說服力的。

　　既然諸侯貴族掌握土地的支配權與王室貴族間權力的消長並不存在絕對的正相關，那麼此一時期土地所有權的情形該如何理解呢？很可能還是得回歸到初期「王土」這條線索。諸侯貴族的發展並不是自中期才開始的，如前文所引的〈康侯簋〉、〈𧽼土幽尊〉，封國內職官有司的情形在早期已經存在，中期的發展是更趨於完備，由於「王土」的意義是名義超過實質，且不具有約束性，所以在其有發展空間和諸侯職官組識日益龐大的雙重影響下，封建貴族為因應封國或本族內日益增加的土地需求，除了開發土地之外，逐漸將當初王朝所分封的土地視為私有來加以支配，可能亦成為其途徑之一。但不論是用交換、買賣或賠償的形式，基本上還是秉持了公正平等的原則，並不像晚期有掠奪和兼併的情形發生。雖然西周中期的大趨勢在於王室與貴族間

權力的消長，而諸侯貴族權力之所以會強盛，除了外在王室威信的衰退外，主要還是在於內部職官組織的漸趨完備，和冊命之典所建立起的強固主從關係，而對應到土地所有權上，兩者雖都是本源於內部職官組織的日漸擴大，但權力消長的趨勢與土地所有權並沒有絕對的相關性。這其間的關係如以簡單的 A（封國職官組織的擴大），B（王朝諸侯權力消長），C（諸侯貴族將土地私有化）邏輯式來表示，即

$A \rightarrow B$ （A 為 B 之必要條件）

$A \rightarrow C$ （A 為 C 之必要條件）

則 B 與 C 之間並不存在充份或必要的關係。

附錄　西周王年表（宣、幽二王年數明確，茲不列）

	武王	成王	康王	昭王	穆王	恭王	懿王	孝王	夷王	厲王
今本竹書紀年	6	37	26	19	55	12	25	9	8	12
史記周本紀	3				55					37
帝王世紀	6		26	61	55	20			16	
皇極經世	7	37	26	51	55	12	25	15	16	37
通鑑外紀	7	37	26	51	55	10	25	15	15	40
通志	7	37	26	51	55	10	25	15	16	40
通鑑前編	7	37	26	51	55	12	25	9	8	37
文獻通考	7	37	26	51	55	12	25	15	16	37
古史紀年	6	37	26	19	55	12	25	9	8	12
太平御覽	10	72	65	15	52	20	51	51	6	
中國年曆總譜	7	37	26	18	41	16	12	30	46	37
金文曆朔疏証	7	30	26	51	55	20	17	15	16	37
西周年代考（姜）	3	20	38	19	20	20	10	10	30	16
東洋天文學史研究	3	30	26	24	55	12	25	15	12	16
西周年代考（陳）	3	20	38	19	20	20	10	10	30	16
西周紀年	2	17	26	19	36	19	24	13	29	37
商周青銅器銘文選	3	32	38	19	45	27	17	26	20	37

說明：本表據姜文奎：〈西周年代考〉（《大陸雜誌》82 卷 4 期，1991 年），復據劉啓益：《西周紀年》（廣東教育出版社 2002 年）增《東洋天文學史研究》。

另增陳夢家：《西周年代考》(《六國紀年》合刊，中華書局 2005 年)、吳其昌：《金文曆朔疏証》(上海商務印書館民國 25 年)、馬承源主編：《商周青銅器銘文選》。又劉啓益：《西周紀年》p427～431、《夏商周斷代工程 1996～2000 年階段成果報告》(簡本) p30～35 (世界圖書出版公司 2000 年) 分別有「西周紀年銅器所屬王世月相對照表」、「西周金文曆譜」，可參看。

第三節　厲、宣、幽時期──土地的兼併與西周的滅亡

　　西周中期以來王權衰微，諸侯貴族在土地的支配權上已取得了交換、買賣、賠償的權利，雖然這些權利的運作過程必須經過職官，但職官所具備的功用並不是核准與否，而是作價格上是否公平合理的判斷，以及扮演轉讓過程中公證、合法的角色。而伴隨著中期以來諸侯貴族日漸權盛的趨勢，王朝的秩序亦隨之逐漸混亂，反映在土地上的情形，即是強勢貴族侵佔弱勢貴族的土地，而這種強取豪奪的兼併行爲在西周的末期尤其劇烈。特別是這種爭利的風氣不僅僅在諸侯貴族的階層發生，甚至王朝天子也與諸侯爭利。我們首先來看諸侯貴族間的情形。

　　傳世的〈琱生簋〉記載了西周晚期諸侯土地的兼併情形。〈琱生簋〉共兩件，分別爲〈五年琱生簋〉、〈六年琱生簋〉，過去以一器單解的通例來理解時，始終無法得其正詁，1980 年林澐氏始將兩器器銘連貫起來，事件始末終得明白。茲錄器銘如下。〈五年琱生簋〉：

> 唯五年正月己丑，琱生（甥）又（有）事，召來合事。余獻婦氏以壺，告曰：以君氏令曰：余老止，公僕墉（庸）土田多諫，弋伯氏從許，公宕其參，汝則宕其貳；公宕其貳，汝則宕其一。余□于君氏大章（璋），報婦氏帛束、璜。召伯虎曰：余既訊，戾我考我母令，余弗敢酈（亂），余或至（致）我考我母令，琱生（甥）則堇（覲）圭。(圖九十四)

（六年琱生簋）：

> 唯六年四月甲子，王在栱。召伯虎告曰：余告慶。曰：公厥稟（廩）貝，用獄諫，爲伯，又（有）祇又（有）成，亦我考幽伯、幽姜令，余告慶，余以邑訊有嗣，余典勿敢封。今余既訊，有嗣曰：戾令，

今余既一名典獻，伯氏則報璧，琱生（甥）奉揚朕宗君其休，用乍
（作）朕剌（烈）祖召公嘗簋，其萬年子子孫孫寶用享于宗。（圖九
十四之一）

銘文中先後出現的人物共有琱生、婦氏、君氏、公、伯氏、召伯虎、幽伯、幽
姜、有司等，〔註42〕其間的關係是理解此銘文的關鍵。過去誤將召伯虎視爲器
主，故器名又稱〈召伯虎簋〉。最早提出器主爲琱生的是孫詒讓，孫詒讓雖將此
二器仍稱爲〈召伯虎簋〉，但說明是「皆召伯虎命琱生作之」。〔註43〕楊樹達氏
首先爲六年之器正名，「此器舊皆題〈召伯虎簋〉，惟製器者實琱生而非召伯虎，
又琱生別有二簋，故今以制作之年別之，題爲〈六年琱生簋〉云」。〔註44〕其後
陳夢家氏又進一步指出兩器皆應改名爲〈琱生簋〉。〔註45〕而林澐從兩器銘連讀
的角度來看，明確指出第一器的開頭和第二器的結尾，首尾都言琱生，此首尾
相應，器主顯然是琱生。〔註46〕兩器之器主爲琱生已爲多數學者所認定，那麼，
琱生是誰呢？據同時期之〈師嫠簋〉：「唯十又一年九月初吉丁亥，王在周，各
于大室，即立。宰琱生入右師嫠。」（圖五十七）知琱生曾任太宰之職，至於此
時是否已爲太宰，則不得而知。其父爲亮仲，〈琱生鬲〉：「琱生（甥）乍（作）
文考亮仲尊鬲。」（圖九十五）又1978年陝西寶雞西高泉村春秋初期秦墓出土
一件〈周生豆〉，依其形制當爲西周晚期器，〔註47〕器銘與吳大澂《愙齋集古錄》

〔註42〕 〈琱生簋〉中「余老止，公僕庸土田多諫（剌）」，過去多將止字與公字連讀，
於是銘文中多出「止公」這樣一位人名，造成解讀上的困難。于省吾指出「止」
字當爲語末助詞，釋作「之」。張振林已指出金文中已有句末語氣詞的出現，
即「才」、「戈」讀如典籍中的「哉」，而「止」字作爲句末語氣詞的情形，亦
可見于《詩經·小雅》與〈周頌〉諸篇，如〈小雅·采薇〉：「薇亦作止」，〈楚
茨〉：「神具醉止。」〈周頌·閔予小子〉：「夙夜敬止。」〈良耜〉：「茶蓼朽止，
黍稷茂止。」朱鳳瀚據此認爲，此即說明西周時期在王畿地區，即今陝西關
中一帶的語言中確曾流行過以「止」爲句末語氣詞的習慣用語。于省吾：《澤
螺居詩經新證·《詩經》中「止」字的辨釋》，北京中華書局，1982年。張振
林：〈先秦古文字材料中的語氣詞〉，《古文字研究》，1984年第7輯。朱鳳瀚：
〈琱生簋銘文新探〉，《中華文史論叢》，1989年第1期。
〔註43〕 孫詒讓：《古籀餘論》卷三葉廿七，北京中華書局，1989年。
〔註44〕 楊樹達：《積微居金文說·六年琱生簋跋》，台灣大通書局，1974年再版。
〔註45〕 陳夢家：《西周銅器斷代》，頁232，據北京中華書局，2004年。中國社會科
學院考古研究所編：《美帝國主義劫掠的我國殷周青銅器集錄》，科學出版社，
1962年。
〔註46〕 林澐：〈琱生簋新釋〉，《古文字研究》第3輯，1980年。
〔註47〕 寶雞市博物館、寶雞縣圖書館：〈寶雞縣西高泉村春秋秦墓發掘記〉，《文物》，
1980年9期。

17·19所收之〈周生豆〉同文：「周生乍尊豆用享于宗室。」（圖九十六）李學勤氏據簋、鬲作「琱」豆作「周」，認為琱即周公之周，琱與周既可通，加一偏旁可能是為了與周朝的周區別，以表示地名。如〈即簋〉：「龢琱宮人虢、旒。」（圖九十七）〔註48〕琱生既可解作周生，又金文中的某生當釋為某甥，〔註49〕那麼琱生即周甥。其姓據〈函皇父簋〉：「函皇父乍琱娟般（盤）盉尊器鼎簋一具⋯⋯琱其邁（萬）年子子孫孫永寶用。」（圖九十八）和〈周霖生簋〉：「周霖生（甥）乍（作）楷娟（妘）□媵（媵）簋，其孫孫子子永寶用。」（圖七十）則琱（周）生當為娟姓。此與前面第三章第二節所討論的〈格伯簋〉中的佣生相同。佣與琱在此都不是其本人的氏族名，佣生為佣氏媿姓之甥，本人則為姬姓周氏之人；而琱生則是娟姓之甥，其原本姓氏據此器銘文末又稱召公為烈祖「用乍朕刺（烈）且（祖）召公嘗蓋」，知亦為姬姓之人，為召公之後，與銘文中的召伯虎為同宗。〔註50〕

召伯虎即史稱之召穆公。銘文中琱生稱之為伯氏，其對琱生的自稱則為伯。伯可作為行輩的用語，由兩器綜合來看，五年時君氏（即召伯虎之父，時為宗君）已年邁，不多久即亡故，故五年銘前稱君氏（「以君氏令曰」），後六年時稱我考（「亦我考幽伯、幽姜令」）。又六年銘文末「琱生奉揚朕宗君其休」，依銘文的慣例，作器者「奉揚其休」之人通常是對其有恩賞之人，在此事件中召伯虎乃出力最多之人，琱生稱之為宗君，六年時召伯虎應已繼宗君之任。以此觀之，召為氏族名，伯者、言其行輩為長，虎為私名，應該是很恰當的。又召伯虎與琱生既為同宗，召伯虎之父為幽伯，琱生之父為亮仲，

〔註48〕李學勤：〈青銅器與周原遺趾〉，《西北大學學報》，哲學社會科學版，1982年第2期。

〔註49〕張亞初：〈西周銘文所見某生考〉，《考古與文物》，1983年第5期。

〔註50〕王國維曾提出琱娟為函皇父之女，周王之后。但唐蘭反對，認為西周王后通稱王妃、王姜等，冠「王」字而不稱「周」，並云「函」與「閻」通，閻屬姬姓，故琱娟是皇父之妻。對於琱為娟姓的看法，也有學者持不同的意見，李學勤云：「《三代》十四、十一盉銘云：『王仲皇父作尾娟盤盉。』楊樹達《積微居金文說》指出作器人即函皇父，因仕於王朝而稱『王』。看來函仍系娟姓，琱娟、尾娟是皇父嫁予琱氏、尾氏的兩個女兒。琱氏就是周公的周氏。」王國維：《觀堂集林》卷廿三〈玉溪生詩年譜會箋序〉，臺灣商務印書館《海寧王靜安先生遺書》，頁1147～1149，民國68年5月臺2版。唐蘭：〈《青銅器圖釋》敘言〉，載《陝西省博物館、陝西省文物管理委員會藏青銅器圖釋》文物出版社，1962年。今據《唐蘭先生金文論集》，北京紫禁城出版社，1995年。李學勤：〈青銅器與周原遺趾〉，《西北大學學報》，哲學社會科學版，1982年第2期。

則召伯虎當爲大宗之嫡長子，琱生則爲旁出小宗之子。故銘文中所見人物的
關係可依大小宗來區分，大宗爲君氏、婦氏，即六年器中的幽伯、幽姜，其
子爲召伯虎，六年時已任宗君；小宗即爲琱生。〔註51〕

　　明白其人物的關係後，再回到銘文本身的問題上。五年器云「公僕庸土田
多諫，弋（式）白（伯）氏從（縱）許，公宕其參，女（汝）則宕其貳，公宕
其貳，女（汝）則宕其一。」公是指琱生，琱生雖爲召公氏族裏的小宗，但其
在王室中的官職並不低，此由五年後的〈師嫠簋〉宰琱生任儐右即可知，故宗
君仍稱其爲「公」。僕庸土田即《詩經·魯頌·閟宮》之「土田附庸」、《左傳·
定公四年》之「土田陪敦」，意指耕地附屬於耕地的勞動人口。〔註52〕諫、銘文
作諫、𧦝，其偏旁與從束者並不相同（《金文編》將此字摹作𨐌，即諫字），𨐌即
訴訟之訴。〈大盂鼎〉：「敏𨐌（訴）罰訟」（圖三），諫與𧦝雖不無漫泛之可能，
然如非漫泛，諫字當作何解釋？孫詒讓讀諫爲刺，即《周禮·秋官》中的司刺
之刺。〔註53〕與司刺有關之說可從，但林澐指出鄭注所云：「刺、殺也，訊而有
罪則殺之。」恐怕就不正確了。刺有偵詢調查之意，《管子·侈靡》：「深𣂪之無
涸」注：「謂探其深情」，《漢書·丙吉傳》：「至公車刺取」，顏師古注：「刺謂探
候也。」《周禮·秋官·小司寇》亦云：「以三刺斷庶民獄訟之中。」故「公僕
庸土田多諫」即指琱生所擁有的土田和人民多次遭到調查。〔註54〕「弋」即文

〔註51〕　〈琱生簋〉中的君氏，自孫詒讓認爲是王后，婦氏爲《周禮·春官》中的「世
　　　　婦」，君氏、婦氏皆爲女性後，各家多從其說。林澐氏力排眾議，認爲君氏即
　　　　召伯虎之父幽伯，其說可從。君氏用爲女性者，可見於《左傳·隱公三年》：「夏，
　　　　君氏卒，聲子也……不書姓，爲公故，曰『君氏』。」楊伯峻謂聲子爲魯隱公
　　　　之母，《公羊》、《穀梁》於夏四月辛卯則記「尹氏卒，尹氏者何，天子之大夫
　　　　也。」或疑尹爲君之誤。又據〈襄公二十六年〉，當時習慣有「君夫人氏」之
　　　　稱，此不便明言「夫人」，故省「夫人」兩字，改稱之曰「君氏」。知女子之稱
　　　　君氏蓋因其夫爲君。陳公柔嘗指出金文中亦有男子稱君之例，如傳世之〈伯克
　　　　壺〉：「隹十又六年十月既生霸。乙未，白（伯）大師易白（伯）克僕卅夫，白
　　　　（伯）克敢對揚天君。」〈幾父壺〉中亦稱同仲爲「皇君」。是「君」之稱非專
　　　　用於女性。孫詒讓：《古籀餘論》。林澐：〈琱生簋新釋〉，《古文字研究》，1980
　　　　年第 3 輯。楊伯峻：《春秋左傳注》，頁 26，台灣復文書局，1986 年版。陳公
　　　　柔：〈記幾父壺、柞鐘及其同出的銅器〉，《考古》，1962 年第 2 期。
〔註52〕　參王國維：〈毛公鼎銘考釋〉，收於《古史新證——王國維最後的講義》，頁 117
　　　　～148，北京清華大學出版社，1994 年。楊寬：《古史新探》，頁 81～82，北
　　　　京中華書局，1965 年。伊藤道治：《中國古代王朝の形成》，頁 232，創文社，
　　　　1975 年。
〔註53〕　孫詒讓：《古籀餘論》卷三葉廿三，北京中華書局，1989 年。
〔註54〕　林澐：〈琱生簋新釋〉，《古文字研究》，1980 年第 3 輯。另外尚有不同的釋讀，

獻中的「式」，為句首助詞，〔註55〕有應、當的意思。〔註56〕「弋（式）伯氏從許」是要召伯虎從寬處理之意。從寬處理何事呢？其下云「公宕其參，女（汝）則宕其貳，公宕其貳，女（汝）則宕其一。」《說文》：「宕，過也。」此處的參、貳、一，固然可以作實來看，言琱生的土地若超額三份，召伯虎就讓他超額二份；如超額二份，就讓他超額一份。但作虛看亦可通，如《論語・泰伯》：「（文王）三分天下有其二，以服事殷，周之德，可謂至德也已矣。」其中的三二分率即為虛指，〔註57〕故朱鳳瀚氏即云：「這裏所言參貳、貳一分率，可能是當時俗語，是一種譬喻之言。古人常喜以三為多數的表徵，非實指。」〔註58〕結合上下文的文意來看，琱生的土地超過了法定的規定，遭到王朝職官的調查，於是向氏族的大宗求助，希望透過宗族的力量能有所幫助，於是當時的宗君命其子召伯虎為琱生分擔一些責任。

又六年器云：「公厥稟貝用獄諫。」此處的厥應為介詞，相當於「之」，如〈作冊令方彝〉：「乍（作）冊令敢揚明公尹厥宦」（圖八十九）中的厥字即為同例。文獻中亦可見此用法，如《尚書・無逸》：「自時厥後，立王，生則逸……自時厥後，亦罔或克壽。」王引之《經傳釋詞》對此即云：「厥，猶之也。」「自時厥後」即自是之後的意思。稟，《廣雅・釋詁》：「稟，付予也。」稟貝應與《周禮・秋官・大司寇》中：「以兩造禁民訟，入束矢于朝，然后聽之。以兩劑禁民獄，入鈞金三日乃致于朝，然后聽之。」繳納的束矢、鈞金相同，為當時獄訟審理的程序，大概有用作保證金和防止隨意興訟的意思，相關訴訟銘文中亦可見此，如〈曶鼎〉中即有「矢五束」，故知琱生的僕庸土

如朱鳳瀚釋為讀，即《說文》之讀，訓為爭。五年器之「公僕庸土田多諫」，六年器之「獄諫」，皆言有獄訴之事。王玉哲將諫字釋為責，即《夼甲盤》：「成周四方責」之責（積），乃賦稅之意。「公僕庸土田多諫」即田地出產的大批糧食。所以〈琱生簋〉所記之事無關於訴訟，而是本族內糧食分配的問題（1989）。朱鳳瀚：〈琱生簋銘文新探〉，《中華文史論叢》，1989年第1期。王玉哲：〈琱生簋新探跋——兼論本銘無關訴訟問題〉，《中華文史論叢》，1989年第1期。

〔註55〕參裘錫圭：〈史墻盤銘解釋〉，《文物》，1978年第3期、〈卜辭「異」字和詩書裏的「式」字〉，《中國語言學報》，1983年第1期。
〔註56〕參丁樹聲：〈詩經式字說〉，《中央研究院歷史語言研究所集刊》第6本第4份，1935年。
〔註57〕陳昌遠：〈釋《論語》「三分天下有其二」——周初周人地理觀念探索〉，《人文雜誌》，1983年第5期。
〔註58〕朱鳳瀚：〈琱生簋銘文新探〉，《中華文史論叢》，1989年第1期。

田是經過訴訟的。

　　既然珝生超出額度的土地被提起訴訟，那麼這些土地就顯然不是如西周中期那樣由開墾或將受封的土地視爲私有而來，而是侵佔了其他弱勢貴族的土地，逐漸擴大。由銘文中參貳、貳一的比率，不論是作實數或虛勢來看，顯然侵佔行爲的發生都不只是短期的現象。那麼由銘文中所顯示出珝生所侵佔兼併的土地雖然受到偵訊，並有訴訟，此訴訟很可能就是由被侵佔的弱勢貴族所提出，但在同宗貴族召伯虎的徇私袒護之下，珝生所佔得的土地不但沒有被歸還，還重新予以合法的登記「余既一名典」，將之視爲珝生所有。可見周初以來載之於官府的土地所有文書，經過中期以來諸族貴族勢力的不斷擴張，到晚期，與實際佔有情況的差距一定是越來越大，〈珝生簋〉所顯示的不過是冰山之一角。

　　我們由〈珝生簋〉中明確地知道：西周晚期時，諸侯貴族已無視於王朝秩序的存在，豪強者倚勢其權力進行土地的兼併。但這種情形並不是自西周晚期始發生，由〈散氏盤〉所云：「履井邑田，自根木道左至于井邑封道以東一封」來看（圖五十五），其中的井邑、井邑田，白川靜指出，當即爲〈大克鼎〉：「易女（汝）井家田于（圖六）的井家。〔註59〕井氏家族中的井伯一支，自懿王末年開始衰敗，其所轄之土地亦隨之減少，由〈散氏盤〉銘來看，這些原屬井伯家族的舊地，改變隸屬應該已經有一段時間，但其仍然延用「井邑」這個名稱，伊藤道治即指出，這個「邑」應該不再是「采邑」，只能作「城邑」的意義了。〔註60〕那麼土地兼併的情形很可能就不是自西周晚期才開始的。

　　《詩經・小雅・十月之交》亦反映出諸侯貴族侵佔土地的情形。〈十月之交〉所述的年代，過去有幽王、厲王二說，當以厲王說爲長。〔註61〕〈十月

〔註59〕白川靜：《金文通釋》第 28 輯，白鶴美術館誌 1969 年。

〔註60〕伊藤道治：《中國古代王朝の形成》，頁 195，創文社，1975 年。

〔註61〕《詩經・小雅・十月之交》的年代自古即有厲王、幽王二說。毛傳：「十月之交，大夫刺幽王也。」鄭箋云：「當爲刺厲王。」清阮元〈詩十月之交四篇屬幽王說〉力主幽王說。現代學者多主厲王說，亦有主夷王之詩者，白川靜云：「『十月之交』所言日食的年份，其十月朔一定非辛卯之日不可。我們試求夷王在位期間有沒有這樣的年份，結果在西元前八八五年，即厲王即位之年——西元前八七八年再上朔七年，正巧可以求得這個曆日……近出的〈善夫山鼎〉有三十七年之紀年，其日辰應可入夷王之譜。若此器收入譜中，而又要銜接厲王之譜，則其最小限之年數爲十九年，設若夷王在位果爲三十九年，則日食之年的西元前八八五年爲夷王之三十三年，〈番生匜壺〉之後七年。」。然此說僅憑難以確指的曆法，學者多未信從。主厲王說論據多面，當可信。劉啓益氏以「十月之交」的人物出現於銅器銘文中大部份爲厲王時，又比較

〈之交〉五章云：

> 抑此皇父，豈曰不時。胡爲我作，不即我謀。徹我墻屋，田卒汙萊。
> 曰予不戕，禮則然矣。

在西周此一貴族方得以受教育的時代裏，詩人作此詩諷責執政的皇父，此詩人自然是貴族階層，故方有「不即我謀」，爲什麼不和我商議的詩句。戕，鄭箋：「戕，殘也。言皇父既不自知不是，反云我不殘敗汝田業。」恐非，于省吾引異文的證據云：「按，戕，漢石經及王肅本並臧。臧、善也。戕、臧古通。『曰予不臧，禮則然矣』，言彼謂予不善，以上下之禮揆之則然矣。蓋以皇父之尊，而謂予不善，予豈敢違禮反詰乎？譏刺皇父之意，深而婉矣。」〔註62〕于氏之說是。則詩中所呈現的景象爲：皇父依仗其權勢侵奪兼併其他貴族的土地產業，並以禮法秩序的大帽子來壓制反對的聲浪，使其種種非法行爲成爲合法。而這種作法和〈琱生簋〉中召氏家族變非法爲合法的行徑，如出一徹，這就顯示出晚期諸侯貴族間土地兼併的亂象並非偶一發生，而是此一時期貴族階層較普遍的現象。此一現象產生的原因恐怕還是根源於中期以來貴族勢力的擴張。由前面兩個事例來看，此時的諸侯貴族表面上仍然是按照著王朝所習慣的程序在進行著各項事務，似乎王朝的秩序依舊存在，並發揮其作用。但事實上，各貴族是披著此一外衣作爲保護，實際上是用幕後強大的宗族勢力來操縱，這種用政治地位掠奪宗族經濟利益的作法，自然就損及中期以來土地交換、買賣時公平公正的原則，同時也傷害了當時以諸侯貢納爲主要財源的王朝利益。而這種諸侯貴族漠視王朝利益的觀念和作爲，恐怕正是西周晚期三王與貴族階層爭利的主要背景。

厲王好利之事分見於《史記·周本紀》和《國語·周語》，對其好利，用榮夷公爲卿士以行專利政策的原因，文獻並無明確的說明。近代學者多就厲王生活奢侈、貪得嗜利以及被優越的經濟情況所腐化的方向來理解。但我們

銅器形制以爲十月之交乃厲王三十六年十月之天象，即公元前八四三年十月庚寅朔，與辛卯朔只差一天，此乃古人推算之誤差，定在厲王時。劉氏之說可從。又蔡哲茂師指出《逸周書·芮良夫》有「惟爾小子飾言事王，寔蕃有徒，王貌受之。」此「寔蕃有徒」當指「十月之交」的「番維司徒」之番，芮良夫爲厲王時人，則「十月之交」當爲周厲王時之詩。阮元：《揅經室集》（《皇清經解》卷一千七十）。白川靜：《金文的世界》（蔡哲茂、溫天河譯），頁155，聯經出版社，1989年。劉啓益：〈西周厲王時期銅器與「十月之交」的時代〉，《考古與文物》，1980年第1期。蔡哲茂譯：《金文的世界》，頁155註4。

〔註62〕于省吾：《澤螺居詩經新證》，頁37，北京中華書局，1982年。

從金文的記載來看，情況可能並非如此單純。厲王時對外發動了好幾次戰役，如，〈鄂侯馭方鼎〉：

　　王南征，伐角、遹。（圖八十五）

〈禹鼎〉：

　　烏庫哀哉！用天降大喪于下國，亦唯噩（鄂）侯馭方率南淮夷、東夷，廣伐南國、東國，至于歷内。王迺命西六師、殷八師曰：戬（撲）伐噩（鄂）侯馭方，勿遺壽幼。辥（肆）師彌窊匌匡（往），弗克伐噩（鄂）。辥（肆）武公迺遣禹率公戎車百乘、斯（廝）馭二百、徒千，曰：于匡朕肅慕，叀西六師、殷八師伐噩（鄂）侯馭方，勿遺壽幼。（圖三十一）

〈多友鼎〉：

　　唯十月，用嚴（玁）允（狁）放興，廣伐京師。告追于王，命武公遣乃元士，羞追于京師。武公命多友率公車，羞追于京師。癸未，戎伐筍（郇），衣俘。多友西追，甲申之脣（辰），搏于郲，多友又折首執訊，凡以公車折首二百又□又五人，執訊廿又三人，俘戎車百乘一十又七乘，衣（卒）復筍（郇）人俘。或（又）搏于龏（共），折首卅又六人，執訊二人，俘車十乘。從至，追搏于世，多友或（又）右（有）折首執訊，轍追至于楊冢（塚），公車折首百又十又五人，執訊三人，唯俘車不克以，衣（卒）焚，唯馬毆（歐）盡，復奪京師之俘。（圖二十八）

〈敔簋〉：

　　唯王十月，王在成周。南淮尸遷夂内伐溟、昂、參泉、裕敏、陰陽洛。王令敔追，鄄（襲）于上洛、忽谷，至于伊、班。長榜載（？）首百，執訊卌，奪俘人四百。昌于榮伯之所，于忽衣，隸復付厥君。（圖二十九）

這些戰役的結果，大部份都獲得了勝利，但也有失敗的例子，如〈虢仲盨〉：「虢仲以王南征，伐南淮尸（夷），才成周。」（圖九十九）此事亦見於《後漢書·東夷列傳》：「厲王無道，淮夷入寇；王命虢仲征之，不克。」從這些材料來看，厲王時仍維持著初期以來西六師、殷八師的部隊編制，為支應這些軍隊日常和戰時的開銷，王朝的財政來源必須穩定而充裕，但作為王朝經濟主要來源之一的諸侯貴族的貢納，在貴族階層日益擴張和破壞公平公正原則的掠奪兼併下，

此一財源的基礎遂告動搖。於是在這外有夷狄入侵必須維持軍事力量，和內部財政不穩的內外交逼下，厲王乃不得不在既有的體制之下，另闢財源。而歷代位居要臣的榮氏家族的榮夷公，恐怕就是在此情況下為厲王擘劃而得到重用。由《史記・周本紀》芮良夫勸諫厲王的話來看：「大夫芮良夫諫厲王曰：『王室其將卑乎。夫榮公好專利，而不知大難。夫利百物之所生也，天地之所載也，而有專之，其害多矣。天地百物皆將取焉，何可專也，所怒甚多，而不備大難，以是教王，王其能久乎……今王學專利，其可乎，匹夫專利猶謂之盜，王而行之，其歸鮮矣。榮公若用，周必敗矣。』厲王不聽，卒以榮公為卿士，用事。」榮公是「以是教王」，厲王是「今王學專利」。「用事」為先秦時的慣用語，即上級對下級說「執行交付給你的任務吧！」而「所怒甚多」，應該就是指當時以王朝秩序之名行宗族利益之實的諸侯貴族們的心理反應。故，與其說厲王專利，無寧說是厲王與諸侯爭利較為來得貼切。

厲王之後經過共和，共和時期的王朝執政，歷來至少有四種說法：（一）是本於《史記・周本紀》認為厲王出奔，周、召二公秉政：「召公、周公二相行政，號曰共和。」〔註63〕（二）本於《古本竹書紀年》：「共伯和干王位。」顏師古注《漢書》亦從此說。〈古今人表〉注云：「共、國名也，伯、爵也。和、共伯之名也。共音恭，而遷史以為周召二公行政，號曰共和，無所據也。」楊樹達、屈萬里二人本於〈師毀簋〉之伯龢父亦主此說。〔註64〕（三）則依《左傳・昭公二十六年》：「至于厲王，王心戾虐，萬民弗忍，居王于彘。諸侯釋位，以間王政。」認為是周姓諸侯，更番主政。〔註65〕（四）則以為在朝公卿與同姓外藩諸侯更番主政。〔註66〕姑且不論其真實情形究竟為何，諸侯貴族掌握住王朝大權則是不爭的事實。

宣王之時號稱中興，相關的土地銘文僅見〈琱生簋〉和〈不嬰簋〉，然自《詩經》的記載中，亦可約略看出在諸侯貴族勢盛的大環境下，王朝為掌握貴族貢賦所作的努力。《詩經》中的〈韓奕〉、〈江漢〉、〈崧高〉等篇，可能都是作於此一時代。〈大雅・韓奕〉、〈大雅・崧高〉分別記載了封韓、封申之事，〈韓奕〉：

〔註63〕參瀧川龜太郎：《史記會注考證》，頁78，洪氏出版社，民國75年9月。

〔註64〕楊樹達：《積微居金文說・師毀簋跋》，台灣大通書局，1974年再版。屈萬里：〈西周史事概述〉，《史語所集刊》第42本第4分。

〔註65〕竹添光鴻：《左傳會箋》第廿五，頁50，台灣漢京文化出版，1984版。

〔註66〕張以仁：〈國語集證〉，《史語所集刊》第44本第1份，1973年。

王錫韓侯，其追其貊，奄受北國，因以其伯。實墉實壑，實畝實籍。

〈崧高〉：

王命申伯，式是南邦。因是謝人，以作爾庸。王命召伯，徹申伯土
田，王命傅御，遷其私人。（第三章）

申伯信邁，王餞于郿。申伯還南，謝于誠歸。王命召伯，徹申伯土
疆，以峙其粻，式遄其行。（第六章）

韓侯此爲再次受封，即爲主從關係的再認定，猶金文中的冊命，「王親命之，
續戎祖考，無廢朕命，夙夜匪懈，虔共爾位。朕命不易，榦不庭方，以佐戎
辟。」其始封當在成王之世，即《左傳‧僖公二十四年》所云：「封建親戚以
藩屏周」的「邘、晉、應、韓，武之穆也。」申伯爲宣王母舅，此次就封於
謝，由「王命召伯，定申伯之宅」、「以作爾庸」、「遷其私人」、「寢廟既成」
等作爲來看，似爲初封，而《左傳》有申無謝，申爲姜姓，〈隱公元年〉：「鄭
武公娶于申，曰武姜。」孔穎達正義：「《國語》曰：『齊、許、申、呂由大姜。』
言白大姜而得封也。然則申之始封亦在周興之初，其後中絕，至宣王之時，
申伯以王舅改封於謝。《詩‧大雅‧崧高》之篇美宣王褒賞申伯云：『王命召
伯、定申伯之宅』是其事也。」則封申伯之事雖爲徙封，但與新封無異。這
兩次的封賞冊命中，宣王都非常重視對貢賦的掌握「實畝實籍」、「徹申伯土
田」、「徹申伯土疆」，毛傳：「徹，治也。」鄭玄箋：「治者，正其井牧、定其
賦稅。」鄭玄箋：「籍，稅也。」籍可用作「稅」之意，尚可見於《墨子‧節
用上》：「其使民勞，其籍歛厚，民財不足，凍餓死者，不可勝數也。」而不
論是就分封或冊命的意義來說，與宣王之前強調王朝授予諸侯土地、人民或
相應器物的情形比較起來，特別提到稅賦收入的情形是不曾見到的。可能宣
王的這些作爲正是在內外環境交逼，又必須維持軍事武力的情況下，在厲王
專利招致民怨的歷史經驗下，所作的變通與努力。

幽王時期，目前尚不見有任何關於土地的銘文，然由《詩經‧大雅‧瞻卬》
所載，社會秩序的混亂，正義公理的盪然無存，諸侯貴族公然的侵奪土地，甚
至幽王即作出強佔土地的行爲，「人有土田，女反有之；人有民人，女覆奪之。
此宜無罪，女反收之；彼宜有罪，女覆說之。」無怪乎貴爲司徒的鄭桓公惶惶
然地不知何處方可避難了，「桓公爲司徒，甚得周眾與東土之人。問於史伯曰：
『王室多故，余懼及焉，其何所可以逃死？』」（《國語‧鄭語》）

西周晚期分封的情形依然存在，絕不似許倬雲氏所說：「大體言之，到晚周

時，可封的地已封盡了。尤其畿內的領土，又加上許多防邊的新來武力。分封土地已不可能，是已若干舊封君的土地即不免改封給別人。」〔註67〕改封的事實固然是存在，但其原因恐怕並非分封土地已不可能，而是導源於舊氏族的衰敗。既有逐漸衰敗的貴族，自然就有逐漸擴張勢力的貴族。中期貴族擴張勢力的途徑主要在於強化內部職官組織，當然，土地的擴張和將分封的土地視爲私有亦有所助益，然此終究不違背公平公正的原則，也不損及王朝的經濟收益，但中晚期以來的土地兼併卻是強宗大族披著王朝秩序的合法外衣下，所進行的非法行爲，對整個秩序的破壞和王朝經濟的來源都造成了極大的傷害。厲王用榮夷公行專利政策，以及宣王分封冊命時特別提及賦稅，表面並不相關連，但都是在此局勢下所呈現的不同面貌的因應之道。強宗大族兼併弱小貴族以壯大自己，同時也逐步削弱了王朝的力量。至幽王時，幽王甚至也以強取豪奪的姿態爭取土地，終造成離心離德，分崩離析的西周末葉。

附　西周紀年銅器所反映的朔望與中國科學院紫金山天文張培瑜推測朔望
　　表對照表及相關人物王世表（採自劉啓益：〈西周厲王時期銅器與「十
　　月之交」的時代〉，《考古與文物》1980 年第 1 期、〈西周紀年銅器與
　　武王至厲王的在位年數〉，《文史》1982 年第 13 輯。）

組別	器　名	時　代			附　注
		郭沫若	唐蘭	本文	
I	叔向父禹簋	厲王	厲王	厲王	禹即禹
	虢仲簋	厲王	厲王	厲王	即《後漢書，東夷傳》虢仲
	元年師兌簋	幽王	／	共和	兌即翻。陳夢家定共時和
	伯家父簋	／	／	厲王	伯家父即家伯。陳夢家定夷王。
	王乍姜氏簋	／	／	厲王	姜氏即厲王妬申姜
II	禹鼎	厲王	厲王	厲王	禹即禹。銘文：「噩侯馭方」
	大克鼎	厲王	厲王	厲王	善夫克即仲允膳夫
	小克鼎	厲王	厲王	厲王	同上
	函皇父鼎甲	厲王	宣末幽初	厲王	函皇父即皇父

〔註67〕許倬雲：《西周史》，頁 305，聯經出版社，1993 年修訂四刷。

III	函皇父鼎乙	屬王	宣末幽初	屬王	同上
	三年頌鼎	共王	屬王	屬王	
	三十一年鬲攸从鼎	屬王	屬王	屬王	鬲攸从盨：「善夫克」
IV	函皇父簋	屬王	宣末幽初	屬王	函皇父即皇父
	噩侯簋	屬王	屬王	夷王	噩侯鼎：「噩侯馭方」
V	番生簋	屬王	／	夷王	番生即番。陳夢家定夷王。
	二十六年番匊生壺	屬王	／	夷王	番匊生即番。陳夢家定夷王。

西周紀年銅器月相紀錄	近人推算的朔日（望）	備　註
三祀師遽簋盖：四月即生霸辛酉（四月朔戊午、己未）	公元前 961 年 3 月 17 日 17 時 39 分丁亥朔	次日戊子朔。錯一位相合。
五年衛鼎：正月初吉庚戌（正月朔戊申、己酉）	公元前 960 年 12 月 28 日 0 時 12 分戊寅朔	錯一位相合。
九年衛鼎：正月既死霸庚辰（正月朔辛亥、壬子）	公元前 956 年 12 月 13 日 10 時 8 分甲申朔	差一天又錯一位。
十二年永盂：初吉丁卯（六月朔乙丑、丙寅）	公元前 952 年 5 月 6 日 17 時甲子朔	次日乙丑朔。相合。
十五年趞曹鼎：五月既生霸壬午（五月朔己卯、庚辰）	公元前 949 年 4 月 4 日 4 時 44 分戊申朔	錯一位相合
三年衛盉：三月即生霸壬寅（三月朔己亥、庚子）	公元前 942 年 2 月 17 日 3 時 2 分戊戌朔	差一天
三年師晨鼎：三月初吉甲戌（三月朔壬申、癸酉）	同上	差四天
四年瘐盨：二月既生霸戊戌（二月朔乙未、丙申）	公元前 941 年 1 月 8 日 8 時 53 分癸亥朔	差二天
五年諫簋：三月初吉庚寅（三月朔戊子、己丑）	公元前 940 年 2 月 24 日 20 時 28 分丙辰朔	次日丁巳朔。錯一位
十二年太師盧簋：正月既望甲午	公元 934 年 12 月 25 日 14 時 45 分辛卯望	差二天
十二年走簋：三月望庚寅	公元前 933 年 2 月 23 日 3 時 55 分辛卯望	差二天
十三年无㠱簋：正月初吉壬寅（正月朔庚子、辛丑）	公元前 933 年 12 月 29 日 7 時 12 分辛丑朔	相合

十三年望<U+6638>：六月初吉戊戌（六月朔、丙申、丁酉）	公元前 932 年 5 月 25 日 3 時 19 分戊辰朔	錯一位相合
二十年休盤：正月既望甲戌	公元前 926 年 12 月 27 日 10 時 1 分乙亥望	差二天
元年<U+667A>鼎：六月既望乙亥	公元前 920 年 5 月 27 日 9 時 56 分癸酉望	差一天
元年師虎<U+6638>：六月既望甲戌	同上	相合
二祀吳方彝盖：二月初吉丁亥（二月朔乙酉、丙戌）	公元前 919 年 1 月 4 日 2 時 25 分乙卯朔	錯一位相合
二祀<U+8DB1>尊：三月初吉乙卯（三月朔癸丑、甲寅）	公元前 919 年 2 月 2 日 20 時 1 分甲申朔	次日乙酉朔。錯一位相合
七年牧<U+6638>：十三月既生霸甲寅（十三月朔辛亥、壬子）	公元前 914 年 11 月 30 日 6 時 37 分辛亥朔	相合
十二年大<U+6638>盖：三月既生霸丁亥（三月朔甲申、乙酉）	公元前 909 年 2 月 12 日 10 時 1 分丙戌朔	差一天
十三年<U+7378>壺：九月初吉戊寅（九月朔丙子、丁丑）	公元前 908 年 7 月 28 日 6 時 26 分戊寅朔	錯一位相合
元年師<U+9837><U+6638>：九月既望丁亥	公元前 907 年 8 月 30 日 10 時 44 分丙辰望	錯一位相合
四年散伯車父鼎：八月初吉丁亥（八月朔乙酉、丙戌）	公元前 904 年 7 月 13 日 17 時 39 分甲申朔	次日乙酉朔。相合
五年師旂<U+6638>：九月既生霸壬午（九月朔己卯、庚辰）	公元前 903 年 8 月 1 日 18 時 4 分戊申朔	次日己酉朔。錯一位相合
二十六年番匊生壺：十月初吉己卯（十月朔丁丑、戊寅）	公元前 882 年 9 月 8 日 17 時 53 分丙丁朔	次日丁丑朔。相合
元年叔專父盨：六月初吉丁亥（六月朔乙酉、丙戌）	公元前 878 年 4 月 29 日 11 時 12 分乙酉朔	錯一位相合
三年頌鼎：五月既死霸甲戌（五月朔乙巳、丙午）	公元前 876 年 5 月 7 日 2 時 30 分甲辰朔	錯一位相合

結　語

　　過去以「王土」的說法來概括整個西周時期的土地所有權的說法，現在看起來固然是不夠嚴謹，但全盤力加以否認亦恐伯並不符合當時的歷史事實。將「王土」的概念落到實處時，不能不考慮周人代商而有天下時，那種意氣風發的神態與心理，但細考周初分封以及對東夷用兵和殷遺貴族的諸般

措施，周人所能掌握的土地實呈零碎地塊狀分佈，並非可以「溥天之下」的大一統觀念來對待。而周初爲保有天下，確立王朝的基礎所實行的東進策略，不僅僅止於對河南之地的殷民，更包括了東方近海與江淮之地的蠻夷。東進策略不但奠立了周朝立國八百年的根基，也逐漸將周人的文化帶至東方。雖然如此，殷遺貴族並非從此消失，而是轉爲周人邦國中的職官，這種職官不論是商未滅即歸服者，或周代商始歸服者，仍舊保有了對土地的權利，就在周人未能靖海內，成大一統的大環境，和邦國內殷貴族繼續保有土地的情況下，周初的土地雖號稱「王土」、「王有」，但名義是超過實質的。由於「王土」並不具有約束性，使諸侯貴族在封建體制之下保有自我發展的空間。其發展的趨勢即是對自周初以來的職官組織不斷強化，並經由與王朝相同的冊命形式，鞏固內部職官的世代相承，使原本不具約束力的「王土」所提供的土地權利下移的情況更形表面化。相對於諸侯貴族權力發展的另一個面貌即爲王權的衰微，強宗大族開始以王朝秩序的名義，進行對勢微貴族土地的侵佔與兼併。而這種兼併的情形，更在貴族勢力的掩護下，化非法爲合法，西周末葉的亂象即本於此。強宗大族的兼併掠奪也使得王朝財政不得不有所變通以維持軍政支出。厲王的專利、宣王對新封和冊命貴族特別強調賦稅，即是此一環境下的不同面貌。終西周之世，諸侯貴族的不斷成長，與土地的獲得是相始終的，故而開啓了以諸侯貴族爲要重心的春秋之世。

第五章　結　論

　　西周時期土地的所有權，在所有名並不明確的情況下，我們退而求其次，以其所表現出具有支配的權利爲標準來加以觀察。這種支配的權利表現在金文中的，主要有幾個方面：一爲分封與冊命，二爲因軍功獲得土地，此乃純就取得的角度而言。如以轉讓的角度來看，則交換、買賣與賠償具爲支配權所表現出的形式。

　　分封與冊命基本上又可分爲兩個層次，一爲周天子對諸侯貴族的分封與冊命，另一則爲諸侯貴族對其家臣有司的封賞冊命。分封時要授予土地與人民，土地是供其生存發展的根本；人民則是除了附著於當地的土著以作爲勞動力之外，亦包括職官有司和作爲主要戰鬥力的士。冊命是經由禮儀的規範，使王朝與諸侯之間除了血緣關係以外，繼續保持主從關係的一種儀式，而儀式中常伴隨著賞賜，土地即爲其中的一項。此種形態所表現出的土地所有權，自然是屬於最大的封建主——周王所有，而透過對授民授疆土相關銘文的排比分析：諸侯貴族在西周初期沒有將土地再行分封的事實，對其家臣有司也僅能授予臣民，以增加其勞動力，此正說明了在初期諸侯貴族並不具備支配土地的權利。故我們並不反對周初確實存在「溥天之下，莫非王土，率土之濱，莫非王臣」的「王土」關念，但我們必須加以澄清的是，此一「王土」關念並不適合以大一統的假想作爲前提，因爲在當時周人與蠻夷犬牙交錯的形態下，並未出現如秦以後的大一統局面，故所謂的「王土」、「土地王有」其範圍充其量也僅能及於周人勢力所到之處，也就是用武力征討過後進行封建的地區，如東方的齊、魯、燕。所以「王土」在初期可以說是周人以勝利者的姿態所表現出來意氣風發、志得意滿的一種面貌。而此一觀念隨著中期

以來貴族勢力的逐漸擴大，王朝威信的逐漸衰微，遂轉化爲王權的一種表徵，其表現出來的形式即爲周王對土地進行改封，即將原本屬於某貴族的土地改封給其他貴族。這種王權的表徵雖具備了支配的權力要件，但並不適合以此來論定中期以來的土地所有權。因爲諸侯貴族間土地的交換、買賣確實已經發生。

　　土地取得的另一種形態爲因軍功取得土地。終西周之世，對內平定三監之亂，對外抵禦夷狄入侵，前後發生的戰役不下數十起，而因軍功取得土地的情形完全集中在晚期，其所以如此的原因，我們認爲主要在於授土的意義上已不同於分封。分封的意義，軍事上是「以藩屏周」；政治上是化大爲小，分別治理。因軍功而受賞土地，對封賞者而言，土地是可以單純地如金（銅）、馬一般，視爲有價物品來賞賜的。金文中可見諸侯貴族因軍功封賞土地予臣下，其所具有獨立性的土地支配權利是無庸置疑的。

　　對於諸侯貴族以及其家臣有司之間的土地關係，在文獻上的記載主要集中在「世卿世祿」的問題上，而我們透過對金文的分析可以對此問題略加補充。當時的貴族階層實際上並不是處於靜止的狀態，其間還是存在著權力傾輒的鬥爭與角力。其祖先雖居高官，並不表示後代子孫亦承襲其位。但僅管官職高低有所差別，身爲貴族的身份層級卻是不變的，這可說是西周時期社會結構趨於穩定的原因之一。雖然貴族的身份不變，但其保有的土地卻是會隨著官位的高低有無而改變，與其說這是由於後代子孫無力保有土地，無寧說是由於強宗大族的強取豪奪來得貼切。在諸侯與其家臣的土地授予關係上，史籍付之闕如，金文的記載，猶可窺其一二。〈卯簋〉中榮伯以冊命的形式將土地封賞給家臣卯，不但建立了累世強固的主從關係，中晚期世家大族儼然如小型王朝的面貌在此亦具體呈現。

　　土地的轉讓關係可說是土地支配權最具體的呈現。1975 年陝西岐山董家村窖藏青銅器的出土，爲西周的土地問題提供了全新的材料。我們以對裘衛諸器銘文的理解與討論爲起點，嘗試釐清幾個眾說紛云的論點，並配合相關銘文中所包含的事件、人物，及其扮演的角色功能，可以得到一個重要的結論：過去將王權或王官的介入視爲評斷其所有權的主要依據，恐怕並不恰當。因爲在合法轉移土地必須經由職官的前提下，中期以來諸侯貴族對土地所進行的交換買賣乃是不爭的事實，若配合《周禮》所記，則諸侯貴族在進行交換買賣時所具備的條件不僅僅是支配權，更擁有了「所有名」，而職官有司在

期間所呈現出來的功能在於：（一）對買賣價格的評定；（二）買賣關係中約劑的製作；（三）履勘田地時的公證人；（四）土地變更後疆界地圖的收執者。這種以行政者立場出現的王官，雖亦可視爲王權的表徵，但考究其實，根本不具支配權的任何特徵。故即使將相關銘文依時序加以排比，我們也很難對開始的時候必須經過王官認定，但後來連此一認定手續都不必的說法表示認同。特別是我們配合中期以來王權衰微，諸侯貴族日漸掌握權力的情形一起來看時即可發現，貴族透過職官組織的強化和對職官的操控，逐步鞏固其勢力，並經由初期以來不具約束力的「王土」所剩餘的寬廣空間加以發展，其對土地逐漸掌握的支配權，並不是與王權的衰微成消長的關係，而是本源於職官的強化與健全，以及其所附帶的對土地的需求。

西周中晚期以來貴族是如何逐漸發展成世家大族的，學界到現在仍舊不是很清楚，可能與貴族間的相互兼併有關。在土地所有權的關係上，我們已經知道中期以來的貴族不但具備支配權，同時擁有所有名，則西周晚期之土地關係之所以會以兼併掠奪爲主要面貌，此或者即爲根源之一。在金文中我們可以看到貴族在合法的程序之下進行非法的兼併行爲，這不但破壞了原本公平公正、各取所需的交換、買賣，同時更引發了王朝與諸侯之間的劇烈衝突，王室爲支付軍政開銷，不得不以各種方法在豪強大族日益跋扈的情況下爭取王室的威嚴和生存，然此終究還是帶來了王朝即將覆滅的信息。

總歸來說，西周時期的土地所有權，由裘衛諸器的出現可算是一個重要的分界點。在此以前，雖然存在「王土」的觀念，但由於仍預留了相當的空間供諸侯貴族發展，在氏族日益龐大和職官組織的健全，以及所附帶的對土地的需求，終於使土地的所有權逐漸落到貴族手中。而裘衛諸器所揭櫫的，正是貴族已同時具備了支配權和所有名。自此以後，賠償者有之，兼併者有之，終而造就了春秋列國。故，綜觀西周之世，可以說，土地所有權由王朝下移至諸侯貴族後，諸侯貴族的發展即與土地所有的情形相始終，而通往王室衰微，終至於滅亡之途的大門，亦在此開啓。

參考書目

一、古籍及注疏

1. 《尚書》，據重刻宋本十三經注疏附校勘記，藝文印書館。
2. 《左傳》，據重刻宋本十三經注疏附校勘記，藝文印書館。
3. 《公羊傳》，據重刻宋本十三經注疏附校勘記，藝文印書館。
4. 《詩經》，據重刻宋本十三經注疏附校勘記，藝文印書館。
5. 《詩集傳》，朱熹、蔡沈，學海出版社，民國 81 年。
6. 《周禮》，據重刻宋本十三經注疏附校勘記，藝文印書館。
7. 《周禮正義》，孫詒讓，臺灣中華書局，67 年 8 月。
8. 《國語》，據臺灣中華書局，民國 64 年 8 月 3 版。
9. 《逸周書》，據臺灣中華書局，民國 69 年 10 月 3 版。
10. 《史記》（三家注本），據宏業書局，民國 84 年 4 月再版。
11. 《史記會注考證》，瀧川龜太郎，洪氏出版社，民國 75 年 9 月。
12. 《晏子春秋》，據臺灣中華書局，民國 69 年 1 月 4 版。
13. 《呂氏春秋》，據王利器《呂氏春秋注疏》，巴蜀書社，2002 年。
14. 《韓非子》，據陳奇猷《韓非子集解》，漢京，民國 72 年。
15. 《居延漢簡甲編》，史語所專刊之 21，民國 81 年景印 1 版。
16. 《釋名》，據畢沅《釋名疏證》，廣文書局，民國 68 年。

二劃　丁

1. 丁山：《商周史料考證》，中華書局 1988 年。
2. 丁樹聲：〈詩經式字說〉，《中央研究院歷史語言研究所集刊》（以下簡稱

史語所集刊）第 6 本第 4 份，1935 年。

三劃　于

1. 于省吾：《雙劍誃吉金文選》，江蘇廣陵古籍刻印社 1994 年。

2. 于省吾：〈略論西周金文中的『六師』和『八師』及其屯田制〉，《考古》
　 1964 年第 3 期。

3. 于省吾：〈關于『論西周金文中六𠂤八𠂤和鄉遂制度的關係』一文的意
　 見〉，《考古》1965 年第 3 期。

4. 于省吾：〈釋𠂤〉，《考古》1979 年第 4 期。

5. 于省吾：《澤螺居詩經新證·《詩經》中「止」字的辨釋》，北京中華書局
　 1982 年。

6. 于省吾：《雙劍誃易經新證》，今據《雙劍誃群經新證·諸子新證》合刊
　 本，上海書店 1999 年。

四劃　尹、王

1. 尹盛平：〈試論金文中的「周」〉，《考古與文物》叢刊第 3 號。

2. 王玉哲：〈琱生簋新探跋——兼論本銘無關訴訟問題〉，《中華文史論叢》，
　 1989 年第 1 期。

3. 王引之：《經義述聞》，臺灣中華書局，民國 76 年台四版。

4. 王志敏、韓益之：〈介紹江蘇儀征過去發現的幾件西周青銅器〉，《文物參
　 考資料》，1956 年第 12 期。

5. 王承祒：〈周代社會史試論〉，《文史哲》月刊，1953 年第 1 期。

6. 王明珂：〈西周矢國考〉，《大陸雜誌》75 卷 2 期。

7. 王念孫：《讀書雜誌》，據臺灣商務印書館，民國 67 年。

8. 王培眞：〈金文中所見西周世族的產生和世襲〉，《人文雜誌叢刊》第 2 輯。

9. 王祥：〈説虎臣與庸〉，《考古》，1960 年 5 期。

10. 王國維：《觀堂集林》，中華書局，1959 年。

11. 王國維：《觀堂古金今文考釋·散氏盤考釋》，據《海寧王靜安先生遺書》，
　 臺灣商務印書館，民國 68 年台二版。

12. 王輝、陳復澄：〈幾件銅器銘文中反映的西周中葉的土地交易〉，《遼海文
　 物學刊》，1986 年第 2 期。

13. 王應麟：《困學紀聞》，新文豐出版社，民國 77 年。

五劃　田

1. 田昌五：〈中國奴隸形態之探索〉，《新建設》1962 年第 6 期。

六劃　伍、朱、考

1. 伍仕謙：〈微氏家族銅器群年代初探〉，尹盛平主編《西周微氏家族青銅器群研究》，文物出版社，1979 年。

2. 朱江：〈也〈論漢代「地券」的鑒別〉〉，《文物資料選輯》第 3 輯。

3. 朱鳳瀚：《商周家族形態研究》，天津古籍出版社，1990 年。

4. 朱鳳瀚：〈琱生簋銘文新探〉，《中華文史論叢》，1989 年第 1 期。

七劃　余、吳、呂、岑、李、杜、汪、阮、何

1. 余天熾：〈重提世卿世祿制〉，《華南師院學報》，1982 年第 3 期。

2. 吳大澂：《說文古籀補》，中華書局，1988 年。

3. 吳天穎：〈漢代買地券考〉，《考古學報》，1982 年第 1 期。

4. 吳式芬：《攈古錄金文》。

5. 吳其昌：《金文曆朔疏証》，上海商務印書館，民國 25 年。

6. 吳其昌：《金文世族譜》，中央研究院史語所專刊之 12，1936 年。

7. 吳闓生：《吉金文錄》，樂天出版社，民國 60 年。

8. 吳鎮烽：〈金文研究札記〉，《人文雜誌》，1981 年第 2 期。

9. 呂振羽：《中國社會史綱》，耕耘出版社，1934 年。今據上海書局，1992 年。

10. 岑仲勉：〈宜侯夨簋銘試釋〉，《西周社會制度問題》。今據氏著《兩周文史論叢》（外一種），中華書局，2004 年。

11. 李先登：〈禹鼎集釋〉，《中國歷史博物館館刊》，1984 年第 6 期。

12. 李亞農：《殷代社會生活》，上海人出版社，1957 年 3 月版。

13. 李家浩：〈先秦文字中的「縣」〉，《文史》28 輯，1987 年。

14. 李朝遠：〈西周金文中所見土地交換關係的再探討〉，《上海博物館集刊》，1991 年第 6 輯。

15. 李朝遠：〈西周土地定期授田歸田說質疑〉，《農業考古》，1992 年第 3 期。

16. 李朝遠：《西周土地關係論》，上海人民出版社，1997 年。

17. 李零：〈西周金文中的土地制度〉，《學人》第 2 輯，1992 年。

18. 李學勤：〈郿縣李家村銅器考〉，《文物參考資料》，1957 年第 7 期。

19. 李學勤：〈岐山董家村訓匜考釋〉，《古文字研究》第 1 輯，1979 年。

20. 李學勤：〈從新出青銅器看長江下游文化的發展〉，《文物》，1980 年第 8 期。

21. 李學勤：〈重新估價中國古代文明〉，《先秦史論文集》，人文雜誌社，1982 年。

22. 李學勤：〈青銅器與周原遺趾〉，《西北大學學報》哲學社會科學版，1982年第 2 期。

23. 李學勤：〈西周金文中的土地轉讓〉，光明日報，1983 年 11 月 30 日。

24. 李學勤：〈大盂鼎新論〉，《鄭州大學學報》，1985 年第 3 期。

25. 李學勤：〈論曶鼎及其反映的西周制度〉，《中國史研究》，1985 年第 1 期。

26. 李學勤：〈西周時期的諸侯國青銅器〉，《中國社會科學院研究生院學報》，1985 年第 6 期。

27. 李學勤：〈應監甗新說〉，《李學勤集》，黑龍江教育出版社，1989 年 5 月。

28. 李學勤：〈宜侯夨簋與吳國〉，《文物》，1985 年 7 期。

29. 李學勤：〈論西周金文的六師、八師〉《華夏考古》，1987 年 2 期。

30. 李學勤：〈西周青銅器研究的堅實基礎——讀《西周青銅器分期斷代研究》〉，《文物》，2000 年 5 期。

31. 杜正勝：〈封建與宗法〉，《史語所集刊》第 50 本第 3 份，1979 年。

32. 杜正勝：《周代城邦》，聯經出版社，1979 年。

33. 杜正勝：《編戶齊民》，聯經出版社，1990 年。

34. 杜建民：〈西周土地制度新探〉，《史學月刊》，1992 年第 2 期。

35. 汪中文：〈試論冊命金文中之「右」者及其與「受命」者之關係〉，《大陸雜誌》第 77 期第 5 卷，1988 年。

36. 阮元：《揅經室集》，世界書局，1964 年。(《皇清經解》卷一千七十)

37. 阮元編：《積古齋鐘鼎彝器款識》，中國書店，1996 年。

38. 何景成：《商周青銅器族氏銘文研究》，齊魯書社，2009 年。

39. 何樹環：《西周對外經略研究》，國立政治大學中國文學系博士論文，2000 年。

40. 何樹環：《西周錫命銘文新研》，文津出版社，2007 年 9 月。

41. 何樹環：〈西周貴族土地的取得與轉讓——兼談西周「王土」的概念與實質〉，《新史學》第十五卷第 1 期，2004 年。

八劃　周、尚、屈、林、金、芮

1. 周法高主編：《金文詁林》，中文出版社，1981 年。

2. 周望森：〈西周『貯田』與土地關係〉，《經濟史》，1991 年第 8 期。

3. 周瑗：〈矩伯、裘衛兩家族的消長與周禮的崩壞——試論董家青銅器群〉，《文物》，1976 年第 6 期。

4. 尚志儒：〈鄭、棫林之故地及其源流探討〉，《古文字研究》第 13 輯，1986 年。

5. 屈萬里：《書經釋義》，華岡出版社，1968 年。

6. 屈萬里：〈西周史事概述〉，《史語所集刊》第 42 本第 4 份。

7. 屈萬里：《尚書集釋》，聯經出版社，1983 年。

8. 林甘泉：〈對西周土地關係的幾點新認識——讀岐山董家村出土銅器銘文〉，《文物》，1976 年第 5 期。

9. 林澐：〈琱生簋新釋〉，《古文字研究》第 3 輯，中華書局，1980 年。

10. 金春峯：《周官之成書及其反映的文化與時代新考》，東大圖書公司，1993 年。

11. 芮逸夫：〈釋甥之稱謂〉，《史語所集刊》第 16 本，1945 年。

九劃　段、柳、胡、姚、姜

1. 段志洪：《周代卿大夫研究》，文津出版社，1994 年。

2. 柳宗元：〈封建論〉，《全唐文》，大通書局，民國 68 年。

3. 胡殿成：〈賈田應是賣田〉，《安徽師大學報》，1986 年 3 期。

4. 姚際恆：《詩經通論》，廣文書局，民國 68 年。

5. 姚鼐：〈管叔監殷說〉，《惜抱軒全集》，臺灣中華書局，民國 55 年。

6. 姜文奎：〈西周年代考〉，《大陸雜誌》82 卷 4 期，1991 年。

十劃　唐、孫、容、徐、晁、耿、馬、高、殷、夏

1. 唐蘭：〈周王𩰹鐘考〉，《故宮博物院年刊》，1936 年。

2. 唐蘭：〈宜侯夨簋考釋〉，《考古學報》，1956 年第 2 期。

3. 唐蘭：〈西周銅器斷代中的「康宮」問題〉，《考古學報》，1962 年第 1 期。

4. 唐蘭：《青銅器圖釋》敘言，1962 年。載《陝西省博物館、陝西省文物管理委員會藏青銅器圖釋》，文物出版社，1962 年。今據《唐蘭先生金文論集》，北京紫禁城出版社，1995 年。

5. 唐蘭：〈陝西省岐山縣董家村新出西周重要銅器銘辭的譯文和注釋〉，《文物》，1976 年第 5 期。

6. 唐蘭：〈伯𢧜三器銘文的釋文和考釋〉，《文物》，1976 年第 6 期。

7. 唐蘭：〈用青銅器銘文來研究西周史〉，《文物》，1976 年第 6 期。

8. 唐蘭：〈略論西周微史家族窖藏銅器群的重要意義——陝西扶風新出牆盤銘文解釋〉，《文物》，1978 年第 3 期。

9. 唐蘭：《西周青銅器銘文分代史徵》，中華書局，1986 年。

10. 孫詒讓：《古籀餘論》（《古籀拾遺》合刊本），中華書局，1989 年。

11. 孫曉春：〈成周八師為東方各國軍隊說〉，《史學集刊》，1986 年 4 期。

12. 容庚：《武英殿彝器圖錄》，據臺聯國風出版社，民國 65 年。

13. 容庚：《商周彝器通考》，據文史哲出版社，民國 74 年

14. 容庚：《金文編》，中華書局，1994 年 4 版。

15. 徐中舒：〈周原甲骨初論〉，《四川大學學報叢刊》，1982 年第 10 輯《古文字研究論文集》

16. 徐中舒：〈禹鼎的年代及其相關問題〉，《考古學報》，1959 年第 3 期。

17. 徐中舒、唐嘉弘：〈論殷周的外服制——關于中奴隸制和封建制分期的問題〉，《先秦史論文集》（《人文雜誌》增刊 1982 年。）

18. 徐同柏：《從古堂款識學》，中華書局，1985 年。

19. 徐復觀：《兩漢思想史》，學生書局，1985 年 3 月七版。（原名《周秦漢政治社會結構之研究》，三版改名《兩漢思想史》。）

20. 徐錫臺：《周原甲骨綜述》，三秦出版社，1987 年

21. 耿鐵華：〈應監甗考釋〉，《東北師大學報》，1981 年第 6 期。

22. 馬承源主編：《商周青銅器銘文選》，文物出版社，1988 年。

23. 馬承源：〈晉侯穌盨〉，《第二屆國際中國古文字學研討會論文集》，1993 年。

24. 高明：〈西周金文『貞』字資料整理和研究〉，《考古學研究》文物出版社 1988 年。

25. 高鴻縉：〈虢季子白盤考〉，《大陸雜誌》二卷二期。

26. 殷瑋璋：〈新出土的太保銅器及其相關問題〉，《考古》，1990 年 10 期。

27. 夏含夷：〈父不父，子不子——試論西周中期詢簋和師酉簋的斷代〉，《古文字與古文獻》試刊號，1999 年 10 月。

十一劃　　張、戚、許、連、郭、陳、章、崔、陸

1. 張以仁：〈國語集證〉，《史語所集刊》第 44 本第 1 份，1973 年。

2. 張光裕：〈金文中冊命之典〉，《雪齋學術論文集》，藝文印書館，1989 年。

3. 張亞初：〈西周銘文所見某生考〉，《考古與文物》，1983 年第 5 期。

4. 張亞初：〈解放後出土的若干西周銅器銘文補釋〉，《出土文獻研究》，文物出版社，1985 年。

5. 張亞初、劉雨：《西周金文官制研究》，北京中華書局，1986 年。

6. 張持平：〈西周中期土地財富觀念的變化〉，《人文雜誌》，1984 年 3 期。

7. 張政烺：〈矢王簋蓋跋——評王國維「古諸侯稱王說」〉，《古文字研究》第 13 輯，1986 年。

8. 張振林：〈先秦古文字材料中的語氣詞〉，《古文字研究》第 7 輯，中華書局，1984 年。

9. 張筱衡：〈散盤考釋〉，《人文雜誌》，1958 年第 2～4 期。

10. 張傳璽:〈論中或古代土地私有制形成的三個階段〉,《北京大學學報》, 1978 年第 2 期。

11. 戚桂宴:〈釋貯〉,《考古》,1980 年第 4 期。

12. 許倬雲:《西周史》,聯經出版社,1993 年修訂四刷。

13. 連邵名:〈倗生簋銘文新釋〉,《人文雜誌》,1986 年 3 期。

14. 郭沫若:《奴隸制時代》,今據《中國現代學術經典・郭沫若卷》,河北教育出版社,1996 年。

15. 郭沫若:《十批判書》,上海群益出版社,1947 年。今據東方出版社 1996 年。

16. 郭沫若:《金文叢考》,北京科學出版社,1954 年。今據《郭沫若全集・考古編》,北京科學出版社,2002 年。

17. 郭沫若:《兩周金文辭大系考釋》,北京科學出版社,1958 年。(《周代金文圖錄及釋文》,台灣大通書局,1971 年。)

18. 郭沫若:〈盠器銘考釋〉,《考古學報》,1957 年 2 期。

19. 陳公柔:〈記幾父壺、柞鐘及其同出的銅器〉,《考古》,1962 年第 2 期。

20. 陳公柔:〈西周金文中所載「約劑」的研究〉,《第二屆國際中國古文字學會研討論文集續編》,香港中文大學,1993 年。

21. 陳初生:《金文常用字典》,高雄復文書局,1992 年 5 月初版。

22. 陳昌遠:〈釋《論語》「三分天下有其二」——周初周人地理觀念探索〉,《人文雜誌》,1983 年第 5 期。

23. 陳連慶:〈分甲盤考釋〉,《吉林師範大學學報》,1978 年第 4 期。

24. 陳進宜:〈禹鼎考釋〉,光明日報,1951 年 7 月 7 日。

25. 陳夢家:《西周銅器斷代》,據中華書局,2004 年。

26. 陳夢家:《殷墟卜辭綜述》,北京中華書局,1988 年 1 月版。

27. 陳夢家:《西周年代考》(《六國紀年》合刊),中華書局,2005 年。

28. 陳槃:〈漫談地券〉,《大陸雜誌》第 2 卷第 6 期,1950 年。

29. 陳槃:《春秋大事表列國爵姓及存滅表譔異》(三訂本),《史語所專刊》之 52,民國 86 年景印四版。

30. 陳槃:《不見于春秋大事表之春秋方國稿》,《史語所專刊》之 59,民國 71 年再版。

31. 章太炎:〈論散氏盤書二札〉,《國學叢刊》第 1 卷第 1 期,1923 年。

32. 崔述:《考信錄》,世界書局,1989 年第 4 版。

33. 陸懋德:〈虢季子白盤研究〉,《燕京學報》39 期。

十二劃　傅、黃、斯、彭

1. 傅斯年：〈大東小東説〉，《史語所集刊》第 2 本第 1 份，1931 年。

2. 傅斯年：〈姜原〉，《史語所集刊》第 2 本第 1 份，1931 年。

3. 黃盛璋：〈關於金文中的「莢京、蒿、豐、邦」問題辨正〉，《中華文史論叢》，1981 年 4 期。

4. 黃盛璋：〈衛盉、鼎中「貯」與「貯田」及其牽涉的西周田制問題〉，《文物》，1981 年第 9 期。

5. 黃盛璋：〈銅器銘文宜、虞、矢的地望及其與吳國的關係〉，《考古學報》，1993 年第 3 期。

6. 黃盛璋：〈關于詢簋的制作年代與虎臣的身分問題〉，《考古》，1961 年 6 期。復收於《歷史地理與考古論叢》，齊魯書社，1982 年。

7. 斯維至：〈兩周金文所見職官考〉，《中國文化研究彙刊》第七卷，1947 年。

8. 彭裕商：〈渣司徒送簋考釋及相關問題〉，《于省吾教授百年誕辰紀念文集》，吉林大學出版社，1996 年。

十三劃　楊、葉、董、裘

1. 楊伯峻：《春秋左傳註》，台灣復文書局，1986 年版。

2. 楊希枚：〈先秦賜姓制度理論的商權〉，《史語所集刊》第 26 本。

3. 楊寬：〈論西周金文中六自八自和鄉遂制度的關係〉，《考古》，1964 年第 2 期。

4. 楊寬：《古史新探》，北京中華書局，1965 年。

5. 楊樹達：《積微居金文說》，台灣大通書，局 1974 年再版。

6. 楊鴻勛：〈西周岐邑建築遺址初步考察〉，《文物》，1981 年第 3 期。

7. 楊鴻勛：《宮殿考古通論》，紫禁城出版社，2001 年。

8. 葉達雄：〈論徙封於衛者非康叔封〉，《大陸雜誌》43 卷 4 期，1971 年。

9. 葉達雄：〈西周昭穆恭懿孝夷時代的內政措施與對外關係〉，《國立台灣大學歷史學系學報》，1978 年第 5 期。

10. 葉達雄：〈論康侯啚即是康伯〉，《西周政治史研究》附錄，明文書局，1982 年。

11. 葉達雄：〈西周土地制度探研〉，國立台灣大學《歷史系學報》第 14 期，1989 年。

12. 董作賓：〈西周年曆譜〉，《史語所集刊》第 23 本。

13. 裘錫圭：〈史墻盤銘解釋〉，《文物》，1978 年第 3 期。

14. 裘錫圭：〈西周銅器銘文中的『履』〉，《甲骨文與殷商史》第 3 輯，上海古籍出版社，1982 年。

15. 裘錫圭：〈卜辭「異」字和詩書裏的「式」字〉，《中國語言學報》第 1 期，1983 年。

16. 裘錫圭：〈關于晉侯銅器銘文的幾個問題〉，《傳統文化與現代化》，1994 年 2 期。

17. 裘錫圭：〈論戠簋的兩個地名──棫林和胡〉，《考古與文物叢刊》第二號《古文字論集》（一），1983 年。

18. 裘錫圭：〈古文字釋讀三則〉，《徐中舒先生九十壽辰紀念文集》，1985 年。今據《古文字論集》，中華書局，1992 年。

19. 裘錫圭：〈說僕庸〉，《古代文史研究新探》，江蘇古籍出版社，1992 年。

20. 裘錫圭：〈釋「賈」〉，《中國古文字研究會第九屆學術討論會論文》，1992 年。

21. 裘錫圭：〈關于商代的宗族組織與貴族和平民兩個階級的初步研究〉，《古代文史研究新探》，江蘇古籍出版社 1992 年。原載《文史》17 輯，1983 年。

22. 裘錫圭：〈釋受〉，《容庚先生百年誕辰紀念文集》，廣東人民出版社，1998 年。

十四劃　熊、臺、趙、齊

1. 熊大桐：〈《周禮》所記林業史料研究〉，《農業考古》1994 年第 3 期。

2. 臺靜農：〈記四川江津縣地券〉，《大陸雜誌》第 1 卷 5 期，1949 年。

3. 趙光賢：《周代社會辨析》，人民出版社 1980 年。

4. 齊思和：〈周代錫命禮考〉，《燕京學報》第三十二期，1947 年。今據氏著《中國史探研》，河北教育出版社 2002 年。

十五劃　劉、潘、蔡

1. 劉心源：《奇觚室吉金文述》，藝文印書館，民國 60 年。

2. 劉宗漢：〈金文貯字研究中的三個問題〉，《古文字研究》第 15 輯，1986 年。

3. 劉雨：〈西周金文中的軍禮〉，《容庚先生百年誕辰紀念文集》，廣東人民出版社，1998 年 4 月。

4. 劉桓：〈佣生簋試解〉，《第二次西周史學術討論會論文集》，1993 年。

5. 劉桓：〈墙盤銘文札記〉，故宮博物院院刊，2004 年 1 期。

6. 劉啟益：〈西周厲王時期銅器與「十月之交」的時代〉，《考古與文物》，1980 年第 1 期。

7. 劉啟益：〈西周矢國銅器的新發現與有關的歷史地理問題〉，《考古與文物》，1982 年第 2 期。

8. 劉啓益：〈西周紀年銅器與武王至厲王的在位年數〉，《文史》第 13 輯，1982 年。

9. 劉啓益：《西周紀年》，廣東教育出版社，2002 年。

10. 劉翔：〈賈字考源〉，《甲骨文與殷商史》第 3 輯，1991 年。

11. 劉翔：〈「以五十頌處」解釋〉，《學習與思考》，1982 年 1 期。

12. 潘英：《中國上古史新探》，明文書局，1985 年。

13. 潘建明：〈豆閉簋「嗣窡俞邦君嗣馬弓矢」解〉，《上海博物館集刊》，1986 年第 3 期。

14. 蔡哲茂（譯注）：《金文的世界》聯經出版社，1989 年。。

15. 蔡哲茂：《論卜辭中所見商代宗法》，東京大學東洋史研究所博士論文。

16. 蔡哲茂：〈商代稱王問題的檢討──甲骨文某王與王某身份的分析〉，《國立歷史博物館館刊》第 3 卷第 2 期，1993 年。

17. 蔡哲茂、吳匡：〈釋𣄴〉，《故宮學術季刊》第 11 卷第 3 期，1994 年。

十六劃　盧、錢、穆

1. 盧連成：〈周都淢鄭考〉，《考古與文物叢刊》第二號《古文字論集》（一），1983 年。

2. 盧連成、尹盛平：〈古矢國遺址、墓地調查記〉，《文物》，1982 年 2 期。

3. 錢宗范：〈西周春秋時代的世祿世官制度及其破壞〉，《中國史研究》，1989 年第 3 期。

4. 錢宗范：〈朋友考〉，《中華文史論叢》第 8 輯，1981 年。

5. 穆曉軍：〈陝西長安縣出土西周吳虎鼎〉，《考古與文物》1998 年 3 期。

十八劃　瞿、簡

1. 瞿同祖：《中國封建社會》，上海商務印書館，1937 年。今據里仁書局，民 73 年。

2. 簡又文：〈南漢馬氏二十四娘墓卷考〉，《大陸雜誌》第 17 卷第 12 期，1966 年。

十九劃　譚、羅

1. 譚戒甫：〈周初矢器銘文綜合研究〉，《武漢大學人文科學學報》，1956 年 1 期。

2. 譚戒甫：〈西周『曶』器銘文綜合研究〉，《中華文史論叢》第 3 輯，1963 年。

3. 羅振玉編：《蒿里遺珍》，大通書局民國 66 年。

4. 羅振玉：《增訂殷墟書契考釋》。據《殷墟書契考釋》（三種），中華書局

2006 年。

二十一劃　顧

1. 顧頡剛:〈三監人物及其疆地〉,《文史》第 22 輯,1984 年(顧頡剛遺著)。

二、外國學者部份

1. 仁井田陞:《中國法制史研究(土地法、取引法)》,1960 年東京版。

2. 白川靜:《金文通釋》第 28 輯,白鶴美術館誌,1969 年。

3. 白川靜:《金文的世界》,白川靜著,蔡哲茂、溫天河譯,聯經出版社,
   1989 年。

4. 白川靜:《西周史略》,袁林譯,三秦出版社,1992 年 5 月第 1 版。

5. 伊藤道治:《中國古代王朝の形成》,創文社,1975 年。

6. 伊藤道治:〈裘衛諸器考——周時期土地所有形態に關すゐ私見〉,《東洋
   史研究》,1978 年第 3 期。

7. 伊藤道治:《中國の歷史——原始から春秋戰國》,1981 年。

8. 伊藤道治:《中國古代國家の支配構造》,中央公論社,1987 年。

9. 竹添光鴻:《左傳會箋》,台灣漢京文化出版社,1984 年版。

10. 貝塚茂樹:《世界的歷史》第 1 輯,中央公論社,昭和 35 年。

11. 松井嘉德:〈西周土地移讓金文の一考察〉,《東洋史研究》43 卷 1 期
    (1984.6)

12. Richard Walker 1953 The Multi-state System of Ancient China　(Hamden:
    The Shoe String Press)。

三、考古及成果報告

1. 岐山縣文化館龐懷清、陝西省文管會吳鎮烽、雒忠如、尚志儒等撰:〈陝
   西省岐山縣董家村西周銅器窖穴發掘簡報〉,《文物》,1976 年第 5 期。

2. 陝西周原考古隊:〈陝西扶風庄白一號西周青銅器窖藏發掘簡報〉,《文
   物》,1978 年 3 期。

3. 鎮江市博物館,丹陽縣文管會:〈江蘇丹陽出土的西周銅器〉,《文物》,
   1980 年第 8 期。

4. 寶雞市博物館、寶雞縣圖書館〈寶雞縣西高泉村春秋秦墓發掘記〉,《文
   物》,1980 年第 9 期。

5. 中國社會科學院考古研究所二里頭工作隊:〈河南偃師二里頭早商宮殿遺
   址發掘簡報〉,《考古》,1974 年第 4 期。

6. 中國科學院考古研究所，北京市文物管理處，房山縣文教局，琉璃河考古工作隊：〈北京附近發現的西周奴隸殉葬墓〉，《考古》，1974 年 5 期。

7. 北洞文物發掘小組：〈遼寧喀左縣北洞村出土的殷周青銅器〉，《考古》，1974 年第 6 期。

8. 北京文物管理處：〈北京地區的又一重要考古收獲——昌平白浮西周木槨墓的新啓示〉，《考古》，1976 年第 4 期。

9. 中國社會科學院澧西發掘隊：〈長安張家坡西周井叔墓發掘簡報〉，《考古》，1986 年第 1 期。

10. 《夏商周斷代工程 1996～2000 年階段成果報告》（簡本），世界圖書出版公司，2000 年。

附圖　器銘拓片及出處

43 詢簋，《集成》4321

44 師晨鼎，《集成》2817

45 衛盉，《集成》9456

46 遇甗，《集成》948

47 師㝬簋，《集成》4324.1

48 同簋，《集成》4270

49 免簋，《集成》4240

50 免簋，《集成》4626

51 南宮乎鐘，《銘文選》，III、p315

52 膳夫山鼎，《集成》2825

53 衛簋，《集成》4210.2

54 季㝬彝，《集成》3949

55 散氏盤，《銘文選》III、p297

56 叔向父禹簋，《銘文選》III、p285

57 師毀簋，《集成》4311

58 五祀衛鼎，《集成》2832

59 九年衛鼎，《集成》2831

60 曶鼎，《集成》2838

61 楚簋，《集成》4247.2

62 格伯簋，《集成》4264.2

63 鬲比鼎，《集成》2818

64 鬲比盨，《集成》4466

65 廿七年衛簋，《集成》4256.1

66 裘盤，《三代》17.18.2

67 伊簋，《集成》4287

68 效卣，《集成》5433A.1

69 散伯簋，《集成》3779.1

70 周㝥生簋，《集成》3915

71 周鴿盨，《集成》4380

72 周乎卣，《集成》5406.2

73 周笟匜，《三代》17.3

74 乖伯簋，《集成》4331

75 矢王簋蓋，《集成》3871

76 白寬父盨，《集成》4438.1、4439.1

77 作冊䙴卣，《集成》5407.2

78 塑方鼎，《集成》2739

79 禽簋，《集成》4041

80 剛劫尊，《銘文選》III、p19

81 雩鼎，《集成》2740

82 寰鼎，《集成》2731

83 旅鼎，《集成》2728

84 呂壺，《集成》9689

85 鄂侯馭方鼎，《集成》2810

86 復鼎，《銘文選》III、p31

87 亞盉，《銘文選》III、p31

88 㽙鐘，《銘文選》III、p194、195

89 作冊令方彝，《銘文選》III、p67

90 嗣土幽尊，《三代》11.29.3

91 魯司徒中齊盨，《集成》4441.2

92 豆閉簋，《集成》4276

93 宗周鐘，《集成》260.1

94 琱生簋，《集成》4292、4293

95 琱生鬲，《集成》744

96 周生豆，《集成》4683

97 即簋，《集成》4250

98 函皇父簋，《集成》4141.1

99 虢仲盨，《集成》4435

圖一　康侯丰鼎

圖二　康侯簋

圖三　大盂鼎

圖四　宜侯矢簋

圖五　作冊旂觥

圖六　大克鼎

圖七　膳夫克盨

圖八　大保簋

圖九　趞尊

圖一〇　召卣二

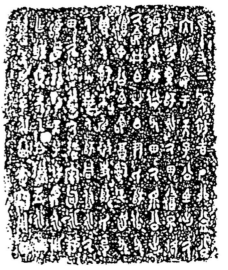

圖十一　永盂

圖十二　卯簋蓋

圖十三　十二年大簋蓋

圖十四　段簋

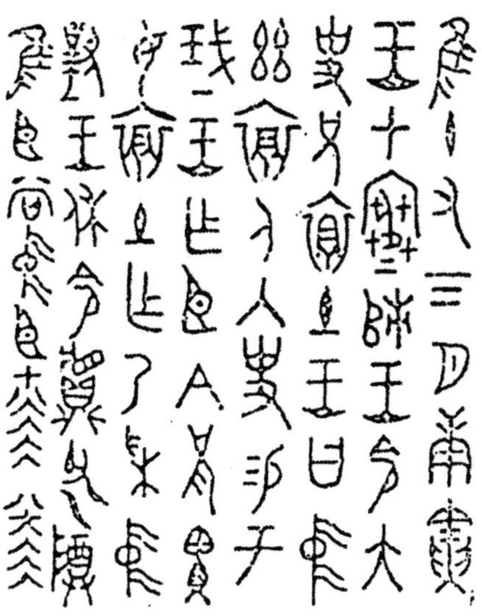

圖十六　旟鼎

圖十五　中鼎

圖十七　復尊

圖十八　邢侯簋

圖十九　麥方尊

圖二〇　令簋

圖二一　令鼎

圖二二　耳尊　　　　　　　　　　　圖二三　𧽊鼎

圖二四　師詢簋

圖二五　髬簋　　　　　　　　圖二六　易旅簋

圖二七　叔德簋

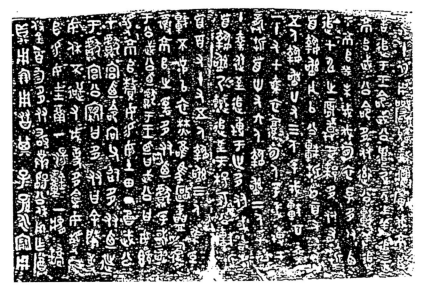

圖二八　多友鼎

圖二九　敔簋

圖三〇　不娶簋

圖三一　禹鼎

圖三二　南宮柳鼎

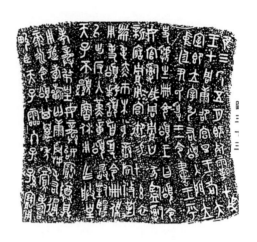

圖三三　頌鼎

圖三四　虢季子白盤

圖三五　盠方彝

圖三六　小臣謎簋　　　　　　　　　圖三七　小克鼎

圖三八　曶壺

圖三九　魯侯尊

圖四○　班簋

圖四一　師旂鼎　　　　　　圖四二　師酉簋

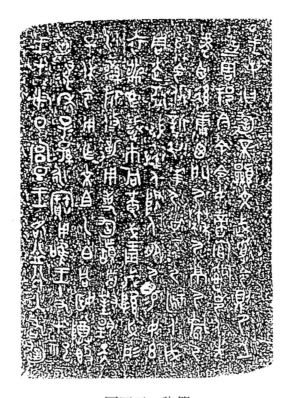

圖四三　詢簋

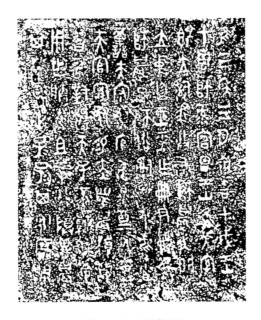

圖四四　師晨鼎

圖四五　衛盉

圖四六　遇甗

圖四七　師簕簋

圖四八　同簋

圖四九　免簋

圖五〇　免簋

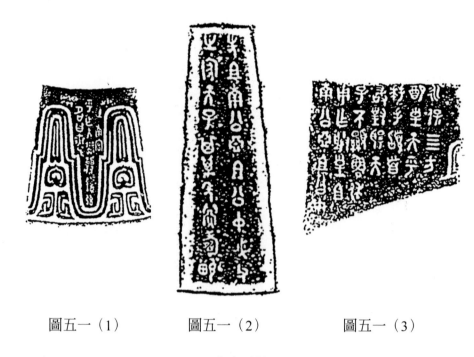

圖五一（1）　　　　圖五一（2）　　　　圖五一（3）

南宮乎鐘

圖五二　　膳夫山鼎

圖五三　衛簋

圖五四　季魯彝

圖五五　散氏盤

圖五六　叔向父禹簋

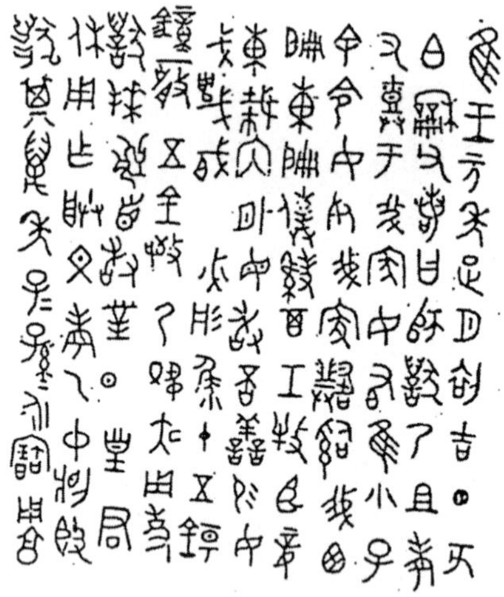

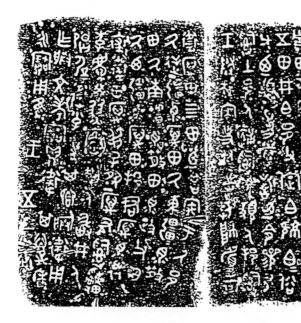

圖五七　師𡱐簋

圖五八　五祀衛鼎

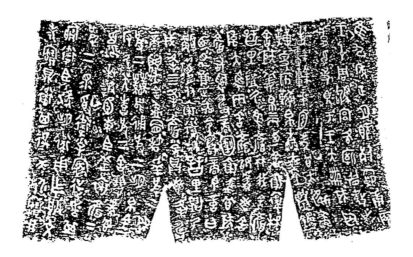

圖五九　九年衛鼎

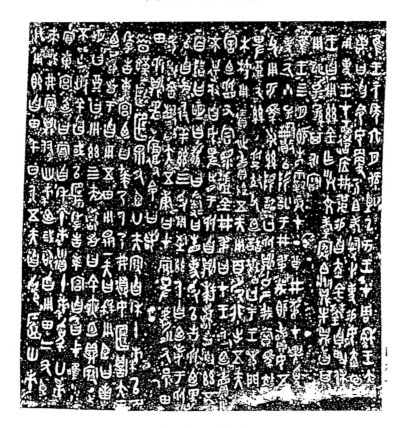

圖六〇　曶鼎

圖六一　楚簋

圖六二　格伯簋

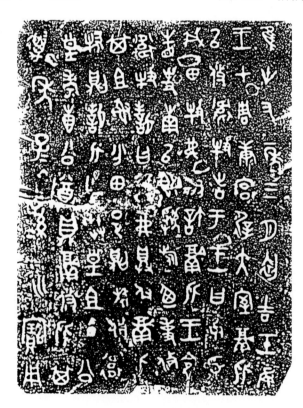

圖六三　鬲比鼎

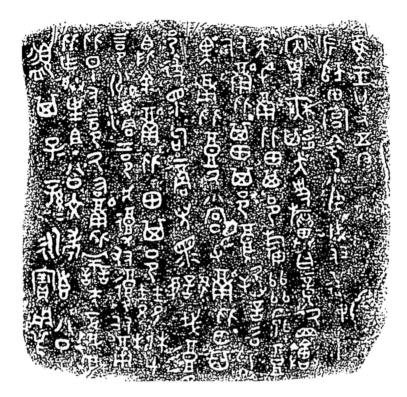

圖六四　鬲比盨

圖六五　廿七年衛簋

圖六六　袁盤

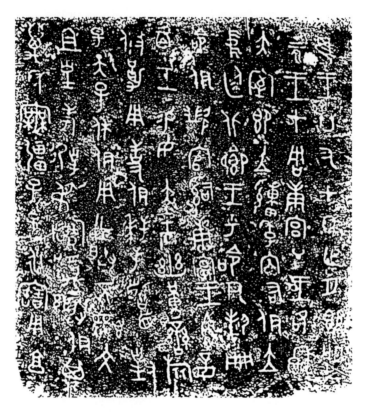

圖六七　伊簋

圖六八　效卣

圖六九　散伯簋

圖七〇　周鬈生簋

圖七一　周鴒盨

圖七二　周乎卣

圖七三　周宅匜

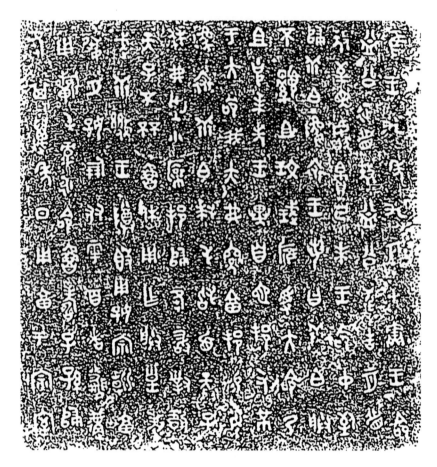

圖七四　乖伯簋

圖七五　矢王簋蓋

圖七六　白寛父盨

圖七七　作冊睘卣

圖七八　塱方鼎

圖七九　禽簋

圖八○　剛刧尊

圖八一　雪鼎

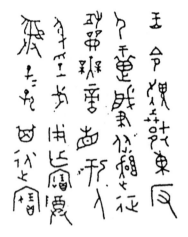

圖八二　憲鼎

圖八三　旅鼎

圖八四　吕壺

圖八五　鄂侯馭方鼎

圖八六　復鼎

圖八七　亞盉

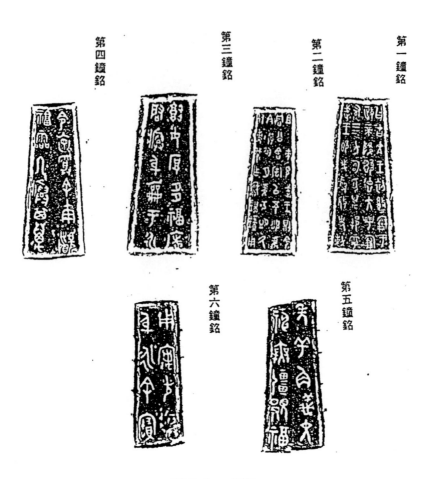

圖八八　癭鐘

圖八九　作冊令方彝

圖九〇　嗣土幽尊

圖九一　魯司徒中齊盨

圖九二　豆閉簋

圖九三　宗周鐘

圖九四（1）　琱生簋

圖九四（2）　琱生簋

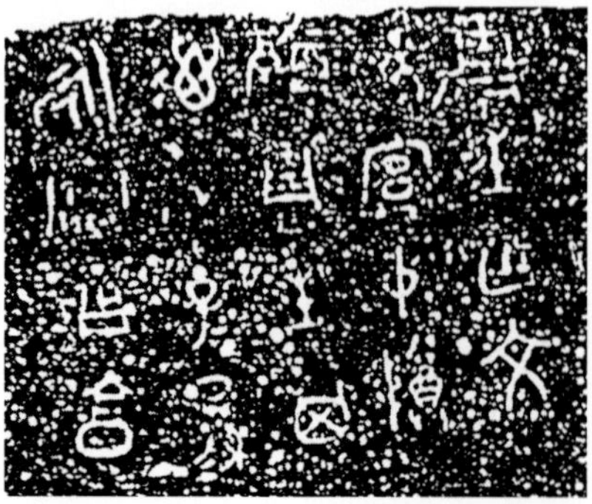

圖九五　琱生鬲

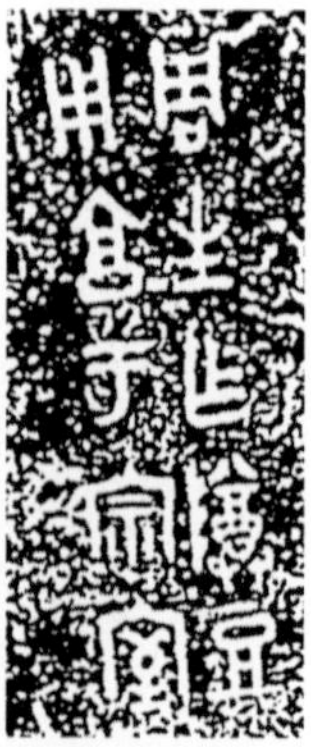

圖九六　周生豆

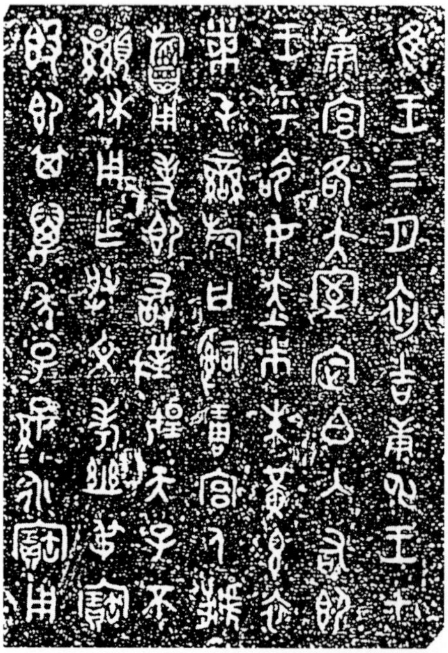

圖九七　即簋

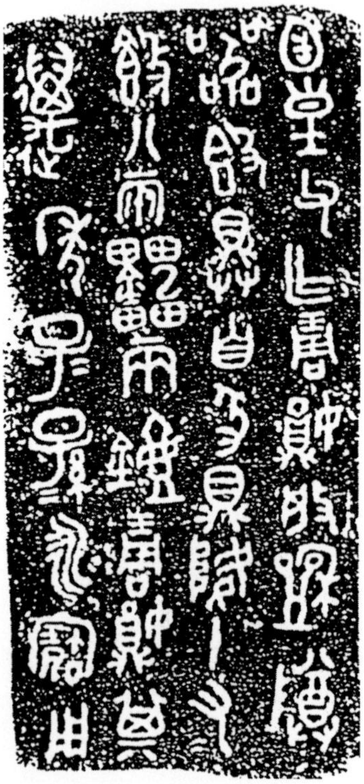

圖九八　圅皇父簋

圖九九　虢仲盨

後　記

　　《西周土地所有權研究》原是 15 年前的舊作，是 1996 年時的碩士論文，這次適逢花木蘭出版社有意收錄，編為《古代歷史文化研究輯刊》中的一本，幾經考量，並稍做修改，帶著幾分惶恐，讓這本書問世了。

　　在這裏有必要對幾經考慮和所做的修改做一些說明。1996 年通過碩士學位考試後，這部文稿就靜靜地放在書房的一個角落，其後對西周的土地問題雖仍然保持著關注，但 15 年來並沒有較重要的原始材料的出土，其間對某些問題的討論和觀察又已另撰文章發表，所以始終沒有針對這部文稿進行全面的修訂和補充。正因為時隔 15 年，對於是否要答應花木蘭出版社的盛情邀約，著實是考慮了一陣子。由於以下三個因素，最後是以拋磚的心情，希望能引出美玉。第一個因素是，在古史研究方面，相較於春秋、戰國時期的歷史研究而言，西周史的研究專著是相對較為稀少的；第二，與同屬古文字範疇的甲骨和戰國文字的研究比較起來，以西周金文為主體材料的專書，也是較少的；且業師蔡哲茂先生亦多所鼓勵。但礙於現今工作的因素，對於這部放置了 15 年的文稿，雖然有不盡滿意之處，但也很難進行全面的修訂了。相較於舊稿而言，這次呈現給讀者的，主要是修改了舊稿中的注釋體例，在文句上進行必要的改動和潤飾，依後來的相關研究，對銘文的釋讀做了個別的修正，並把個人後來的研究意見放進文稿之中。總體而言，改動的幅度不大，這是要對讀者說聲抱歉的。

　　最後要對花木蘭文化出版社表達由衷的感謝之意。要不是對學術抱持著熱切的心，很難有人願意出版供「小眾」閱讀的純學術著作，特別是對於市場而言吸引力較低的、還不太成熟的碩博士論文。沒有這分心意，我想這本

《西周土地所有權研究》也不會正式出版，這部文稿還只是靜悄悄地置身於國家圖書館，淹沒在眾多的學位論文之中；沒有這分心意，我想《西周土地所有權研究》這個書名，恐怕也只是在未經分類的檢索目錄中，可能會出現的一條書目資料罷了。另外，文稿中數量繁多、細瑣的造字工作，經過出版社的費心，使閱讀上更為便利、美觀，在此一併致上謝意。